高校历史教学改革实践探索研究

韩靖雪 商博雅 郑亚红 著

知识产权出版社
全国百佳图书出版单位
—北京—

图书在版编目（CIP）数据

高校历史教学改革实践探索研究 / 韩靖雪, 商博雅, 郑亚红著. -- 北京：知识产权出版社, 2025.9.
ISBN 978-7-5130-9824-3

Ⅰ. K-4

中国国家版本馆 CIP 数据核字第 2025AH7020 号

责任编辑：贺小霞　　　　　　　责任校对：潘凤越
封面设计：刘　伟　　　　　　　责任印制：孙婷婷

高校历史教学改革实践探索研究
韩靖雪　商博雅　郑亚红　著

出版发行：	知识产权出版社有限责任公司	网　　址：	http://www.ipph.cn
社　　址：	北京市海淀区气象路50号院	邮　　编：	100081
责编电话：	010-82000860 转 8129	责编邮箱：	2006HeXiaoXia@sina.com
发行电话：	010-82000860 转 8101/8102	发行传真：	010-82000893/82005070/82000270
印　　刷：	北京建宏印刷有限公司	经　　销：	新华书店、各大网上书店及相关专业书店
开　　本：	787mm×1092mm　1/16	印　　张：	14
版　　次：	2025年9月第1版	印　　次：	2025年9月第1次印刷
字　　数：	250千字	定　　价：	78.00元

ISBN 978-7-5130-9824-3

出版权专有　侵权必究
如有印装质量问题，本社负责调换。

前　言

在教育强国和中国式现代化建设的新征程上，高校历史教学在培养学生的历史意识、人文素养以及思辨性思维能力方面，扮演着至关重要的角色。然而，随着时代的变迁、教育理念的不断更新和信息技术的快速发展，传统的历史教学模式正面临着前所未有的挑战。党的二十届三中全会通过的《中共中央关于进一步全面深化改革、推进中国式现代化的决定》提出："教育、科技、人才是中国式现代化的基础性、战略性支撑"，这为高校历史教学提供了新的机遇和动力。在教育强国建设的背景下，高校必须坚持和运用辩证唯物主义、历史唯物主义的世界观和方法论，打破思维定式，转变思想观念，以激发高等教育综合改革的活力。强化战略思维，处理好高等教育综合改革与国家战略需求的关系，是推动高校历史教学改革的关键。高校应立足自身办学优势和学科特色，聚焦国家和区域战略，深化人才培育模式改革，强化基础学科、新兴学科、交叉学科建设，为推动新质生产力发展提供源源不断的创新型人才。改革的核心在于营造鼓励创新、包容失败的环境氛围，树立正确的人才观、科学的质量观和卓越的教育教学观。

本书旨在通过深入探讨当前高校历史教学所面临的问题与挑战，结合党的二十届三中全会精神，为高校历史教学改革提供有价值的思路与实践参考。全书从课程设置、教学方法创新、教师队伍建设和教学资源整合等多个角度，全面、系统地分析了如何通过改革提升历史教学质量，进而推动历史教育在高校中的高质量发展。

历史教育作为培养学生人文素养、历史意识和思辨性思维的重要途径，在高等教育中扮演着不可替代的角色。然而，随着社会的发展和教育观念的变革，传统的历史教学模式面临着诸多挑战。为了适应时代的要求，促进历史教学的创新与发展，我们迫切需要探索并实践高校历史教学的改革之路。

本书由商博雅撰写前言及第一、第二、第三、第五章，郑亚红撰写第六章及后记，韩靖雪撰写第四章及第七章至第九章，从九个方面系统地探讨高校历史教学的现状及问题，并指出历史教学改革的内容、质量保障措施及成功案例，为推动高校历史教学质量的提升提供了思路和借鉴。

通过对政策的深入理解与融合，我们希望本书不仅能为高校历史教学改革提供理论与实践的指导，更能激发广大教育者与研究者对历史教学创新的关注和参与。高校历史教学的改革不仅是教学模式的更新，更是对文化传承与国家认同感塑造的担当。我们坚信，通过对历史教学的不断探索与创新，历史教育必将成为学生增强文化自信、树立历史责任感的重要途径，为新时代中国特色社会主义事业的建设培养更多具有历史意识与使命感的优秀人才。

愿本书能够为高校历史教学改革助力，为广大历史教育工作者提供有益的启示和实践支持，为新时代高校历史教育的创新与发展贡献绵薄之力。本书仍难免存在不足之处，诚恳希望读者批评指正。

目　录

第一章　高校历史教学改革的必要性 ………………………………… 1
第一节　时代背景和意义 …………………………………………… 1
一、时代背景 ……………………………………………………… 2
二、时代意义 ……………………………………………………… 3
第二节　研究现状和发展趋势 ……………………………………… 4
一、研究现状 ……………………………………………………… 4
二、发展趋势 ……………………………………………………… 8
第三节　研究目的、意义和方法 …………………………………… 13
一、研究目的 ……………………………………………………… 13
二、研究意义 ……………………………………………………… 15
三、研究方法 ……………………………………………………… 17

第二章　高校历史教学的发展历程 …………………………………… 20
第一节　高校历史教学的演变 ……………………………………… 20
一、演变过程 ……………………………………………………… 20
二、演变意义 ……………………………………………………… 23
第二节　高校历史教学的现状 ……………………………………… 27
一、教学方法有所创新 …………………………………………… 27
二、课程体系逐渐优化 …………………………………………… 28
三、实践教学受到重视 …………………………………………… 30
四、评估体系逐步完善 …………………………………………… 31
第三节　高校历史教学面临的挑战和问题 ………………………… 32
一、教学内容方面 ………………………………………………… 33
二、教学方法方面 ………………………………………………… 34

三、教师队伍方面 ··· 36
四、考核评价方面 ··· 38

第三章 高校历史教学改革的目标 ························· 41
第一节 培养具有人文素养和科学素养的复合型人才 ········· 41
一、复合型人才的内涵 ····································· 41
二、培养复合型人才的必要性 ······························· 43
三、培养复合型人才的路径 ································· 46
第二节 强化历史学科的以史育人和实践育人 ··············· 49
一、以史育人 ··· 49
二、实践育人的重要性 ····································· 55
第三节 实现历史教学与现代科技的融合 ··················· 56
一、虚拟现实技术：重构历史场景认知 ······················· 56
二、数字人文技术：拓展史料研究的维度边界 ················· 58
三、智能算法：革新历史解释的范式逻辑 ····················· 59
四、区块链技术：创新文化遗产的保护模式 ··················· 60
五、社交媒体：重塑历史传播的生态格局 ····················· 61
六、在线教学平台：革新历史教学模式 ······················· 63

第四章 高校历史教学改革的原则 ························· 65
第一节 以学生为中心原则 ······························· 65
一、目标转向：从"历史知识容器"到"历史思维主体"的
育人升级 ··· 66
二、关系重构：从"单向灌输"到"探究共同体"的教学改革 ····· 67
三、价值重塑：从"专业教育"到"立德铸魂"的价值升华 ······· 67
第二节 成果导向原则 ··································· 68
一、目标转向：从"知识输入"到"能力输出"的范式升级 ······· 69
二、体系重构：从"学科逻辑"到"需求逻辑"的系统变革 ······· 69
三、评价转型：从"分数判定"到"证据为本"的质量革命 ······· 70
第三节 科学性原则 ····································· 71
一、教学内容科学化：史学前沿与学科规范的有机统一 ········· 71
二、教学方法科学化：认知规律与教育技术的协同创新 ········· 72

第四节　创新性原则 ·········· 73
一、理念革新：从"知识传承"到"范式革命" ·········· 73
二、方法重构：从"经验驱动"到"技术赋能" ·········· 74
三、内容迭代：从"学科闭环"到"文明对话" ·········· 74
四、生态转型：从"封闭系统"到"协同网络" ·········· 75

第五节　实践与理论相结合原则 ·········· 76
一、理念重构：从"二元割裂"到"辩证统一" ·········· 76
二、课程建构：从"线性叠加"到"三维耦合" ·········· 77
三、教学实施：从"单向传输"到"双向互构" ·········· 78
四、评价机制：从"平面考核"到"立体验证" ·········· 78
五、生态支撑：从"局部突破"到"系统协同" ·········· 79

第六节　多元性原则 ·········· 79
一、认知范式转型：从"单一叙事"到"复调阐释" ·········· 80
二、教学内容重构：从"线性知识"到"多维网络" ·········· 80
三、方法体系创新：从"同质化训练"到"差异化适配" ·········· 81
四、评价机制革新：从"标准化考核"到"多模态评估" ·········· 81
五、文化生态培育：从"封闭系统"到"开放场域" ·········· 82

第五章　高校历史教学改革的内容 ·········· 84

第一节　课程体系改革 ·········· 84
一、优化课程设置 ·········· 84
二、更新教学内容 ·········· 86

第二节　教学模式改革 ·········· 95
一、传统教学模式的特点 ·········· 96
二、传统教学模式的优势 ·········· 97
三、传统教学模式的局限性 ·········· 98
四、多元化教学方式 ·········· 99

第三节　评价体系改革 ·········· 103
一、建立多元化、全过程的教学评价体系 ·········· 103
二、强化评价反馈机制 ·········· 111

第四节　教师培训与发展改革 ·········· 114

一、教师培训的必要性……………………………………………… 114
　　二、教师发展计划…………………………………………………… 117
　　三、师资队伍建设…………………………………………………… 122

第六章　高校历史教学改革的质量保障措施…………………………… 127
第一节　建立质量机制制度……………………………………………… 127
　　一、建立课程审议机制……………………………………………… 127
　　二、建立师生评教双向反馈机制…………………………………… 129
　　三、建立教师队伍培养机制………………………………………… 131
　　四、建立实践教学合作机制………………………………………… 133
第二节　完善教学质量的定量与定性评估……………………………… 134
　　一、定量评估高校历史教学质量…………………………………… 135
　　二、定性评估高校历史教学质量…………………………………… 137

第七章　高校历史教学改革的成功案例………………………………… 140
第一节　中国高校历史教学改革的成功案例…………………………… 140
　　一、某师范大学"探微史"课程改革实践………………………… 140
　　二、某高校"中国古代史"课程数字化教学改革实践…………… 144
　　三、某地方院校"地方史"课程改革实践………………………… 147
第二节　成功案例的共同特点…………………………………………… 151
　　一、课程内容的创新与深化………………………………………… 151
　　二、教学方法的多样化和学生参与的活跃度……………………… 152
　　三、独立思考和研究能力的培养…………………………………… 153
　　四、丰富的教学资源支持…………………………………………… 153
第三节　案例研究的启示………………………………………………… 154
　　一、多样化教学方法的应用………………………………………… 154
　　二、现代科技的融入………………………………………………… 154
　　三、跨学科融合的必要性…………………………………………… 154
　　四、实践与实地考察的重要性……………………………………… 155
　　五、个性化学习与反馈机制………………………………………… 155
　　六、综合素养和思辨性思维的培养………………………………… 155

第八章　高校历史教学改革的国际经验 ································· 156
第一节　国际高校历史教学改革概览 ································· 156
一、多元视角与跨学科合作 ······································· 156
二、技术创新与数字化教学 ······································· 158
三、教学实践与体验 ··· 159
第二节　国际高校历史教学改革典型案例研究 ························· 161
一、斯坦福大学历史系"全球历史"课程改革 ······················· 161
二、科罗拉多州立大学"世界历史"翻转课堂教学改革 ··············· 163
第三节　国际经验对我国高校历史教学改革的启示 ····················· 167
一、强调跨学科性和综合性 ······································· 167
二、重视原始资料和实地考察 ····································· 168
三、注重思辨性和思辨性思维的培养 ······························· 169
四、利用多元化教学方法和资源 ··································· 170

第九章　高校历史教学改革的展望与持续改进 ························· 171
第一节　高校历史教学改革的未来展望 ······························· 171
一、教学理念的更新 ··· 172
二、教学内容的优化 ··· 176
三、教学方法的创新 ··· 188
四、评价体系的完善 ··· 193
第二节　持续改进与监测机制 ······································· 195
一、健全多方参与的评估和反馈机制 ······························· 195
二、完善教学质量评估体系 ······································· 199
三、优化课程设计与内容 ··· 201
四、优化教学资源与环境 ··· 203
五、强化教学团队建设与培训 ····································· 206

参考文献 ··· 210

后　记 ··· 212

第一章　高校历史教学改革的必要性

历史不仅是对过去的记录，也是对现实的深刻反思和对未来的指引。随着社会的不断变革和知识的快速更新，高校历史教学正面临着新的挑战和机遇。对高校历史教学进行改革显得尤为迫切。改革不仅可以使高校历史教学更好地适应时代发展的需求，还能够培养学生更全面的思维能力、思辨性思维和终身学习素养。在新的历史教学模式下，我们将追求更加丰富、深入和具有启发性的历史学习，使学生更好地理解过去，以更佳的状态迎接新的挑战。

第一节　时代背景和意义

在当今飞速发展的时代，高校历史教学正处于变革的十字路口。随着社会、科技和文化的不断演变，传统的历史教学模式逐渐显露出无法满足当代学生需求的局限性。新时代背景下，党的教育政策为高校历史教学改革指明了方向，强调要坚持以习近平新时代中国特色社会主义思想为指导，全面贯彻党的教育方针，落实立德树人根本任务。这不仅为教育改革提供了理论指导和政策支持，也使高校历史教学的改革变得愈加迫切。

党的二十届三中全会提出，"必须深入实施科教兴国战略、人才强国战略、创新驱动发展战略，统筹推进教育科技人才体制机制一体改革"。在国际竞争日益激烈、高素质人才和科技制高点争夺愈发激烈的当下，深化教育改革，特别是历史教学改革，对于提升国家整体创新能力和竞争力具有举足轻重的意义。通过重新审视历史教学的方式与内容，我们不仅可以为学生提供更丰富、深刻的历史知识，还能引导他们更全面地理解人类历史的发展，提升他们对中华文化的认同感和自信心。

当前高校历史教学改革既是教育政策主动谋划的结果，亦是应对时代挑战的必然选择。其意义不仅在于培养"知古鉴今"的专业人才,更在于通过历史思维的培育,塑造能够应对文明冲突、技术伦理等复杂问题的现代公民。未来改革需进一步强化政策协同,在课程思政中深化"大历史观"建构,在数字化转型中守住人文精神内核,在交叉融合中彰显史学本体价值,最终实现"以史育人、以文化人"的教育本质回归。

一、时代背景

新的时代赋予历史教育更多使命。历史教学需要帮助学生树立正确的历史观、民族观、国家观和文化观,引导他们以史为鉴、面向未来,为中华民族伟大复兴贡献力量。同时,还要通过信息化和数字化手段提升教学的互动性和吸引力,激发学生的创新思维与社会责任感。

(一)"立德树人"的教育理念

"立德树人"是新时代中国教育的根本任务,也是高校历史教学改革的核心价值导向。在历史学科中,"立德树人"不仅强调知识传授,更注重通过历史教育培养学生的价值观、家国情怀与责任担当,实现知识育人与价值引领的有机统一。

高校历史教学改革中的"立德树人",本质是通过历史学的学科优势实现"以史育人、以文化人"。它既需要顶层设计(如将中华文明探源工程成果转化为教学资源),也依赖基层创新(如一线教师开发德育案例库)。只有将历史知识的"真"、价值引领的"善"与教学艺术的"美"相结合,才能培养出既有扎实史学功底又有坚定理想信念的新时代历史人才,这不仅是教育改革的必然要求,更是历史学科在民族复兴进程中不可推卸的文化使命。

(二)"三全育人"的教育格局

在新时代高校历史教学改革进程中,构建"三全育人"(全员育人、全过程育人、全方位育人)的教育格局,既是落实国家教育政策的必然要求,更是历史学科实现内涵式发展的内在逻辑使然。这种教育格局与历史教学的深度交融,标志着高等教育改革正从传统的单一知识传授模式,向系统化、立体化的育人体系全面转型。

"三全育人"格局的构建赋予历史教学改革更为深邃的社会功能。通过全员育人机制的构建，有效破解长期存在的"思政教育与专业教学两张皮"的结构性难题；以全过程育人的科学设计，积极回应"历史虚无主义"对青年学生认知形成的潜在风险；借助全方位育人场景的创设，着力重塑历史学科"知识传授—价值塑造—能力培养"三位一体的育人生态。值得注意的是，在推进融合过程中需警惕形式化倾向，防止陷入将育人环节简单拼贴、机械叠加的误区，应充分彰显历史学的学科特质，在坚守史学求真精神的基础上强化价值引领功能，实现学术理性与育人使命的有机统一。

（三）"课程思政"的教育方式

教育部《高等学校课程思政建设指导纲要》（2020）明确提出"所有课程都要与思想政治理论课同向同行"，历史学作为人文社科核心学科，承担着"培根铸魂"的特殊使命。

"课程思政"是新时代高校历史教学改革的核心路径之一，其本质是将价值观教育有机融入历史专业课程，实现知识传授与价值引领的统一。在历史学科中，"课程思政"并非简单"贴标签"，而是依托历史学的学科逻辑与育人功能，构建"以史载道、以文化人"的隐性教育体系。

在高等院校的历史课堂中贯彻"课程思政"的教育方式，推进课程思政建设，不仅有助于这一教育理念的推广，还能从教学形式和层次上将历史专业知识、中华优秀传统文化、民族精神和社会主义核心价值观等教育元素以潜移默化的方式融入课堂教学。"课程思政"的本质是回归历史教育"资政育人"的传统，通过专业性与思想性的深度融合，使学生在触摸历史温度的同时坚定理想信念。这种改革既需要顶层设计（如教育部"课程思政示范课"建设），更依赖一线教师的创造性转化，真正实现"史韵载道，润物无声"。

二、时代意义

高校历史教学的变革承载着重要的时代意义，是响应党和国家事业发展需要的迫切要求。2018年习近平总书记在全国教育大会上提出的关于推动教育质量提升、培养德智体美劳全面发展的社会主义建设者和接班人的要求，为高校历史教学改革指明了方向，在注重知识传授的同时，更要关注学生的全面发展，特别是他们的思想品德、文化素养和创新能力。

在全球化经济与政治多极化背景下，高校历史教学改革有助于培养具有全球视野和历史责任感的高素质人才。学生不仅能够理解历史发展的规律，还能从历史中汲取智慧，增强民族认同感和社会责任感，激发爱国热情和时代担当，成为新时代的建设者和接班人。

历史学科本身兼具思想政治教育的功能。历史教学不仅能传递知识，更是思想引领的重要渠道。它能有效增强学生的创新思维和社会参与意识，提升其分析问题和解决问题的能力，满足学生身心发展的需求。

历史教学改革与信息化、数字化技术的结合，推动了教学形式的创新，提升了教学的互动性和吸引力。这不仅回应了新时代对知识结构的要求，也契合全会精神关于教育创新与质量提升的号召。通过历史教学的变革，高校将培养出更多具有创新能力、文化自觉和历史责任感的新时代人才，为中国在全球竞争中提供重要的智力支持和社会保障。

因此，高校历史教学改革不仅是响应时代召唤的必然选择，也是推动国家教育强国战略的重要举措。这一改革不仅在于知识更新，更在于激发学生的精神力量，塑造他们为新时代中国特色社会主义事业发展贡献力量的责任感和使命感。

第二节　研究现状和发展趋势

随着时代的不断演进，高校历史教学改革成为教育研究的热点之一。从传统的知识传授模式向注重实际应用和综合素养培养的方向转变，历史教育正在经历一场深刻的变革。学者们纷纷关注和研究当前高校历史教学改革的现状，并努力揭示其中的挑战与机遇。同时，对未来的趋势进行前瞻性的研究也成为学界的共同关切。在这一全新的探索中，我们能够看到高校历史教学改革正在迎来新的发展阶段，不断寻求更具创新性和适应性的教学模式。

一、研究现状

高校历史教学改革的研究现状呈现多个方面的关注和探索，学者们关注的焦点包括课程体系与教学内容改革、课程思政的融入、教学方法和手段的创新、课程评价和学生能力培养、教师素养的提升、跨学科视野等方面。

（一）课程体系与教学内容改革

高校历史专业课程体系和教学内容的改革是当前研究的重点之一。研究者普遍认为，传统的知识传授模式已无法满足现代教育需求，需要转向注重学生能力培养和实践应用的教学模式。部分研究者探讨了高校历史专业课程"三五"教学模式，通过理论与实践相结合、课堂与课外相结合、个人与团体相结合的方式，实现教育教学全面提升。

随着教育理念的更新，高校历史专业的课程体系逐渐从传统的单一模式向多元化转变，课程设置的优化成为教学改革研究的热点问题。一些高校在课程体系中增加了跨学科课程、实践课程和研究型课程，培养学生的综合素养和创新能力。[1]

高校历史教学在课程建设中注重与高中历史课程的衔接。在"中国古代史"课程改革中，朱韬老师基于与高中"中外历史纲要（上）"课程教学衔接的视角，探讨了如何优化课程内容和教学方法，以更好地适应师范生未来的职业需求。[2] 针对高校历史教学与中学历史教学脱节的问题，有研究主张建立师资互动机制，实现教学互动、科研互动，从而提升历史学专业人才培养质量。

教学内容的更新也是高校历史教学研究的重要方向。一方面，增加与现代社会相关的教学内容，如历史与现实的联系、历史研究方法的现代应用等；另一方面，引入新的研究成果和视角，拓宽学生的学术视野。此外，不同课程之间会存在内容交叉的现象，针对"中国历史文选"课程与"历史文献学""中国史学史"等课程在史料、史籍介绍方面有部分重复的问题，杜云南老师提出通过优化课程内容、明确各课程的教学重点来解决这一问题。[3]

（二）课程思政的融入

课程思政建设是当前高等教育的重要任务，课程思政在高校历史教学中的融入是实现立德树人目标的重要途径。许多高校通过挖掘历史课程中的思政元

---

[1] 沈志富，毕现科. 新文科背景下历史学专业课程应用性教学改革探索［J］. 巢湖学院学报，2022，24（6）：151-157.

[2] 朱韬. 高校《中国历史文选》课程教学改革探索与实践［J］. 智慧教育，2024，1（9）：83-85.

[3] 杜云南. 高师历史学专业《中国古代史》课程建设理念与教学改革实践路径：基于与高中《中外历史纲要（上）》课程教学衔接视角［J］. 社会科学前沿，2024，13（9）：748-754.

素，构建有条理、关联性强的教学体系，为培养具有社会责任感和文化自信的高素质人才提供保障。

课程思政的核心在于通过专业课程实现思想政治教育的目标，帮助学生形成正确的世界观、人生观和价值观。在高校历史教学中，课程思政的融入能够深化学生的爱国主义情怀，培养其社会责任感和文化自信。例如，通过挖掘历史课程中的思政元素，如红色革命文化、民族精神等，可以有效实现知识传授与价值引领的统一。❶

未来，课程思政在高校历史教学中的融入将更加深入。随着新文科建设的推进，历史学专业课程思政将更加注重跨学科融合和实践教学。同时，人工智能等现代技术的应用也将为课程思政提供新的支持，进一步提升教学效果。

（三）教学方法和手段的创新

多媒体辅助教学在高校历史教学中应用日益广泛。研究表明，丰富的视听资源和互动手段，能够有效提升教学效果和学生的参与度。例如，利用无人机航拍技术增强历史空间感，探索多维度跨学科融合式教学；通过虚拟现实（VR）和增强现实（AR）技术，为学生提供沉浸式的学习体验，使历史教学更加生动和直观。❷

案例教学通过具体案例展示历史事件、社会问题或人物经历，小组合作强调团队互助，研究型教学注重引导学生主动参与，活动式教学通过模拟活动、角色扮演、实地考察等激发学生兴趣。这些教学方法的本质都是引导学生深入探究历史问题，培养其批判性思维和创新能力。

信息化教学平台的利用为历史教学提供了新的支持。通过在线课程、慕课（MOOC）和翻转课堂等模式，学生可以随时随地获取学习资源，进行自主学习。这不仅提高了教学效率，还促进了学生的个性化发展。

教学方法和手段的创新为历史教学带来了新的活力，也面临一些挑战。高校应加大对教学资源的投入，提升教师的技术应用能力，以更好地适应教学改革的需求。

---

❶ 张光晗. 地方历史文化融入高校课程思政建设探论：以陕西历史文化为例［J］. 陕西教育：高教，2024（4）：16-18.

❷ 朱雷颉. 高校历史教学改革中多媒体辅助教学的作用研究［J］. 文存阅刊，2025（1）：150-153.

(四) 课程评价和学生能力培养

学界对历史教学的研究不仅关注教学内容和方法的更新，还涉及课程评价模式的改革和学生能力的全面培养，包括建立学生能力考核机制、加强实践教学的硬件建设、正确处理基础课与实践课之间的关系等。

传统课程评价强调以教师为主、"知识考试"为主，现在转变为以学生为主体、注重"综合能力评价"的考核。在过程性评价中强调对学生学习过程的关注，包括课堂表现、作业完成情况、小组讨论等，全面反映学生的学习效果。例如，薛兵老师等在课堂中构建了学生、教师多主体参与评价，课堂分组讨论、课堂提问、综合实践项目展示、课外文献查询与阅读、学生作品演示等多指标的课程学习评价模式，❶使课程评价不再局限于知识的记忆和再现，而是更加注重学生能力的培养和素养的提升。

(五) 教师素养的提升

大数据时代，高校历史教学理念也在不断更新。教师从传统的解释性教学转向问题性教学，从知识性教学转向思想性教学，加强教学内容与实际生活的联系。❷随着人工智能的发展，高校教师要紧跟时代步伐，增强人工智能意识，提升应用智能工具整合教学资源和进行主题教学的能力。同时，高校应构建多元化的教师素养考核评价标准与激励机制，激发教师参与教学改革的积极性。

(六) 跨学科视野

跨学科视野强调打破学科界限，融合各学科知识，以开放的学术视野进行研究，发展出综合的、交叉的、新的领域的知识、概念及方法。❸跨学科视野在高校历史教学中的应用已成为教育领域的重要趋势。历史与文学、艺术、科学等学科的交叉点受到重视，学生能更全面地理解历史事件和背后的文化、社会、科学背景，这种整合使历史教学更贴近实际生活和社会需求。

---

❶ 薛兵，孙洪春. 基于创新人才培养的多元化课程学习评价方式的改革策略 [J]. 创新教育研究，2021，9 (2)：312－317.

❷ 吴方基，冯君. 大数据时代高校历史教学理念改革与实践 [J]. 黑龙江教育：高教研究与评估，2020 (1)：51－53.

❸ 张伟. 高中历史跨学科教学的探索 [D]. 北京：北京师范大学，2010.

跨学科主题学习是当下历史教学研究的热点。研究表明，历史跨学科主题学习呈现为"未分科前的素朴性萌芽—转型时期的跨学科学习尝试—确立与深化时期的再统整"的演进历程。❶通过多学科的知识整合、跨学科的逻辑贯通和超学科的问题探究，提升学生的学习效果，帮助学生从多角度理解历史事件和现象，培养其批判性思维和综合分析能力。

二、发展趋势

高校历史教学改革在"新文科"建设、教育数字化战略及课程思政等政策驱动下，呈现出鲜明的转型特征。学界围绕学科定位、技术赋能与人才培养等议题展开深入探讨，形成了以下主要趋势。

（一）跨学科深度融合与新文科实践

2020年，教育部新文科建设工作组发布《新文科建设宣言》，提出：文科教育创新发展，进一步打破学科专业壁垒，推动文科专业之间深度融通、文科与理工农医交叉融合，融入现代信息技术赋能文科教育，实现自我的革故鼎新，新文科建设势在必行。在新时代背景下，高校历史教学改革正朝着跨学科深度融合与新文科实践的方向发展，呈现出课程体系重构、方法论融合、新文科实践拓展的趋势。这不仅契合了教育现代化的要求，也回应了社会对复合型人才的需求。

1. 课程体系重构

课程体系采用模块化设计，打破了传统的"通史+断代史"框架，构建"基础方法论—专题研究—实践应用"三级课程体系，如李剑鸣提出的"数字人文工具应用""全球环境史"等课程。开设"历史+科技""历史+生态"等学科交叉课程，如"气候变迁与文明兴衰""GIS历史空间分析"等。

2. 方法论融合

历史教学中介入社会科学，引入社会学田野调查、人类学口述史方法，推

---

❶ 王科亮，杨朝晖. 历史跨学科主题学习的多维考察［J］. 天津师范大学学报：基础教育版，2025，26（2）：75－80.

动"历史人类学工作坊"等实践教学。运用大数据分析、量化史学方法，重新解读历史现象。

3. 新文科实践拓展

培养"历史+数据科学""历史+国际传播"等交叉领域的复合型人才，满足社会对文化遗产保护、数字策展等新兴岗位的需求。课程设计对接国家战略，回应现实议题。如"丝绸之路史"服务，"文化遗产数字化"课程助力文化产业发展。

新文科建设强调文理交叉，运用现代科技、信息技术和人工智能等手段，将文科的定性方法与定量方法相统一，彰显新文科的科学性。跨学科深度融合强调开放的学术视野，帮助学生从不同角度理解历史事件和现象。通过构建科学合理的跨学科课程体系和创新教学方法，历史教学将更好地服务于新时代的教育目标，为社会培养更多符合需求的复合型人才。

（二）数字化与智能化教学转型

2025年世界数字教育大会上发布的《中国智慧教育白皮书》提出：中国政府围绕普及优化学校数字化环境、强化优质资源供给、深化大规模常态化应用等方面开展了大量工作，正从转化阶段、转型阶段并行，加速迈进智慧教育阶段，构建起面向智能时代的现代数字教育体系。在相关政策推动与技术赋能下，高校历史教学的数字化与智能化转型呈现以下趋势。

1. 技术工具革新

依托大数据、AI等工具重构教学场景，如虚拟仿真技术还原敦煌莫高窟开凿过程。智能化的历史教学辅助工具，如历史教学机器人和智能辅导系统，能突破传统史料研读的时空限制，帮助学生更好地理解和分析历史事件和人物，培养批判性思维和分析能力。

2. 教学模式创新

人工智能与历史教学融合，促使历史知识的教学方式由单一向多元转变。构建"元宇宙历史课堂"，通过沉浸式体验增强学习互动性；利用知识图谱整合碎片化历史知识，如"中国历代人物传记资料库"（CBDB）支持社会网络分析教学。

3. 评价体系数据化

元宇宙赋能历史教学的数据服务层，通过动态分析海量师生教学活动数据，为优化教学行为、调整教学策略提供个性化、智能化、精准化服务。教师采用学习行为分析系统追踪学生史料检索路径，从结果评价转向过程性评估，量化批判性思维与数字素养发展，能够更好地满足学生的学习需求，提高教学效果。

4. 资源平台云端化

历史教学数字化后，能够创新出历史情景再现、历史知识智能问答、线上游览博物馆等教育方式，使学生如同身临其境，提高学习的互动性和趣味性。通过在线学习平台，学生可以在大量历史教育资源中自主选择学习内容，结合历史图谱建立属于自己的学习计划，营造智慧化历史教育新生态。"中国高校人文社会科学文献中心"作为国家级历史教学资源共享平台，推动了史料数据库、数字展览等资源的开放共享。

随着 5G、元宇宙和 AI 技术的进一步发展，历史教育将更加智能化和个性化。通过构建沉浸式、交互式的学习环境，历史教学将更好地服务于学生的全面发展，培养具有创新精神、实践能力和家国情怀的高素质人才。这种转型不仅是技术的革新，更是教育理念的升级，为历史教育的未来发展开辟了新的道路。

（三）课程思政与价值引领体系化

《高等学校课程思政建设指导纲要》（2020）强调，要在课程教学中帮助学生掌握马克思主义世界观和方法论，从历史与现实、理论与实践等维度深刻理解习近平新时代中国特色社会主义思想。在"新文科"与课程思政政策推动下，高校历史教学呈现出思政教育深度体系化的趋势。

1. 融入路径精细化

课程内容摒弃说教式灌输，注重隐性渗透，通过史料辨析、案例研讨自然传递唯物史观，强化政治认同与文化自信。教师设计模块化主题教学，利用"中华文明探源""中国共产党精神谱系"等专题课程，将价值观教育嵌入知识体系。

2. 技术赋能场景化

历史教学中创新实践载体，开发"甲骨文虚拟修复""革命文物数字策展"等项目，在技术操作中感悟文化基因。应用数字技术还原红色遗址（如中共一大会址），利用 AI 分析历史大数据（如不平等条约经济影响可视化），增强情感共鸣与认知深度。技术赋能的场景化教学通过生动的视觉和听觉效果，使学生仿佛置身于历史事件之中，极大地提高了学生的学习兴趣和积极性。

3. 评价体系多维化

教师重视过程性考核和成果导向，记录课堂讨论中的价值判断（如对"殖民主义双重性"的辩证分析），量化思政目标达成度；将口述史纪录片、历史微电影等创作纳入评价，考察学生价值观表达。

4. 协同育人机制化

学校整合社会资源，联合博物馆、档案馆开发实践基地（如"社区红色记忆采集"），延伸思政教育场域。历史教师与思政课教师跨学科设计，共建课程（如"中国现代化道路的历史逻辑"），形成育人合力。

高校历史教学中的课程思政建设正在向更加系统化、科学化和实践化的方向发展，为培养德智体美劳全面发展的社会主义建设者和接班人提供有力支撑。

（四）实践教学与社会服务联动

中共中央、国务院颁布的《关于全面加强新时代大中小学劳动教育的意见》（2020）要求深化产教融合，改进劳动教育方式。在产教融合与劳动教育政策推动下，高校历史教学的实践教学正加速与社会服务深度联动。

1. 课程实践化

学校拓展公共史学，开设"博物馆策展""文化遗产数字化"等课程，联合文博机构开展项目制教学，直接对接社会需求。教师注重田野调查，将民间文献采集（如家谱、碑刻）、口述史访谈纳入必修环节，在培养学生实证能力的同时服务地方文化保护。

2. 校地合作常态化

高校师生可深度参与县域地方志编纂（如云南大学"西南边疆史地项目"），助力乡村振兴与文化传承。学校可建立"历史+"实践基地，如南京大学"中华民国史研究中心研学基地"落户佳木斯，学生参与档案整理，服务地方文化建设，推进了档案和教育事业融合发展。

3. 成果应用社会化

共享数字成果，将学生制作的"红色遗址 VR 导览""非遗口述史数据库"向公众开放，如陕西师范大学"黄河文化数字展馆"成为中小学研学资源。延伸智库服务，将历史研究成果转化为政策建议，如华东师范大学"江南市镇史研究"为长三角一体化提供历史经验参考。

4. 评价导向服务化

引入第三方评价，由合作单位（博物馆、地方政府）对学生实践成果进行满意度评分。将实践学分占比提升至 25%～30%，考核标准更侧重社会效益（如社区口述史成果被地方档案馆收录可获加分）。

高校历史教学中的实践教学与社会服务联动正在向更加系统化、多样化和深入化的方向发展，高校与社会各界建立常态化交流机制，推动重点行业企业、区域发展龙头企业在高校建立实习实训基地，引导大学生走向社会、认识社会，增强社会实践体验。

（五）全球视野与本土化协同发展

以全球史观拓宽认知边界，以本土深耕筑牢文化根基，培养"知中国、懂世界"的复合型历史人才，是高校历史教学改革研究的重要趋势。

1. 推动全球史教学的本土化实践

在高校历史教学中，全球史教学不应盲目模仿欧美院校的范式，而应根据受众的背景和知识储备，以中国为视角出发设计全球史课程。例如，清华大学历史系副教授曹寅在"人类文明新形态视野下的世界史教学"论坛上分享了自己带有中国视角的全球史课程，将中国历史与世界历史相结合，强调中国在全球历史中的定位。

2. 加强中外关系史的教学与研究

构建中外关系史教学模式，推进在全球史视野下，中国史与世界史的双向融合教育。各门史学课程既要充分发掘世界史中有关中国历史影响的教育内容，又要自觉将中国史置于全球史、跨国史等多重语境下加以分析和解读。

3. 促进教育国际化与本土特色的结合

亚洲国际高等教育的发展表明，各国在教育政策和实践中需要平衡传统价值观与西方的影响。中国、日本、韩国等国家通过加强区域合作、提升教育质量、推动英语授课项目等措施，努力在全球化和本土化之间找到平衡，提升本国教育的国际竞争力。

全球本土化强调用"全球化的思想，本土化的操作"来进行发展。在高校历史教学中，这意味着一方面要形成重要的全球化视角；另一方面要与本土文化相结合，实现全球化与本土化的深度融合。

第三节　研究目的、意义和方法

高校历史教学研究的目的是深入了解历史教学的现状，评估教学效果，并探索改善教学的方法，以推动更符合时代要求、更能满足学生需求的教学模式的发展。其研究意义在于提升教学质量，培养具有综合素养和创新能力的高素质人才，同时促进历史学科的发展和文化传承。研究方法包括文献研究法、问卷调查法、课堂观察法、案例研究法、行动研究法、访谈法等，这些方法有助于全面、科学地支持历史教学改革。

一、研究目的

历史教学改革是一项系统性工程，涉及学科发展、教师成长、学生培养与课程创新的多维互动。其研究目的在于回应各主体的核心诉求，构建适应时代需求的教学生态体系，让历史教育从"过去的学问"升华为"未来的智慧"。

(一)学科维度:优化学科生态

高校历史教学改革通过价值引领(筑牢意识形态)、文化阐释(解码文明基因)、智慧转化(服务当代发展)三重路径,将学科发展深度嵌入国家战略。其本质是以历史教育为纽带,构建"过去—现在—未来"的连续性叙事,使中华文明在全球化与数字化浪潮中既坚守根脉,又创新表达,最终为民族复兴提供精神动力与文化支撑。

学科生态优化的本质是让历史学从"故纸堆学问"转型为"未来之镜",既坚守实证传统,又拥抱技术变革;既深耕学术价值,又回应现实需求。通过突破传统学科边界,推动历史学与数字技术、环境科学等领域的交叉融合,构建"历史+"学科体系。以开放思维打破传统框架,以课程创新、技术融合与资源整合,重塑历史学科的生态系统,实现知识传承与社会价值的双重目标。

(二)教师维度:提升职业价值与教学能力

高校历史教师面临教学模式固化、职业认同感弱化、数字化转型压力等挑战。传统"知识传授型"角色难以适应新时代要求,研究高校历史教学改革旨在通过技术赋能、思政深化、教研融合、价值延伸四大抓手,使教师从"单向输出者"转型为"学术引领者""价值塑造者""社会服务者"。这一过程既破解了传统教学中"重科研轻教学"的困境,又重塑了历史教师的职业尊严与时代价值,最终实现教师个体成长与学科生态优化的双向赋能。

高校教师需以"赋能、激励、联结"为核心,通过技术培训、跨学科协作、社会服务等多维度提升教师能力与价值,使其从"执行者"转变为"改革引擎",最终实现教学质量与教师职业发展的双赢。

(三)学生维度:培养核心素养与终身竞争力

传统历史教学以知识记忆为主,忽视学生批判性思维、历史解释能力与现实问题的联结,难以满足数字化、全球化时代对人才综合素养的需求。通过历史教学改革,培养学生时空观念、史料实证、历史解释、家国情怀等关键素养,推动其从"被动接受"转向"主动探究"。教师培养学生以核心素养为导向,通过跨学科融合、数字化工具应用及实践教学,让学生形成"以史为鉴"

的思维习惯，能独立分析解决复杂社会问题，实现从"知识容器"到"终身学习者"的转变，成为人文底蕴与创新能力兼具的复合型人才。

（四）课程维度：重构知识体系与教学模式

高校历史教学改革的首要目的是提升教学质量。通过优化课程设计、更新教学内容和方法，历史教学能够培养学生的综合能力和创新精神，为社会输送适应性强的高素质人才。

课程改革需要以"开放、动态、实践"为核心，通过知识体系重构与教学模式创新，将历史课程转化为培养学生核心素养与终身学习能力的载体，推动历史学教育从"知识仓库"向"思维引擎"转型。

高校历史教学改革研究的目的在于不断优化历史教育模式，提升学生学习体验和素养，使历史学科更好地满足学生、社会和未来发展的需求。这种研究为高校历史教育的长期可持续发展提供有力支持。

二、研究意义

历史学作为人文学科的核心领域，承载着文明传承、价值引领与思维训练的重要使命。推进历史教学改革不仅是教育现代化的必然要求，更是回应国家战略需求、重塑学科价值、培养时代新人的关键举措。本书将从国家战略、学科价值、学生发展、社会发展四个维度，系统阐述高校历史教学改革的深远意义。

（一）服务国家战略：增强文化自信

在全球信息博弈加剧的背景下，历史虚无主义、文化解构主义等思潮持续冲击主流价值观。应对意识形态挑战，维护历史叙事话语权尤为重要。2024年8月上线的"敦煌学研究文献库"则依托大数据与云计算，整合全球研究成果，提供多语言检索与即时调用功能，为学者搭建高效学术桥梁，推动敦煌学走向国际化。

历史教学不仅是知识的传授，更是价值观的引领。通过"中华文明探源工程"（如良渚水利系统、二里头都城遗址）成果教学，诠释"连续性、创新性、统一性、包容性、和平性"的文明特质。通过融入"五史"教育，帮助学生树立正确的世界观、人生观和价值观，增强他们的爱国情怀和社会责任感,从而提升国家的文化软实力。通过数字人文技术制作多语种历史科普产品,促进文化输出,如故宫博物院"数字文物库"已向全球开放8.3万件高清文物影像。

(二)重塑学科价值:突破发展瓶颈

教学改革通过应用型课程开发、跨学科人才培养、研究方法革新等方式激活了学科活力。中山大学等高校开设文化遗产数字化课程,部分毕业生进入科技企业文保团队,因掌握交叉技术,薪酬竞争力显著高于单一专业毕业生。武汉大学"数字人文实验班"毕业生跨界就业率达61%,涵盖数据科学、文化创意等领域。促进学科生态重构可以打破学科壁垒、推动学术反哺教学、构建动态知识网络,建立课程内容定期更新机制,将区块链技术应用于文物溯源、AI辅助历史模拟等前沿实践教学,使历史学科与科技发展同频共振。

(三)赋能学生发展:培养核心素养

通过"时空观念—史料实证—历史解释"三维训练,培养学生思辨性思维。如北京大学"历史思辨"课程设置"甲午战争责任归属"等辩论议题,引导学生多角度分析历史复杂性。

掌握GIS历史地图制作、口述史数据库管理等数字工具,提升学生的信息素养。南京大学"历史大数据分析"课程指导学生运用Python处理人口迁徙数据,将历史研究从定性描述转向定量分析。

(四)服务社会发展:激活历史智慧的现实价值

高校历史教学改革通过知识转化与实践创新,将历史智慧融入当代社会发展,实现文化遗产的保护与活化。敦煌研究院研发的"壁画虚拟修复系统"已培养专业人才超500名,在云冈石窟等20余处遗产地应用,使修复效率较纯人工操作提升近60%。中山大学"广绣口述史"项目整理濒危技艺,成果转化为非遗体验课程,带动地方文旅收入增长18%。

技术赋能、跨学科融合与社会联结,使历史智慧从学术殿堂走向社会实践,成为解决现实问题、推动文明进步的重要驱动力,最终实现历史价值与社会价值的双向提升。

三、研究方法

高校历史教学改革的研究需综合运用多学科方法，兼顾理论探索与实践验证，形成"问题导向—数据支撑—迭代优化"的研究闭环。

（一）文献研究法

文献分析法是通过查阅国内外历史教学改革的相关文献，了解历史教学改革的理论基础、实践经验和研究现状，为教学改革提供理论支持和参考。梳理历史教学改革的理论基础与实践经验，明确研究起点与创新方向。

该方法多应用于政策文本分析、学术文献综述、国际经验比较等。例如，解读《新文科建设宣言》《教育数字化战略行动》等文件，提炼改革政策导向。分析近十年 CSSCI 期刊中的历史教改论文，识别研究热点（如课程思政、数字人文）与空白领域。研究欧美高校全球史课程设计（如哈佛大学"大历史"）、日本地域史教学模式，提炼可借鉴路径。通过对比中美《世界近代史》教材目录，发现中国课程侧重政治史（占比 65%）；而美国教材增加环境史（18%）、性别史（12%）模块，为本土课程重构提供参照。

文献研究法是高校历史教学改革的"望远镜"与"显微镜"，既能宏观把握学科发展脉络，又能微观剖析具体问题。其价值不仅在于整理既有知识，更在于通过批判性分析与创新性整合，为改革提供科学依据与实践路径。

（二）问卷调查与访谈

设计问卷和面对面访谈是深入了解历史教育各个层面的有效手段，通过向历史教育从业者、校外专业人士、学生及校友等不同群体收集信息，可以获取全面的反馈，涵盖教学内容、方法、资源等方面的多维度信息。

多方面收集信息，通过构建"历史思维水平量表"（含史料辨析、因果分析等维度），使用李克特五级量表测量，进行指标设计；利用 SPSS 进行信效度检验、回归分析，识别影响因素（如数字工具使用频率与批判性思维的相关性），可以形成全面的历史教育评估。

问卷调查与访谈是高校历史教学改革中快速获取群体认知、验证改革假设的重要工具，可以发现潜在问题，了解各群体的需求和期望，并为制定改进策略提供科学依据，最终提高历史教育的质量，促进学科的发展。

（三）课堂观察法

通过实地观察历史教学课堂，记录教师授课方式、学生参与程度、教学资源利用等方面的实际情况，以深入了解现行教学模式的实际运作，并从中发现存在的问题和改进的空间。

课堂观察可以详细记录教师在教学中采用的不同方法（讲解、讨论、案例分析、小组活动），观察学生对教学内容的反应（兴趣、困惑等），了解教师与学生的互动情况（提问、回答、解答疑惑），掌握教室内使用的教学资源（教材、多媒体设备、实物展示等），以评估教学效果。这种深入的观察与记录可为教育者提供反馈和指导，可以不断优化教学模式，提高教学质量。通过改进现行教学模式，更好地满足学生的需求，促进历史教育的发展。

（四）案例研究法

案例研究法在高校历史教学改革中可以用于分析具体的历史教学案例，总结成功经验和存在的问题，为其他高校提供借鉴和参考。

选择具有代表性的案例，能深入具体情境，提供丰富、详细的信息，有助于全面、深入地理解高校历史教学改革的复杂性和多样性，发现一些被忽视的特殊情况和细节问题。若案例的代表性有限，从单个或少数案例中得出的结论则不一定具有普遍适用性，研究过程也可能受到研究者主观因素的影响。因此，案例研究法可与问卷调查法、访谈法等相结合，更科学地评估结论的有效性。通过多种方法的综合运用，可提高研究的科学性和可靠性，更全面地揭示高校历史教学改革的本质和规律。

（五）行动研究法

行动研究法是以解决实际教学问题为导向，由教师、研究者与学生共同参与，通过"计划—行动—观察—反思"的循环迭代过程，推动教学改革的实践性研究方法。教师既是研究者又是实践者，改革措施能在实践中不断调整优化，形成"问题诊断—方案改进—效果验证"的闭环。华东师范大学教师通过行动研究发现"学生时空观念薄弱"，设计"历史地图动态推演"教学模块，学生相关题型正确率从58%提升至82%。河北大学历史系在"口述史教学"中引入行动研究，根据学生访谈反馈调整访谈提纲设计，最终形成《地方史口述教学指南》。

行动研究法是高校历史教学改革中连接理论与实践的桥梁,其价值在于通过教师主导的持续改进,实现教学改革的"在地化"与"人性化"。未来,随着教育技术的发展,可探索"智能教学系统+行动研究"的新型模式,利用AI分析课堂行为数据,更精准地定位改革痛点。

第二章　高校历史教学的发展历程

在高校历史教学的发展历程中，我们见证了一系列深刻的变革和不断演进的教育理念。高校历史教学不仅是知识的传递，更是一种文化传承和认知深度的拓展。

高校历史教学最初主要着眼于传承经典，强调对历史文献和事件的准确记载。随着时间的推移，高校历史教学逐渐注重学科内涵的深化和拓展，引导学生深入思考历史的原因和影响，真正理解历史的本质。20世纪的历史教育经历了多次思想解放和教学方法的创新。从传统的讲授式教学到更注重学生参与、实践和独立思考的教学模式，历史教学逐渐摆脱了死记硬背的阶段，进入更加开放、多元的时代。当前，全球化和信息时代的冲击使得高校历史教学面临新的挑战和机遇。数字化手段的运用、跨学科研究的兴起以及全球历史视野的呈现，为高校历史教学带来了更多可能性。面对未来，我们需要更好地整合传统与现代，发挥历史教育在培养学生全面素养和深度思维方面的独特作用。高校历史教学的发展历程如同一幅绚丽的画卷，充满着探索、变革和不断创新的精神。

第一节　高校历史教学的演变

高校历史教学的演变是一个动态发展的过程，既受学科内在逻辑的驱动，也受社会需求与技术变革的深刻影响。这一演变不仅体现为教学内容的更新与教学手段的升级，更反映了教育理念的根本性转变。

一、演变过程

高校历史教学的演变过程如同一部博大精深的历史长卷，见证了教育理念的蜕变，教学方法的创新，以及社会、科技发展对学科发展的深远影响。从传统的文献传承到数字化时代的全球化视野，历史教学在高校舞台上呈现出阶段性的变迁，不断适应着时代脉搏，铸就着学子深厚的历史底蕴。

（一）传统阶段（19世纪末—20世纪初）

在高校历史教学的早期阶段，主要注重对历史文献和事件的传承和记载，这种传统的教学模式在19世纪末至20世纪初达到顶峰。在这个时期，教育的核心目标之一是将过去的文明和经验传递给新一代，培养学生对历史的基本认知。

这一阶段的教学重心放在对历史文献的研究和传承上。学生通过深入研读各种历史文献，如传世文献、古代手稿、政府档案等，以获取对过去的深入了解。教师在课堂上通过讲述历史事件的经过，强调重要的历史时刻和人物，帮助学生建立对历史时期的整体认知。传统阶段以讲授式教学为主导，教师扮演着知识传递者的角色，向学生传授大量的历史知识；学生在课堂上被动地接受教师的讲解，此阶段注重教师的权威性。

学生主要通过阅读和记忆历史事件来获取知识，在反复的背诵和记忆中熟悉并掌握大量历史事件、日期和人物，强调了记忆力和对细节的注意力。由于教学方式单一，学生之间互动较少，学习更多依赖于个人的努力和教师的指导。这一阶段的教学注重对历史知识的积累和传承，为后续教学模式的演变奠定了基础，同时也反映了当时教育理念和社会需求的特点。

（二）全面培养阶段（20世纪初—20世纪中叶）

本阶段是历史教学强调培养学生综合素养的阶段，教育理念开始转变，在关注历史知识传递的同时，更注重培养学生的思辨性思维、独立见解和道德情操。这一阶段的教学模式弱化了传统的讲授，加强了学生的参与性，通过互动性的教学方法促使学生更全面地理解历史。

此阶段的教师善于引入多元的教学方法，如小组讨论、实地考察、案例分析等，鼓励学生提出问题、表达观点，以提供不同的学习体验，促使学生在多样性中培养综合素养。学生在课堂上变得更为主动，积极参与各种讨论和互动活动，增强了对历史的兴趣和投入感；还会参与独立研究项目，通过独立阅读、文献调查和写作等方式深入探讨历史问题，培养独立思考和研究能力。

这一阶段的教学强调学生的参与性和主动性，学生通过与同学和教师的讨论，逐渐培养自己的思辨能力，学会质疑和分析历史事件，使历史教育更贴近学生的实际需求，为其未来的发展提供更为丰富的知识和技能基础。

（三）多元化阶段（20世纪中叶—21世纪初）

本阶段高校历史教学进入教育理念多元化的时期，学界和教育机构开始更加注重学生个体差异、倡导多元文化，同时强调跨学科研究。这一时期的教育理念追求更全面的历史理解，通过引入互动式的教学活动，培养学生的综合能力和跨学科思维。

教师在历史教学中融入多元文化，不仅关注国际历史，还关注地区性、少数族群的历史，使学生能够更全面地了解世界各地的历史进程；鼓励历史教学与其他学科进行跨学科研究，促使学生将历史知识与其他领域的知识相结合。因此，学生在学习历史时，能够更广泛地涉猎世界各地的历史，拓展自己的国际视野，理解多元文化的价值和重要性。

考虑到学生的个体差异，教师会在授课时更加灵活地调整教学内容和方法，满足学生的不同需求，提高学生个体的学习效果；通过引入更多互动式的教学活动，如小组讨论、实地考察、模拟演练等，使学生在实际操作中更深入地理解历史，增强学习的亲身体验。跨学科的研究和互动式的教学活动，让学生在学习历史学科的同时培养更广泛的综合能力，包括团队协作、沟通能力等，更加鼓励独立思考和独立研究，从而培养他们主动探究历史问题的能力。

这一阶段的历史教育注重培养学生全方位的素养，使他们具备更强的跨学科能力，逐渐从被动接受历史知识转变为主动思考、参与活动和积极贡献。这对于学生未来面对复杂多变的社会和职场环境具有积极意义。

（四）数字化阶段（21世纪初至今）

自21世纪初以来，数字化时代与全球化趋势并行不悖，共同为高校历史教学带来了深远的变革。技术的飞速发展和全球化浪潮不仅改变了教学方式，还极大地丰富了学习内容，为学生提供了多样的学习体验和思维方式。

在数字化时代，技术的革新为历史教学注入了新的活力。教师可以借助在线数据库、数字化档案馆等数字资源，为学生提供海量的历史文献和资料，使学生能够更便捷地获取信息，深入挖掘各个历史时期的细节。虚拟现实技术的运用更是让学生仿佛亲临历史事件现场，提供了更加直观的历史体验，增强了学习的趣味性和吸引力。此外，在线学习平台的创设使学生能够随时随地进行学习，满足了学生个体差异，同时为他们提供了更多自主学习的机会。在线互动和协作编辑文档等方式也促使学生更积极地思考和交流，提升了教学效果。

与此同时，全球化趋势使得历史教学超越国界的限制，更加注重全球历史和跨文化研究。这一时期的历史教育强调国际化视野，鼓励学生参与国际交流、合作研究，以培养其跨文化沟通和理解的能力。通过全球视野，学生能够理解各地历史事件如何相互关联，形成共同的历史脉络。跨文化历史课程的开设则让学生深入了解不同文化之间的相互影响和交流，拓宽了他们的思维边界，增强了文化敏感性。

在数字化时代与全球化趋势的融合影响下，历史教学不仅注重知识的传递，更强调全新的学习体验。技术的运用丰富了历史教学的形式，使学生能够更全面、深入地学习历史，有助于更好地适应现代社会的学习和工作需求。而全球化视野和跨文化研究的能力则使学生能够拓宽自己的视野，不仅理解本国历史，还能够关注和理解其他国家的历史发展，为其未来的国际交往和职业发展提供更为丰富的经验和能力。

整个演变过程体现了历史教育目标的不断拓展、教学方法的不断创新以及历史教学适应社会变革和科技发展的能力。未来，高校历史教学将继续借助新技术，拓展跨学科研究，更好地培养学生的综合素养。

二、演变意义

高校历史教学的演变不仅是教育体系的调整，更是对知识传递、学科发展和学生培养模式的深刻反思。这一演变过程不仅仅是学科内容和教学方法的改变，更是对社会、科技、文化变迁的积极回应。高校历史教学的演变意义深远，它塑造了新一代学生的思维方式、素养水平，并使历史学科更好地适应了当代社会的需求。在这个变革的历程中，我们看到了教育的不断创新，为学生提供了更富有深度和广度的学习体验。

（一）反映社会变迁

高校历史教学的演变反映了社会的变迁和进步，历史教学随着社会的发展不断调整教学内容、方法和目标，以便更好地服务社会需求。演变过程中，传统的僵化教学模式逐渐被去传统化和多元化的教育理念所取代。教学内容不再仅要求记忆历史事件，而是鼓励学生通过分析、比较和质疑，形成对历史事件更深层次的理解。教育不再仅是知识的灌输，而更注重培养学生的综合素养、创新能力和思辨性思维，这使得历史教育更符合社会对全面发展人才的需求。

通过强调实践性和应用性、创新教学方法以及国际化等方面的变化，历史教学培养出更具综合素养和实际应用能力的历史专业人才，以更好地适应信息化、全球化的社会环境。

（二）促进多元文化研究

历史教学的演变强调跨文化研究和多元文化教学，这为学生提供了更广泛的平台，拓展了他们的视野，提高了其跨文化沟通交流的能力。

跨文化研究和多元文化教学可以帮助学生超越国界，深入了解不同文化的历史、价值观和社会体系。通过对不同文明的比较和研究，学生能够理解世界各地的历史发展和文化演变，帮助学生形成文化自觉，认识到自己的文化观念和价值观受文化差异的影响，从而更好地理解和尊重他人。多元文化教学强调学生应当对自身文化背景有清晰的认识，注重培养学生在多元文化环境中进行有效沟通的能力。学生在了解和尊重不同文化的基础上，通过讨论、合作项目等方式培养跨文化交流的技能，提高他们在全球化背景下的竞争力。

强调跨文化研究的教育模式为学生提供了更多参与国际交流和合作的机会。学校通过国际交流项目、合作研究等形式，使学生能够与来自不同国家地区和文化背景的同学、教授进行深入交流，促进了国际化水平的提升。具备国际视野和跨文化沟通能力的学生更容易适应全球化的社会和职场环境。

在当今世界日益互联互通的环境中，强调跨文化研究和多元文化教学不仅是对历史教育的创新，更是对学生综合素养的培养。这种教育模式，使学生不仅能够更好地理解和应对多元文化社会，也更有能力在国际范围内展现自己的才华和能力。

（三）拓展学科边界

在历史教学的演变过程中，历史学科与其他学科领域的联系愈发紧密，这可以拓展学科的边界，促进知识的交叉融合。

数字资源的引入为跨学科研究提供了契机，使历史教学能够更广泛地涉足其他学科领域。例如，数字化的历史数据分析需结合统计学，利用地理信息系统（GIS）可以与地理学交叉。学生在利用数字资源进行独立研究项目时，常常需要运用计算机编程、数据分析等技能。历史教育与计算机科学、信息技术等学科的结合，促成了数字人文、虚拟考古等交叉领域的研究。在虚拟现实等技术的应用中，历史教学与艺术、科技的融合成为可能。这不仅丰富了历史呈现的方式，还为学生提供了在艺术和科技领域间创新的机会，培养了跨学科思维。

历史学科与社会学、经济学、政治学等学科的结合，使学生能够从多角度分析历史事件，理解其背后的复杂因素。例如，通过学习历史与经济学的交叉内容，学生可以理解历史事件的经济动因和影响；通过历史与社会学的结合，学生可以认识到社会结构和文化对历史发展的作用。

跨学科合作不仅提高了历史教学的效果，培养了学生的综合分析能力和创新思维，还使学科的边界变得模糊，促进了知识的融合。这样的演变为学生提供了更为丰富、立体的学科体验，使他们更好地适应未来社会的挑战。

（四）促进教学方法创新

高校历史教学的演变促进了教学方法的推陈出新，讨论式教学、案例分析和项目导向学习（PBL），显著提高了学生的参与度和积极性；小组讨论和合作学习，引导学生分享和交流不同的观点，培养其团队协作和沟通能力；历史研究项目、田野调查和博物馆实习等实践活动，培养了学生的研究能力和实际操作能力，树立了学生的社会责任感和服务意识。

在线课程、虚拟现实（VR）和增强现实（AR）技术的引入，使历史教学更加生动和直观。例如，学生可以通过 VR 技术"亲临"历史遗址，体验古代建筑和生活场景，甚至可以模拟历史事件，参与其中。这种沉浸式的学习体验，不仅让学生对历史产生更浓厚的兴趣，还能加深他们对历史事件和背景的理解。数字化技术提供了丰富的在线资源，如历史纪录片、数字化文献和互动地图，学生可以随时随地进行学习，拓展了学习的时间和空间。教学方法的创新强调实践性和应用性，传统的历史教学主要集中在理论知识的传授方面，而现代教学更加注重实践。

每个学生的学习风格和节奏各不相同，创新的教学方法提供了多样化的学习资源和灵活的学习方式，使学生能够根据自己的兴趣和需要选择适合的学习路径。自主学习不仅培养了学生的自我管理能力，还增强了他们的学习动力和主动性。高校历史教学方法的创新不仅丰富了学生的学习体验，提升了教学效果，还培养了学生的多种能力，使其更好地适应现代社会的需求。这种创新不仅体现了教育理念的进步，也为历史学科的发展注入了新的活力。通过不断创新教学方法，高校历史教学将继续朝着更加多元、开放和前瞻的方向发展。

（五）增强学生参与意识

高校历史教学的演变增强了学生的参与意识，尤其是互动性教学模式，使学生更积极地参与课堂讨论、研究项目，提高了他们对历史学科的兴趣和投入感。参与小组活动、角色扮演等互动形式，让学生不再是被动接受知识，而是在活动中主动探究，增强了学科的吸引力。这不仅培养了学生的团队协作能力，还强调了集体智慧的重要性，让学生在协作中相互学习、相互启发，提升了参与意识和合作精神。

这类参与式教学模式的演变，可以将学生从被动的接受者转变为主动的学习者，培养他们在面对复杂问题时独立思考和解决问题的能力。这样的学习经验不仅在历史学科中有益，也对学生未来的终身学习和职业发展具有积极的影响。

（六）提升学生综合素养

高校历史教学的演变提升了学生的综合素养，通过五育并举的教育理念，全面提升学生的素质。历史教学在德育方面发挥着重要作用，通过学习历史，学生可以了解人类社会发展的进程，领悟历史事件中的道德教训和价值观念，从而形成正确的价值观和人生观，增强社会责任感和民族自豪感。通过分析历史人物的行为和决策，学生能够理解道德和伦理的重要性，培养同情心、正义感和社会责任感。

五育并举的方式，能全面培养学生的综合素养，使他们在德、智、体、美、劳各方面得到均衡发展。这不仅提升了学生的个人素质，也使他们更好地适应现代社会的需求，成为具有全面能力和素养的社会公民。学生可以通过多媒体手段更生动地了解历史，培养信息获取、处理和评估的能力，提高他们在信息时代的竞争力。通过实地考察、独立研究项目等实践性学习，学生能够将理论知识应用到实际情境中，培养学生解决实际问题的能力，使他们更好地适应职业生涯的挑战。通过这种全方位的教育，学生不仅能够在学术上取得进步，更能在个人修养和社会责任感方面得到全面提升，为社会的可持续发展贡献力量。

第二节 高校历史教学的现状

高校历史教学作为培养学生人文素养、历史意识和思辨性思维的重要领域，处于不断发展和变革之中。随着社会的进步和科技的发展，高校历史教学面临着诸多挑战和机遇。从传统课堂教学到多媒体技术应用，从学科交叉融合到全球化视野拓展，当前高校历史教学正处于传统范式与现代技术深度碰撞的转型期，呈现出多维变革与深层矛盾交织的复杂情境。

一、教学方法有所创新

传统的历史教学模式往往以教师为中心，注重知识的灌输和学生的被动接受。这种单向传授知识的方式在一定程度上限制了学生的参与度和创造性思维，无法激发其学习的积极性，导致他们对历史课程缺乏热情。因此，传统的讲授式教学逐渐被互动式、探究式、问题导向式等更加灵活和多样的教学方法所取代。教学过程越来越注重培养学生的思辨性思维、独立思考能力和团队合作能力，强调学生参与和思考。

（一）互动式、探究式和问题导向式

互动式、探究式和问题导向式教学更加注重学生的参与和思考。学生在讨论、探究和解决问题的过程中，不仅可以积累知识，还能培养思辨性思维能力。他们需要分析信息、评估证据，并形成自己的观点和结论，从而更深入地理解历史事件的背景和影响。这种学习方式培养了学生独立思考、自主学习的能力，使他们能够在面对复杂问题时灵活应对，提出合理的解决方案。

探究式和问题导向式教学往往采用小组讨论、合作项目等方法，鼓励学生共同分析历史事件、研究历史资料、展开调查，提高问题解决能力和团队协作能力。互动式和探究式教学能够引导学生深入探索历史事件背后的原因和影响，促使他们从多个角度去理解和解释历史现象。这不仅帮助学生获得更深层次的历史知识，还能激发学生对历史的兴趣，提高学习的深度并拓展广度。

（二）翻转课堂与情景模拟

为了给学生提供更丰富、更有效的学习体验，教师还会根据教学目标、教学内容和学生特点，运用案例教学、翻转课堂、情景模拟等教学方法，激发学生的学习兴趣，提高教学效果。例如，学生在课前通过观看视频、阅读材料等方式自学，课堂上进行讨论、练习和实践，利用翻转课堂的方法提高课堂效率，增强师生互动，促进学生自主学习。教师还会通过角色扮演、模拟历史场景等方式，让学生身临其境地体验历史，增强学习的趣味性和代入感，帮助学生理解历史人物的思想和行为。

（三）数字技术应用

随着信息技术的不断发展，高校历史教学开始借助多媒体、网络资源和在线平台进行教学，虚拟现实重现、数字化档案利用、在线课堂等技术应用逐渐普及。

通过虚拟现实技术，历史教学可以将学生带入历史事件的现场，使他们身临其境地感受历史文化。这种沉浸式的学习体验可以激发学生的兴趣，加深对历史事件和背景的理解。数字化档案的利用使历史教学更加丰富和深入，学生可以通过数字化档案访问历史文献、图片、音频和视频资料，了解历史事件的真实情况。

在线学习平台为高校历史教学带来了全新的教学模式。通过在线平台，教师可以建立虚拟教室，进行异地同步教学或异步在线学习，打破时空的限制。不仅方便了学生个人学习时间的灵活性，还为教师提供了更多的教学创新空间，例如利用在线讨论、小组合作等方式，促使学生深入思考历史问题，形成更丰富的认知。

历史教学方法的转变意味着教师在教学中更多地扮演引导者和促进者的角色，学生成为学习的主体。这种转变不仅符合现代教育理念，更能够培养学生的综合能力，使他们具备更好地适应社会发展和面对未来挑战的能力。

二、课程体系逐渐优化

学生的学习方式和需求具有多样性，但传统的课程体系往往是一种一刀切的方式，缺乏灵活性，无法有效满足不同学生的学习需求，难以提供个性化的学习体验。一些学生无法与教学内容产生共鸣,从而影响他们的学习积极性和兴趣。

为确保历史教学能够与时俱进、贴近学生需求,高校历史教学的课程体系增加通识教育、专业基础、核心课程、选修课程、实践教学、科研训练等多个模块,旨在全面培养学生的历史知识、研究能力和综合素质。课程设置既注重基础知识的传授,又强调前沿研究和跨学科融合,同时通过实践教学和科研训练提升学生的实际操作能力和学术素养。

(一)历史教育与思政教育结合

将历史教育与思想政治教育深度融合,培养学生的家国情怀和社会责任感,通过历史课程引导学生树立正确的历史观、民族观和国家观。如"中国近现代史纲要"课程,以中华民族伟大复兴为主线,贯穿从鸦片战争到新中国成立再到改革开放的历史进程,帮助学生理解中国共产党的领导作用。通过讲述中国人民反抗外来侵略、争取民族独立的斗争,培养学生的爱国主义精神和民族自豪感。

(二)课程内容更新与前沿化

高校历史教学的内容逐渐多样化,涵盖不同地区、不同历史时期和不同主题的内容,除了传统的政治史、经济史、社会史,还包括文化史、环境史、性别史等新兴领域。开设更多专题课程(如环境史、性别史、医疗史等),满足学生对特定领域深入研究的兴趣。通过增加全球史、跨国史等课程,突破传统的国别史框架,帮助学生从全球视角理解历史。随着历史课程内容的不断更新,及时融入历史学研究的新理论、新方法和新发现,学生能够接触到最新的学术动态,了解学术前沿。

(三)注重学生个性化发展

学校提供多样化的选修课,让学生在完成专业必修课的基础上,可以选修自己喜欢的课程,满足学生个性化学习需求。通过导师制,为学生提供个性化的学术指导,支持其参与科研项目,在参与科研项目、学术会议过程中,提升学术素养和研究能力。鼓励学生将历史知识应用于文化创意、文化遗产保护等领域,培养创新创业能力,并为大学生创业提供资金支持。

三、实践教学受到重视

历史教学应该培养学生对历史事件和观点进行思辨性分析的能力，然而传统讲授往往弱化了这一方面的培养，学生难以将所学历史知识应用到解决实际问题中。因此，高校历史教学越来越强调实践教学的重要性。

学校通过与档案馆、博物馆合作，为学生提供文献整理、文物管理等实践机会，借助实地考察和考古实践的机会，让学生亲身体验历史研究的过程。此外，鼓励学生参与口述历史采集，在实践调查中培养其访谈、记录和研究能力。通过引导学生参与实地考察、档案搜集、口述历史采访等实践性活动，可以使历史教学更贴近社会实际，理解人类社会的发展规律和现实问题，从而提升教学质量和学生综合素养，为社会发展贡献力量。

（一）实践教学的设计与规划

教师在课程设计中安排实践教学环节，提前规划好实践教学的时间、地点、内容和安全措施，确保学生能够安全、有序地参与实地考察活动。根据课程内容和教学目标选择合适的实地考察地点，如历史遗迹、博物馆、纪念馆、文化街区等，让学生从实践中获得知识、技能和体验，加深对历史事件和文化的理解。教师积极挖掘丰富的教学资源，通过多样化的实地考察，为学生提供不同历史时期和主题的学习机会，促进其学习兴趣和学术能力的提升。

（二）引导学生观察与思考

在实地考察过程中，教师要求学生进行观察、思考和记录。通过提出问题、引导讨论，激发学生的学习兴趣，引导他们深入探究历史背后的故事和意义。

教师可以提前准备一些引人深思的问题，例如历史事件的背景、相关人物的生平、文化遗产的意义，在实地考察过程中向学生提出。教师引导学生关注历史遗迹、博物馆或纪念馆的细节，鼓励学生发表自己的观点和想法，分享对历史事件和文化遗产的看法和理解。在实地考察结束后，教师引导学生进行记录和总结，包括拍摄照片、撰写游记、绘制素描等形式，帮助学生将实地考察的体验和收获固化下来，加深对历史事件和文化内涵的理解和记忆。

（三）组织相关讲解和导览

教师邀请专业人士或相关领域的专家进行讲解和导览，帮助学生更全面地了解实地考察目标的历史背景、文化内涵和意义。专业人士具有深厚的专业知识和研究经验，能够深刻解读历史事件和文化内涵，引导学生关注实地考察目标的重要细节，及时解答学生疑问并提供深度解析。通过专业的引导，学生能够更有针对性地进行观察和思考，获得更为深刻的学习体验，建立更为系统和完整的历史认知框架。

（四）开展学术研究和成果展示

实地考察之后，教师鼓励学生根据自己的兴趣和研究方向，自主选择与实地考察相关的研究主题，指导学生进行文献查阅、研究方法的选择、研究进度的跟进等，帮助他们顺利开展研究工作。在学术研讨和交流活动时，教师让学生展示自己的研究成果，帮助学生互相学习、相互启发，促进学术氛围的建立和发展。最后对学生的研究成果进行评价和反馈。通过对学生研究报告、论文、展示演讲等内容的评价，帮助他们发现不足之处，指导他们进一步完善和提高研究水平。

高校历史教学引入实践教学与实地考察，让学生亲身感受历史遗迹、博物馆、纪念馆，为学生提供更为直观、深刻的历史学习体验，以提高学生的学习兴趣和学习效果，增强其学习的深度和记忆的持久性。

四、评估体系逐步完善

教育评估体系的不断完善影响着高校历史教学的发展。学校和教育机构对历史教学的评估标准和方法逐渐趋于科学化和多元化，注重考核学生的综合能力和实际应用能力。高校历史教学评估体系已形成一定框架，涵盖教学目标、内容、方法、效果等方面，评估方式包括学生评价、同行评议、专家评审等。

（一）评估方法多元化

传统的历史教学评估往往局限于考试成绩，但现代教育评估更加注重学生的综合能力。除了历史知识的掌握，评估体系还包括历史思维、思辨性思维、解决问题的能力等方面。这样的评估体系使历史教学更加全面，可以培养学生的综合素养。随着教育理念的变革，越来越多的教育机构开始注重学生的实践能力和应用能力。除了传统的考试和论文，课堂表现、小组讨论、实践项目等也被纳入评估，多元化的评价方法可以发现学生的潜能和特长，提高评价的准确性和公平性。

学生可以通过作品展示（如历史画作、历史模型、历史视频等）的形式，展示历史研究成果。例如，演讲展示是一种能够展现学生口头表达能力和思维深度的评价方式。教师可以要求学生选择一个历史主题或研究内容，进行深入的探讨和分析，并通过演讲展示的形式展示给全班同学，培养学生对历史事件的理解和解读能力，锻炼他们的演讲技巧和表达能力。

（二）强调过程性评价

在高校历史教学评估体系中，过程性评价越来越受到重视。与传统的终结性评价不同，过程性评价强调在教学过程中持续收集和分析学生的学习信息，以便及时调整教学策略，促进学生的学习和进步。过程性评价包含课堂提问、作业与练习、阶段性测试、学习日志、小组合作、自我评估与同伴评估等多种方法，能够及时提供教学反馈，有效提升教学质量和学生的学习效果。

（三）运用信息化手段

信息化手段在评估体系中被广泛使用，通过大数据技术分析学生成绩、评教数据等，既可以识别教学中的问题与趋势，又能提升评估的效率和客观性。利用学习管理系统（LMS）记录学生的学习行为，如登录频率、作业提交、讨论参与等，为评估提供数据支持；通过在线平台（如Moodle、Blackboard等）进行学生评教、同行评议和专家评审，支持匿名评价，确保反馈的客观性。

教育评估体系的完善促使高校历史教学更加注重教学质量的持续改进。采用多样化的评价方式并注重过程性评价，可以让教师更全面地了解学生的学习情况和能力表现，促进学生的个性化发展和学习效果的提升。同时，这也能够激发学生的学习动力，提高他们对历史学科的兴趣和投入程度。

第三节　高校历史教学面临的挑战和问题

随着全球化进程加速、数字技术革命深化以及社会价值观的多元化，高校历史教学面临着前所未有的机遇与挑战。传统的教学模式是否仍然适用？如何更好地培养学生的思辨性思维和创新能力？在数字化时代，教学方法如何改进以提升学生的学习体验？这些问题不仅考验着教育者的智慧，也要求我们对历史教育进行全面的反思和调整。在面对这些挑战的同时，我们努力寻找创新的方法，以确保高校历史教学始终与时俱进，为学生提供更丰富、深刻的学习体验。下文将从教学内容、教学方法、教师队伍、考核评价四个方面具体论述。

一、教学内容方面

高校历史教学在教学内容方面面临诸多挑战，包括学科内容的广度和深度、跨学科融合的需求、学生兴趣需求的多样性等。为了应对这些挑战，高校和教师需要不断优化教学内容，结合现代技术手段，实现跨学科融合，增强教学的现实意义和国际化水平，同时培养学生的历史责任感和社会责任感，提升历史教学的质量和效果。

（一）历史学科的广度和深度

历史学科的广度和深度使得教育者在有限的课时内难以覆盖所有内容。如何在有限的时间内平衡广度和深度，确保学生获得系统和全面的历史知识，是一个亟待解决的问题。

学科的深度要求对特定领域有更详细的了解，但时间的限制使得这一深度研究成为挑战。在课堂中，教育者难以覆盖历史学科的广泛领域，一些重要的事件、文化和时期被省略，进而影响到学生对历史的全面理解。有限的课时使深入研究历史事件、时期或主题变得困难，也难以满足不同学生的需求，无法确保他们都获得全面的历史知识。

有限的时间也意味着有限的教学资源，无法为每一个学期提供足够的教材、案例和实例，会限制学生对不同历史主题的深度了解。教育者因时间有限难以提供足够的课堂互动机会，使得学生与教育者以及彼此之间的交流和讨论受到影响。

（二）跨学科融合的需求

跨学科主题教学方兴未艾，高校历史教学在与其他学科的融合中面临学科知识体系差异、教师能力不足、课程设计复杂、学生接受能力差异、评价体系不适应等多重挑战。历史学科与其他学科（如社会学、经济学、政治学、文学等）在知识体系、研究方法和理论框架上存在显著差异，历史学注重时间脉络和事件分析，而其他学科可能更注重理论模型或数据分析。这就需要教师具备广泛的知识背景和整合能力，能够协调不同学科的教学内容和目标，帮助知识背景和学习能力存在差异的学生，完成课程任务。

为了应对这些挑战，高校要加强教师培训、优化课程设计、建立合作平台、开发教学资源、完善评价体系，争取更多的资源支持。只有通过跨学科融合，历史教学才可以更好地适应现代社会的需求，培养具有综合能力和全球视野的高素质人才。

（三）学生兴趣需求的多样性

学生的兴趣和背景差异巨大，教育者需要找到一种平衡，确保教学内容既能吸引有特定兴趣的学生，又能涵盖多样的历史主题，以满足不同学生的不同需求。

现代社会具有多元的文化背景，学生来自不同的国家、民族和文化群体。如何在历史教学中融入全球化和多元文化的元素，使得内容更具包容性，是一个需要思考的问题。在数字时代，学生面临大量的信息和娱乐选择，他们的注意力更容易被分散，学生在学校同时面对多个学科的学习，加上社会活动和娱乐等因素，承受着较大的认知负担。不同学生有不同的学习风格和方式，部分教学内容深受学生喜爱，对另一些学生却并不适应，教育者需要在满足多样化需求的同时，保持教学的一致性和有效性，使历史教育更具吸引力和实用性。

二、教学方法方面

高校历史教学在教学方法方面面临传统讲授模式的局限性、学生的个性化需求、跨学科整合、信息技术应用、实践教学与理论教学的平衡、思辨性思维培养、大班教学效率、学生参与度激发、国际化教学以及评价方式改革等多重挑战。为了应对这些挑战，高校需要引入多元化教学方法，推动信息技术与教学融合，加强实践教学，注重思辨性思维与创新能力培养，实施个性化教学，优化评价方式，并提升教师的教学能力。通过不断改进教学方法，历史教学可以更好地适应现代教育的需求，培养具有思辨性思维、创新能力和全球视野的高素质人才。

(一) 传统教学模式的局限性

传统的讲授式教学在一定程度上限制了学生的参与度和创造性思维。教育者需要思考如何打破传统模式,引入更多互动性和实践性的教学方法。传统的讲授式教学在高校历史教学中面临一系列挑战,主要表现在以下几个方面:

传统讲授模式下,学生更多是被动学习,缺乏积极主动参与。这种被动性导致学生对历史学科的兴趣降低,影响他们的学科投入度。讲授式教学往往局限了学生的创造性思维。历史学科本身具有多样性和复杂性,但传统模式下学生难以养成独立思考和创新能力,限制了他们解决历史问题时的灵活性。学生在传统讲授中的参与度相对较低,因为课堂上的互动机会有限,学生与教师之间的互动较为受限,这导致学生对课程内容的理解不够深入。

传统模式难以充分激发学生的思辨性思维,历史教学应该培养学生对历史事件和观点进行思辨性分析的能力,并注重实践性应用。教育者需要认识到这些挑战,寻找适当的教学策略以应对这些问题,提高历史教学的质量和效果。

(二) 学生的个性化需求

学生的背景、兴趣和学科需求多样化,如何针对不同学生制定差异化教学策略,以满足个体学生的学习需求,是高校历史教学中需要考虑的问题。

学生的个性差异不仅包括学科水平,还包括学习风格、兴趣爱好、文化背景等多个方面。差异化教学要求在满足个体需求的同时,保持课程的一致性和达到相应的标准。实施差异化教学,教师要不断提升自己的教学方法,及时调整教学策略,确保学生都能够掌握相同的基本知识和技能且能够得到个性化的学习体验。学生要在一定程度上具备自主学习能力和责任感,面对一些缺乏这方面能力的学生,教师要多给予耐心和关注。对差异化教学的效果进行评估更为复杂,需要综合考虑学生多个方面的发展,确保评估体系公正合理,能够全面反映学生在不同领域的成就。

(三) 技术整合与数字化教学

技术的快速发展为历史教学提供了新的可能性,但教育者需要有效整合技术,以提高学生的学习体验,并确保技术应用不仅是工具,更能促进对学科的理解。过度依赖技术工具可能导致对历史学科基本原理的忽视,教育者需要确保技术的使用是为了深化学生对历史的理解,而不仅仅是吸引学生的注意力。

不同学生对技术的熟练程度存在差异，一些学生对新技术更加熟悉，而另一些学生可能面临使用技术工具的困难。因此，教育者需要在技术使用能力差异较大的学生群体中提供平等的学习机会。此外，不同学校或地区的教育资源存在差异，有些地方无法提供足够的技术支持和设备，这导致学生在技术应用上的不平等。教育者需要将技术工具有机地融入教学内容中，使其与历史学科知识相结合，这需要更深层次的教学设计和整合能力。

过度使用技术可能导致学生过于依赖外部工具，削弱他们自主思考和分析历史事件的能力。学生过度依赖科技工具，忽略传统的学习方式，例如阅读实体书籍和手写笔记，这影响了学生的多元化学习经验和技能培养。科技工具存在不可靠性和过时性的问题，软件或硬件故障、网络问题或技术更新可能导致教学中断，影响教学效果。同时，某些技术很快过时，需要不断更新和替换，不同教育者对于科技的运用水平和方式存在差异，导致教学质量的不稳定性。过度依赖科技还加剧了数字鸿沟，一些学生来自资源匮乏的地区，无法获得良好的科技支持，从而造成不平等的学习机会。

这些挑战说明在教育科技的发展中需要平衡技术的利用和人文关怀，以保证教学的质量和关怀度。有效整合科技的同时，教育者需要重视人际关系和学生的情感需求，并确保科技工具的使用不仅是为了适应新潮，更要为学生提供有深度的学习体验。

三、教师队伍方面

教学改革需要教师具备新的教学理念、方法和技能，但许多教师可能缺乏相关的培训和支持。因此，教师专业发展需求成为教学改革的一个重要挑战，需要提供更多的培训和资源支持，以提升教师的教学水平和能力。

（一）传统教学模式的固化

多数高校历史教师可能习惯于传统的教学方法和教学模式，对于新颖的教学理念和方法，缺乏尝试和改变的动力。因此，教师需要改变习惯性的教学方式，真正融入教学改革中。

教学惯性使得教师在教学过程中更倾向于采用传统的教学方式。教师也更容易在舒适区工作，避免尝试新的教学方法带来的不确定性和挑战。教师的教学理念和教育背景也会影响他们对新颖教学方法的态度。一些教师可能接受过传统教育训练，注重传授知识和考核成绩，对于更加开放和互动式的教学理念持怀疑态度。因此，他们可能不愿意尝试新的教学方法，认为传统的方式更为可靠和有效。

教师需要改变惯性的思维方式，拓展教学视野，积极探索和尝试新的教学方式，以提升教学质量和学生的学习体验。

（二）资源和时间的限制

教师专业发展需要投入大量的时间和资源，包括参加培训、阅读专业文献、研究教学方法等。然而，许多教师可能面临时间不足和资源匮乏的困境，无法全面提升自己的教学水平和能力。

高校历史教师常常需要应对繁重的教学任务，包括备课、授课、批改作业等。在这种情况下，时间压力成为教师专业发展的一大挑战，教师很难抽出时间参加专业培训、阅读教育文献或深入研究新的教学方法。教师专业发展需要大量的资金支持，有些学校可能没有为教师提供足够资源支持的能力，限制了教师参与专业发展的能力。部分教师对于自己的专业发展有强烈的意愿，但学校或教育机构未能提供相应的支持和机会，个人意愿与学校支持之间的脱节也会阻碍教师的专业发展。

时间不足和资源匮乏是高校历史教师面临的主要挑战之一。要应对这些挑战，学校和教育机构需要提供更多的资源支持，包括资金、时间、培训机会等，以帮助教师更好地进行专业发展，提升教学水平和能力。同时，教师也需要自我调整时间管理，寻找适合自己的专业发展途径，不断提升自己的教学水平和专业素养。

（三）教师抵触心理

一些教师可能对教学改革持保守态度，担心新的教学方法可能会增加他们的工作负担，影响他们的教学成绩和评价。这种抵触心理一定程度上阻碍了教师积极参与教学改革的意愿。

教学改革需要教师投入更多的时间和精力来研究新的教学方法、准备教材、设计课程等。对于忙碌的教师而言，新的教学方法会增加他们的工作负担，一定程度上会导致他们抵触改革。部分教师缺乏接受新教学方法所需的培训和支持，感到无法应对新的教学挑战，因此选择保持现状。许多教师的工作评价和晋升与学生的教学成绩密切相关，在尝试新的教学方法时，教师可能担心学生的表现不稳定,从而影响他们的评价和晋升机会。

对于一些教师来说,改变教学方法可能会带来不确定性和挑战,担心自己无法成功地实施新的教学方法,也担心学生对新方法的接受程度。因为已经习惯于传统的教学方法,并且觉得这种方法在过去是有效的,所以有些教师对改变现有的教学方式持怀疑态度,不想走出自己的舒适区。

教师专业发展的需求成为教学改革的一个重要挑战。教育机构和高校管理部门需要提供更多的培训和资源支持,包括组织教师培训、开展教学观摩、建立教学交流平台等,以提升教师的教学水平和能力。同时,还需要鼓励教师参与教学改革实践,帮助他们逐步接受和应用新的教学方法,激发其对于教学创新的热情和动力,从而推动高校历史教学质量的持续提升。

四、考核评价方面

传统的考试形式可能无法全面评估学生对内容的理解和掌握程度,教师需要根据教学内容、学生特点和教学目标的要求,设计更加多样化和灵活的评估方式,确保评估的全面性、公正性和有效性。同时,教育机构和教师团队也可以通过合作与交流,共同探索和实践适合多元化历史教学的评估与考核策略。

(一)考核标准不统一

历史学科具有广泛的研究领域和多样的研究方法,不同研究方向和课程需要不同的评价标准,缺乏统一的指标体系会导致评估结果难以横向比较。不同高校和院系的教育资源不同,会导致评价标准的制定和实施存在差异,即便是同一院系,由于教学内容和方法的不同,教师学术背景、教学理念和评价习惯的不同,课程间的评价标准也可能不一致。

(二)过度依赖量化指标

量化指标易于统计和比较,能够快速生成评价结果,适合大规模评估,在高校考核评价体系中被广泛使用。但历史学科具有人文性、复杂性和主观性,过度依赖量化指标可能导致评价结果片面化,无法全面反映教学质量和学生学习效果。

高校历史教学评价中过度依赖量化指标是一个普遍存在的问题。学生成绩评价主要依赖考试成绩、论文分数等量化数据，忽视学生的课堂表现、思辨性思维和创新能力，难以全面反映教学质量。

（三）学生与同行评议的局限性

学生评教和同行评议在高校历史教学评价中具有重要作用，但也存在主观性强、评价能力有限、反馈质量不高、时间和资源有限、人际关系、评价标准不一致、评议深度有限等局限性。为了提升评价的客观性和公正性，需要优化学生评教机制，提升同行评议的科学性，结合多种评价方式全面评估教学质量，促进教学质量的持续改进。

（四）评估反馈机制不完善

高校历史教学评价中评估反馈机制的不完善可能导致评价结果无法有效应用于教学改进，影响教学质量的提升。评估结果若不能及时反馈给教师和学生，会影响教学策略和学习方法的调整；反馈信息若过于笼统，缺乏具体的改进建议，会影响实际的教学指导。

为了改进评估反馈机制，需要建立及时反馈机制，提供具体反馈信息，多样化反馈渠道，加强反馈利用，优化评价体系设计，提供资源和支持。通过科学合理的反馈机制，全面评估历史教学的质量和效果，促进教学质量的持续改进和学生能力的全面发展。

（五）信息化工具的局限性

信息化手段在高校历史教学评估中的应用显著提升了评估的效率和客观性，但也面临技术依赖、数据安全、隐私保护等挑战，过度依赖技术可能导致评估流于形式，忽视教学的实质内容。未来需进一步优化技术应用，确保评估的全面性和公正性，同时关注数据安全与隐私保护，推动历史教学评估体系的持续改进。

高校历史教学的考核评价在多元化和信息化方面取得进展，但仍面临标准不统一、量化过度、反馈不足等问题。为了提升评价的准确性和公正性，高校需要不断优化评价体系，结合信息化手段，推动历史教学评价的持续改进，确保评价结果能够有效支持教学改进和决策。

总而言之，随着社会的不断发展和历史学科的不断演变，传统的历史教学模式已经无法完全满足当代学生的需求和社会的需求。高校历史教学改革面临着诸多挑战，这些挑战涉及教学内容、方法、教师队伍、评价体系等多个方面，教学改革必须正视这些挑战，并采取相应的措施，以确保历史教学能够更好地适应时代的要求，为学生的全面发展提供更有效的支持。这需要教育部门、学校、教师和学生共同努力，积极探索适合时代发展和学生需求的教学模式和方法，以提升历史教育的质量和效果。

第三章 高校历史教学改革的目标

随着社会的不断演进和知识的不断扩展,高校历史教学正面临着新的机遇和挑战。为了更好地培养学生成为具有广博历史知识、丰富文化素养和创新精神的时代新人,高校历史教学正在塑造一个更为开放、多元、实践导向的教育模式。这一改革旨在使学生不仅成为历史的了解者,更成为能够运用历史智慧解决现实问题的实践者。

第一节 培养具有人文素养和科学素养的复合型人才

高校历史教学旨在培养一批在历史领域卓有造诣,且具备深厚人文素养和科学素养的复合型人才,能够打破学科壁垒,在历史研究中实现"实证与思辨""传统与创新""学术与社会"的有机统一。

一、复合型人才的内涵

具有人文素养和科学素养的复合型人才,是指在传统史学教育的基础上,通过跨学科融合、技术赋能与实践创新,培养出既具备扎实人文底蕴和批判性思维,又能灵活运用科学方法与技术工具解决历史问题的综合型人才。

(一)人文素养的核心维度

人文素养包含批判性思维、文化理解与传承、价值观引领三个维度。批判性思维的培养帮助学生学会独立思考和理性分析,文化理解与传承使学生认识到文化的多样性和价值,价值观引领则通过历史教育塑造学生的道德观念和社会责任感。

历史学是培养批判性思维的天然场域，其本质在于打破"历史必然性"的神话，揭示人类行为的复杂性。例如，通过对比《史记》与《汉书》对汉武帝的不同记载，能揭示史家个人立场对历史书写的影响；对"辛亥革命失败原因"进行阶级分析、文化解释、国际视角的多维度辩论，能打破单一叙事模式。

文化理解与传承是文明基因的解码与重译，包含跨文明比较的认知框架、非物质文化遗产的活化传承和文化符号的当代诠释。例如，对比郑和下西洋与哥伦布航海的不同模式，揭示东西方海洋文明的价值取向差异；用《周易》阴阳思想解读当代生态伦理，为可持续发展提供文化资源；故宫文创将"千里江山图"转化为现代家居设计元素。这都是连接传统与现代的桥梁，其核心在于实现文化基因的创造性转化。

历史学中的人文素养，本质是在解构与重构中寻找文明的精神坐标。当学生能够批判性地审视历史叙事，创造性地转化文化遗产，智慧地回应现代性挑战时，历史教育便实现了其终极价值，培养既有文化根脉又具全球视野的"新君子人格"。这种素养不仅关乎个体的精神成长，更是文明延续的关键。

（二）科学素养在历史学中的体现

科学素养体现在数字化研究能力与科学方法论训练两大维度。数字技术极大地拓展了历史研究者获取史料的途径和范围，通过建立数字化文献，历史学家可以将海量的历史文献和档案进行数字化处理，存储在数据库中，便于存储、检索和分析。例如通过 ArcGIS 重构北宋汴京水系网络，结合《东京梦华录》文本数据，验证"虹桥"的实际地理坐标与文献记载的偏差，这便突破了传统文献校勘的局限性，不仅提高了史料的使用效率，还使得一些原本难以获取或容易损坏的史料得以保存和利用。

数字化研究能力除了对技术工具的跨域整合，还能催生出新的研究范式，使历史解释从"讲故事"转向"证据链构建"，数据可追溯、过程可重复、结论可证伪成为新的学术标准。例如，利用多光谱卫星影像探测秦始皇陵地下汞蒸气分布，结合化学分析验证《史记》中"以水银为百川江河"的记载，实现文献记载与科学实证的双重验证。

科学方法论中的定量分析、实验考古为历史学提供了更为精确的研究手段，其要求研究过程规范化，包括明确的研究问题、合理的研究设计、严谨的数据收集与分析等，可以使研究过程更加系统、有序，提高研究效率和质量，确保研究成果的可靠性和有效性。例如，在口述史研究中，同时采集当事人、亲属、档案资料三类证据，构建三维证据链，降低个体记忆偏差的影响。

数字化研究能力与科学方法论训练的融合，正在重塑历史学的学科边界。当 GIS 技术让"纸上长城"变为可触摸的数字沙盘，当机器学习算法从浩如烟海的文献中提炼出隐藏的知识网络时，历史学正从"人文学科"向"数据密集型科学"演进。这种演进不是对传统史学的否定，而是通过科学赋能，使历史研究在保持人文温度的同时，获得更强的解释力和现实相关性。未来随着量子计算、脑机接口等新技术的发展，历史学有望在人类认知演进、文明基因解码等领域发挥更重要的作用，实现"究天人之际，通古今之变"的学术理想。

二、培养复合型人才的必要性

在高校历史教学中培养具有人文素养和科学素养的复合型人才，不仅可以帮助学生个体全面发展，还可以对学科和社会的进步起到积极作用。

（一）学科发展的内在需求

现代科学的发展呈现出学科交叉、知识融合、技术集成的趋向，历史学科也不例外，它与文学、哲学、社会学、地理学等学科有着天然的联系。在当今激烈的学术竞争环境中，具备跨学科知识和能力的复合型人才更具竞争力。他们能够从不同学科的角度审视历史问题，提出独特的研究思路和观点，为历史学科赢得更多的关注和支持。这不仅有助于提升历史学科在学界的地位，也能吸引更多优秀的学生投身于历史学的学习和研究，为学科的可持续发展注入新的活力。

历史是文化的重要载体，培养兼具科学素养和人文素养的复合型人才对于文化传承与创新具有重要意义。科学素养可以帮助人们更准确地认识和理解传统文化，运用现代科技手段对文化遗产进行保护和传承。人文素养则能够激发人们对传统文化的热爱和尊重，促进文化的创造性转化和创新性发展。

结合人文素养和科学素养培养的人才能够将人文学科的文化理解与科学学科的实证思维相结合，从而更全面地审视问题，提供更具深度和广度的解决方案。科学素养为历史研究提供了新的视角和方法，例如，利用大数据分析历史文献，可以发现传统研究方法难以察觉的历史规律和趋势；通过碳14测年等科技手段，可以更准确地确定历史遗物的年代。同时，人文素养有助于历史学家更好地理解历史事件背后的人类动机、价值观念和社会文化背景。只有将科学素养与人文素养相结合，才能更全面、深入地揭示历史的真相，推动历史学科向更高水平发展。

（二）社会需求的外部驱动

历史教学培养复合型人才已不仅是学科发展的内在需求，更是社会进步的必然选择。这种人才培养模式的转型，本质是将历史学从"记忆仓库"转化为"智慧工场"，使其在数字经济时代重新确立不可替代的社会价值。通过构建"技术—人文"双螺旋培养体系，历史教育正在塑造既能解码文化基因又能驾驭数字工具的"新史学人"。这种人才规格的重构，既是对"钱学森之问"的回应，更是对文明传承使命的担当。在文化遗产保护的数字化战场、公共文化服务的创新前沿、政策制定的智慧中枢，复合型人才正在书写历史教育的新篇章。

1. 文化遗产保护

文化遗产是文化传承的重要载体，随着社会的发展和科技的进步，科技手段为文化遗产的保护和研究提供了新的方法和途径。如浙江大学文化遗产研究院的学生团队利用3D扫描技术修复云冈石窟风化雕像，同时撰写北魏佛教艺术中胡汉交融的相关研究报告，实现技术操作与文化阐释的双重目标。因此，从事文化遗产保护工作的人员不仅要有深厚的历史文化底蕴，还要掌握现代科技手段，能够将科学素养与人文素养相结合，对文化遗产进行有效的保护和研究。

通过历史教学培养学生的文化遗产保护意识，可以增强他们对本民族文化的认同感和自豪感，促进文化的传承和发展。同时，文化遗产也可以作为教育资源，为学生提供丰富的学习素材和实践机会，使学生在学习历史知识的同时，能够亲身参与到文化遗产的保护和传承中，培养他们的实践能力和创新精神。例如，某高校团队运用Structure from Motion（运动恢复结构）技术复原飞来峰元代造像，结合佛教考古学知识修正模型误差，使文物三维重建精度提升至0.1毫米；"文化遗产+游戏"项目，将《营造法式》中的建筑技艺转化为VR游戏关卡，既传播传统营造智慧，又运用游戏引擎开发技术。

2. 公共文化服务

公共文化服务作为满足公众文化需求的重要途径，需要大量具备科学素养和人文素养的人才来提供高质量的文化产品和服务。博物馆、图书馆、文化馆等公共文化机构，需要专业的人员进行展览策划、文化活动组织、文化产品开发等工作。例如，国家图书馆"中华古籍资源库"的建设需要数字人文专家构建知识图谱，同时依靠古籍版本学家完成《永乐大典》残卷的缀合与校勘。复合型人才需运用知识呈现技术，并具备目录学、校勘学素养，他们不仅要了解公众的文化需求，还要具备创新思维和专业能力，能够将科学的方法和人文的理念融入公共文化服务中，为公众提供丰富多样的文化体验。

3. 政策制定

智库作为政策研究和咨询的重要机构，发挥着越来越重要的作用。中国社会科学院调研显示，87%的政策研究机构急需"历史+数据科学"背景的复合型人才，现有人才储备不足19%。历史教学可以为政策制定和智库研究提供源源不断的人才支持。

（三）学生发展的个体诉求

复合型人才不仅在历史领域有深厚的理解和分析能力，同时还能够跨越不同学科领域，更好地应对复杂问题，为社会的发展提供更全面、综合的贡献。

1. 全面素养的发展

人文素养和科学素养是个体全面素养的两个重要方面。人文素养和科学素养的结合，可以使学生具备更为综合和深厚的知识体系，更好地理解和解读世界。

人文素养涵盖对人类文化、历史、价值观念的理解，能培养学生的人文关怀和社会责任感，了解不同文化、背景的人群，并为社会问题提供更综合的解决方案。科学素养涉及对科学方法的理解和运用，能培养学生思辨性思维和实证研究的能力，使学生能够更理性地分析问题，采用系统性的方法解决复杂的挑战。将人文素养与科学素养结合起来，能够培养学生的跨学科思维方式，激发创新和解决问题的能力，使其能够更全面地看待问题。

综合人文素养和科学素养，个体在实际问题中能够更全面地分析和理解问题，同时也更具备创造性和创新性。通过对历史、文化、社会背景的了解，能够更好地预见潜在的问题和挑战；而通过科学方法和技术手段，能够提出更创新的解决方案。这种综合运用不同学科知识的能力，使学生在社会中更有竞争力，更有可能为社会发展提供具有长远意义的方案。

2. 就业竞争力的提升

为了提升就业竞争力，历史专业学生应注重提升学术能力，深耕专业课程，掌握核心知识，并积极参与学术研究。同时，跨学科学习也是提升竞争力的重要途径，辅修计算机、设计、传播等专业课程，增强"历史+技术"的复合能力。此外，积累实践经验也至关重要，通过实习和获取相关技能证书，为就业增加砝码。

复合型人才凭借其跨学科的知识结构、综合能力和创新思维，能够在教育、文化事业、互联网+文化等多个领域展现出强大的就业竞争力，满足社会对多元化人才的需求，创造更多的职业发展机会。

三、培养复合型人才的路径

在教学中培养具有人文素养和科学素养的复合型人才是一个综合性的任务，需要在课程设置、教学方法、实践活动等多个方面进行有机整合。

（一）整合人文与科学课程

教育者设计一套包含历史学科、人文学科和科学学科的课程体系，涵盖历史学、文学、哲学、社会学、地理、自然科学等多个学科，促使学生在跨学科的环境中能够全面理解历史事件、背景和影响，培养具备多学科视野和批判性思维的学生，帮助他们更好地应对复杂的社会问题，提升综合竞争力。

整合人文与科学课程，可以让学生全面理解历史、社会和自然科学。例如，分析文学和艺术对社会和历史的影响，了解不同时期的文学流派和艺术风格；介绍哲学的基本概念，探讨不同哲学流派对社会观念的塑造；研究社会结构、文化、制度等，理解社会的演变和多元性；了解科学方法、自然法则和科学家对世界的贡献；研究地球表面的自然环境和人类活动的影响，以及自然科学的基本原理和最新研究；探讨文学作品中的历史元素，了解文学对历史的解读；研究哲学思想如何影响社会学理论和实践；分析科学革命对文化的影响，以及科技创新如何改变社会。这种跨学科的综合方法可以培养学生全面发展的视野，提高他们对历史事件的多维理解水平。

（二）问题导向教学

引导学生通过发现问题、提出问题的方法学习历史，是培养其整合信息、提炼关键概念、提高分析问题能力的一种有效途径。这不仅可以帮助学生更深入地理解历史事件，还能培养其科学素养和逻辑思维能力。

在问题导向教学中，学生可以通过查阅文献、档案等资料，理解文本中的隐含信息和观点，深入了解问题的背景和相关历史事件。查找资料时，可以整合不同来源的信息，归纳总结历史事件的关键因素和发展过程，培养学生对信息的综合处理能力。如果一个学生对历史的某个方面感兴趣，那他可以针对这个方面提出问题，教师可以鼓励学生选择自己感兴趣的历史问题进行深入研究，进而形成独立的研究项目。此外，教师还可以鼓励学生主动进行采访，以获取不同人群的观点和经验，丰富问题的多维理解；组织学生进行团队合作，共同解决一个复杂的历史问题，培养团队协作和沟通能力。

学生在研究问题的过程中，需要进行逻辑思考和合理论证，从而培养逻辑思维能力。通过撰写研究报告、论文等学习作品，学生能够提高自己的表达能力，清晰地传达自己的观点和发现。这种问题导向的学习方式可以培养学生主动思考、独立探究问题的能力，更好地为未来的学习和职业发展打下基础。

（三）案例研究和实地考察

安排实地考察，参观博物馆、图书馆等活动，是为了使学生能够亲身感受历史文化，通过实际案例了解历史事件。这可以培养学生的实证研究能力，使其能够更深入地理解和分析历史。

学生通过实地考察能够直观感受历史事件发生的地点，加深对历史环境和场景的理解。学校组织导师或相关专业人员陪同学生进行实地考察，提供专业指导，确保学生能够从实地考察中获得最大的收益。导师设计有特定主题的实地考察项目，使学生能够集中精力了解某个历史时期、事件或文化现象。学生亲身体验历史事件的情境，提高在历史学习时的身临其境感。

博物馆展示的文物和藏品是历史的实物代表，学生可以实际观察、感受，更好地理解历史事件的背后故事；可以进行实地调研和采访，与相关人群交流，获取更多实证信息，提高实地研究水平。这种实践性的学习方式将抽象的历史概念转化为具体的体验，从而提高学生的学科认知水平和历史研究深度。

（四）多元评估方法

采用多元评估方法，包括论文写作、演讲展示、小组项目等，可以全面评估学生的人文素养和科学素养。这不仅能够更全面地了解学生在不同领域的表现，也可以发现其潜力和存在的问题，从而能够有针对性地培养。

通过撰写历史论文，学生能够展示他们对历史事件的理解、文献查找和思辨性思考的能力。通过演讲，学生可以展示自己对历史事件的口头表达能力、逻辑思维和对听众提问的回答能力。通过分工合作，学生可以在特定的主题上开展深度研究，并不断提升自己，发现自己更感兴趣的方向。多种评估方法不仅能够全面了解学生在人文素养和科学素养方面的水平，也可以帮助学生个性化地发展，促进其在不同领域的全面发展。

（五）信息技术应用

整合信息技术，引导学生使用数字资源和工具进行研究和展示，对提高学生的科学素养和培养信息获取与处理的能力至关重要。数字技术的应用可以使学生更有效地进行研究、分析和表达，同时也使他们适应信息时代的学习和工作环境。

学校可以利用社交媒体和在线讨论平台，鼓励学生与同学、教师及专家进行科学和人文主题的交流与讨论。教师引导学生利用在线数据库和数字图书馆获取最新的科学研究成果、历史文献和相关资料，拓宽他们的知识视野；指导学生使用开放式教育资源，如 MOOC（慕课大规模开放在线课程）等，深入学习与历史和人文学科相关的专业知识。鼓励学生使用在线协作平台，共同编辑和整理研究材料，促进团队合作和信息共享。引导学生使用数字演示工具，如 PowerPoint、Prezi 等，制作能够生动展示他们研究成果的演示文稿；使用搜索引擎，有效筛选和评估搜索结果的可信度，提高信息获取的质量。

学生可以使用数据可视化工具，将科学实验结果、历史事件的发展过程等内容以图表、图形的形式直观呈现，提升信息的传递效果；可以使用视频编辑软件、动画制作工具等，将他们的研究成果以多媒体形式呈现，增强信息传递的吸引力；还可以设计和分发在线问卷，进行科学研究或历史调查，通过数字手段收集和分析反馈数据。

这种数字化的学习方式可以培养学生的综合素养，使他们更好地适应未来社会对信息科技的需求。

第二节　强化历史学科的以史育人和实践育人

新时代的伟大变革，在党史、新中国史、改革开放史、社会主义发展史、中华民族发展史上具有里程碑意义。高校课堂将党史学习教育的主要内容由"四史"扩充为"五史"，对青年学生开展"五史"学习教育，有助于充分激发其历史主动精神，增强历史自觉和历史自信，抵御历史虚无主义的侵蚀，巩固马克思主义在主流意识形态领域的指导地位。在新时代历史课教学过程中，融入"五史"将更好地发挥历史的育人功能，实现学史明理、学史增信、学史崇德、学史力行，实现立德树人。

一、以史育人

（一）价值意蕴

将"五史"学习教育融入高校历史课教学，能够充分发挥思政课在党史学习教育中的主阵地作用，积极推动"五史"教育进教材、进课堂、进头脑。同时，"五史"作为鲜活的思政元素融入教学，可以进一步增强历史课的实效性，更好地推进落实高校立德树人的根本任务。

1. 强化高校历史课程的理论深度

高校历史课程强调学术性，主张通过深入的理论分析回应学生，用全面的历史理论说服学生，以历史的真实力量引导学生。要真正使历史理论具有说服力，必须基于充分的事实依据，坚持以事实为基础进行教学，用事实来解释和证明历史观点。

在"五史"的学习中，学生可以深入了解中国共产党的百年奋斗史，理解党推进理论创新和实践探索的初衷与使命，深化对党的执政规律和国家发展的认识；通过学习新中国史，更全面地理解党在领导人民实现国家富强和人民幸福的过程中所取得的伟大成就，增强对中国特色社会主义理论的自信；通过学习改革开放史，可以深刻理解改革开放的精神内涵和理论价值；学习社会主义发展史，学生在社会主义历史发展脉络的梳理中，厘清中国特色社会主义理论的源流，并更清晰地认识中华文明的发展轨迹，深刻理解中华民族伟大复兴的历史意义，等等。

中国共产党的百年奋斗历程为高校历史课程提供了丰富的素材，不仅充实了教学内容，还以严谨的历史逻辑增强了历史课程的理论深度。党所取得的伟大成就证明了马克思主义的科学性，并从历史的角度揭示了马克思主义理论发展与创新的历史必然性和重要性。

通过历史教学增强理论的广度和深度，能够让历史课程更具说服力、更加深入人心。新时代的高校历史课程坚持以史育人，借助丰富的历史资源充实教学内容，以深厚的历史逻辑对接严谨的理论逻辑，为提升历史课程的理论深度提供重要支撑。

2. 加强高校历史课程的实践力度

学习历史不仅是对过去伟大奋斗历程的回顾，更是为了指导当代社会主义建设事业的再出发，学史力行是历史学习教育的最终目的。与理论教育不同，历史教育本质上具有实践性，"五史"本身就是一部实践发展的历史。在"五史"的学习过程中，许多历史文化资源和历史学习基地可以被充分开发和利用，为高校历史课程增添更多的实践元素和环节。

首先，吸收历史中的生动素材、鲜活案例和优秀资源，充实高校历史教学，把马克思主义的相关历史理论与具体历史事实相结合，理论联系实际，使课堂内容更加鲜活生动。其次，充分利用历史学习教育基地中的优秀人才资源，传承红色基因，讲好党的历史故事，有针对性地进行历史学习教育，形成专职与兼职教师相结合的育人合力，推动历史教育主体间的协同发展。最后，应加强社会实践环节，促进学校课堂与社会大课堂的有机融合，将历史课堂置于宏大的时代背景、鲜活的历史故事和生动的历史情境之中。通过围绕历史课程内容开展丰富的实践活动，理论教学和实践教学相互配合，拓展教育时空，共同完成培养学生德智体美劳全面发展的根本任务。

不断创新教育的载体与形式，选用学生喜爱并容易接受的方式，如结合声音、图像等多种审美形式，传播丰富、正确且生动的历史文化与历史观念，鼓励学生积极参与。通过实践教学，促进学生对教材内容和历史知识的理解。在这一过程中，教师作为课堂的主导者，发挥关键作用，激发学生的主动性与积极性，实现寓教于乐的教学效果。

3. 提升高校历史课程的情感温度

在高校历史课程教学中,除了确保教学内容的真实性和科学性,情感的投入也是至关重要的。习近平总书记指出,"历史是最好的教科书。对我们共产党人来说,中国革命历史是最好的营养剂。多重温党领导人民进行革命的伟大历史,心中就会增加很多正能量"。❶ 一方面,在一百多年的发展历程中,党始终坚持以人民为中心的发展理念,在革命、建设和改革的过程中取得了巨大的成就。凭借出色的执政成绩和高尚的政治魅力,赢得了人民的真心拥护与支持,彰显了共产党人的伟大人格魅力,形成了强大的道德力量。在学习党史的过程中,学生能够感受到中国共产党率先垂范的光辉品质,进一步加深对党的理解,增强对党的认同感和归属感,这是一种无形但强大的情感支撑。

另一方面,理想信念是党史文化的核心。通过历史学习,用历史事实揭示真相,用英雄的事迹塑造灵魂,用生动的历史叙事打动和影响学生。通过历史学习上升到价值引导的层面,真正触动学生的心灵,帮助青年学生树立正确的历史观、民族观、国家观和文化观,从而使他们的人生观和价值观更加稳固。这一过程不仅提升了学生的历史知识认知,也培养了他们的信念和价值观,使高校历史课程更加生动、富有情感温度。

通过情感的融入,历史课堂不再仅仅是知识的传递,更是情感的引导与心灵的触动,真正实现知识传授与价值引导的有机统一。

(二) 存在的问题

将"五史"学习教育充分融入历史课教学,是推动党史学习教育和高校历史课改革创新的时代课题。当下,高校历史课以史育人的过程中还不同程度存在一些问题。

1. 价值引领目标模糊

在高校历史课程中,抓好理想信念教育,处理好历史与现实的关系至关重要。习近平总书记对新时代的教育提出了"八个相统一"的要求,其中之一就是坚持价值性与知识性相统一。将"五史"学习融入高校历史课的教学中,

---

❶ 中华人民共和国教育部. 习近平总书记在学校思想政治理论课教师座谈会上重要讲话系列解读(5) 办好塑造世界观人生观价值观的大课程 [R/OL]. (2019-03-22) [2023-10-11]. http://www.moe.gov.cn/jyb_xwfb/xw_zt/moe_357/jyzt_2019n/2019_zt3/zt1903_jd/201903/t20190325_375111.html.

目标不仅在于形成科学的历史认知，更重要的是挖掘历史知识的价值与意义，充分发挥历史课程的价值引领功能，帮助学生树立正确的历史观，实现"学史明理、学史增信、学史崇德、学史力行"。然而，在实际教学中，价值引领这一重要的目标未受到足够重视，教师更多关注历史知识的传授，忽视了信仰的培养。

一方面，受知识本位教学理念的影响，一些教师更关注党史的知识点、概念、结论以及对历史细节的讲解，把"五史"融入教学的过程变成了单纯的文化知识课，没有深入挖掘党史背后的现实启示，淡化了历史教育的育人功能。另一方面，历史知识相对易懂，而信仰教育则较难传达，这是高校历史课在实践中容易忽视价值引领的原因之一。要实现良好的价值引导目标，对教师的教学技巧和课程深度提出了更高的要求。然而，无论是由于教学技巧的欠缺，还是对课程价值引领认识不足，部分教师未能很好地在历史教学中落实价值引领这一重要目标。

通过提升对价值引领的重视，历史课程不再仅仅是知识传授的平台，更应成为学生信仰培养和价值观引导的重要阵地。

2. 教学内容碎片化与浅显化

将"五史"学习融入高校历史课，要探究"五史"与高校历史课之间的内在关联性和契合点。思政课本身蕴含了庞杂的知识体系，而党史知识也十分丰富，若不能根据二者的契合点对教学内容进行系统性设计，会造成所融入内容过于杂乱、笼统和重复，不仅无法促进二者的有机融合，反而会产生教学内容碎片化和浅显化的问题。

挖掘党史资源融入课程教学时，如果过度追求历史细节而忽视对历史整体的把握，就会割裂局部与整体的联系，这种零星分散的党史知识会使得教学内容缺乏系统性和整体性，呈现碎片化。此外，高校历史课和党史学习教育的有机融合，并不等同于党史知识的增加，如果随意选取一则故事或一些图片、视频等放入教学中，不从课程的实际需求进行精心设计容易造成所讲的党史与思政课内容契合度不高。而选择融入思政课的党史内容不经过系统的整合，缺乏对历史与现实的全面把握和深刻理解，容易造成所讲的党史与现实生活毫无关联的错觉，无法满足学生深层次的党史学习教育需求。当然，还有些教师在挖掘党史素材时，喜欢把相关的党史个案、典故等融入课程以丰富和趣化课堂，但如果仅简单停留在党史故事、历史现象层面，没有透过现象挖掘背后的本质以及所蕴含的学理性和逻辑性，没有挖掘拓展文本的现实意义和深化融合教学内容，就容易造成学习的表面化和浅显化，缺乏一定的历史厚度和思想深度。

3. 教学形式重理论讲授轻实践教学

现阶段，在将"五史"学习有机融入高校历史课的过程中，产生了教学方式"重理论轻实践"的问题。课堂理论教学向来是思政课的主渠道，"五史"融入高校历史课，必然要依托理论教学帮助学生掌握系统的党史知识，清晰认知"五史"，但历史是人类的实践活动，党史更是一部中国人民站起来、富起来、强起来的奋斗史。只有深入实践，才能更深刻地领悟中国共产党为什么"能"，马克思主义为什么"行"，中国特色社会主义为什么"好"。

理论学习和实践探究是相得益彰、缺一不可的。然而，现有的教学方式更多侧重于理论讲授，实践教学相对欠缺，一些教师采取理论讲解的方式进行历史理论教学，党史学习教育被局限在"课本""史料"等方面，忽略了党史学习的实践性需求。而在有限的实践教学的开展过程中，又受到实践教学资源、实践教学场地、学生安全问题等诸多限制，"以史育人"的实效性难以彰显。

（三）优化路径

党史学习教育融入高校历史课，强调政治性和学理性的统一，不仅要加深学生对党的历史和理论的了解与把握，还要从中学习科学的历史思维方法，坚持历史唯物主义，进而坚定马克思主义信仰。

1. 明确课程价值引领目标，引导学生树立正确的历史观

党史学习教育有效融入高校历史课，首先要明确其价值引领的教学目标要求，制订合理的教学计划，在教学过程中始终坚持知识性与价值性相统一，引导学生对党史的学习从感性认识上升到理性认识，再落实到具体的爱国、爱党、爱社会主义的实践行动中，从而达到以史鉴今、资政育人。

高校历史课以史育人的过程中，强调课程的价值引领目标，发挥好党史学习教育的价值引导功能，最关键的是让有信仰的人讲信仰。教师只有深入了解党的百年奋斗历程，关注时代变革和社会发展，树立大历史观，才能通过自身的情怀和行动感染学生，引导学生自觉树立大历史观。历史课教师要增强政治定力和政治敏锐性，有自己的价值判断，拒绝"价值中立"；还要善于讲故事，将"五史"相关的具体案例从感性认识上升到理性认识，分析历史发展

背后的机理与规律，总结历史经验，积极自我反思，指引学生学习英雄人物和模范人物，传承伟大建党精神，提升自我精神境界和树立正确党史观，进一步促进正确价值观向实践行动转换。

2. 优化教学内容融入，帮助学生形成科学的历史认知

党史学习教育融入高校历史课，要注重优化教学内容。首先，着重有效推进党史教学内容的合理选择。根据所教授的课程，深入挖掘现有教学资源中的"五史"内容，而不是将党史、新中国史、改革开放史、社会主义发展史、中华民族发展史简单地加到思政课中，这样易造成内容繁多，缺乏系统性和整体性。其次，在教学设计上，党史学习教育融入思政课要进行整体课程设计，把握好教学的深度与难度，选择融入思政课的党史元素要体现其所蕴含的思想性和哲理性，注重二者的有机融合，确保党史学习的深刻性和彻底性。再次，注重内容的生动性，教学过程中组织教学内容时可适量增加一些形象具体且富有启发性的感性材料，挖掘历史内容的趣味性，帮助学生理解抽象的历史理论。最后，在讲授过程中也要对教材内容进行深入挖掘，充分激活历史资源，引导学生加强对历史知识的理解和体验，增强其历史意识。

3. 丰富教学方式载体，提升学生的历史思维能力

高校历史课在以史育人的过程中要思考"五史"融入的问题。"五史"学习教育融入思政课，既要守好理论课堂主渠道，又要坚持理论和实践相统一，充分激活历史教育资源，利用新媒介载体强化实践教学，促进学生的理论自省和实践自觉。

高校历史课以史育人过程中要探索提升大学生参与感和获得感的教学形式，选择其喜闻乐见的方式开展实践教学。首先，可通过传唱红歌、党史知识竞赛、党史微课等多样化的形式载体，活跃课堂气氛，增强党史学习的趣味性和学生的参与感，在师生互动互促中激发学生的学习积极性和自觉性。其次，要充分借助信息技术的优势，以数字技术赋能党史学习教育，打造线上线下立体化多元化的思政课堂。最后，"五史"学习融入高校历史课还要把思政小课堂与社会大课堂相结合，运用好社会大课堂，开展多样化的实践教学。历史课教师要充分利用第二课堂活动载体开展社会调研，培养学生透过现象看本质、通过历史关注现实的历史思维，学会古今贯通。

二、实践育人的重要性

在高校历史教学中,实践育人具有极其重要的意义,通过实践育人,学生能够将理论知识与实际应用相结合,培养综合素质和能力。

(一)加强历史知识的理解与应用

历史学科具有较强的理论性,但单纯的理论学习容易使学生感到抽象和枯燥。通过实践活动(如田野调查、社会实践、项目研究等),学生可以将理论知识与实际情境相结合,加深对历史事件和现象的理解。在田野调查过程中,学生能够通过实地考察历史遗址、博物馆,直观感受历史;在查阅原始档案和文献时,学生能够掌握第一手资料,提升研究能力。历史学科强调对史料的批判性分析和多角度思考,实践过程中的教学能帮助学生在真实情境中发现问题、分析问题并解决问题。

(二)提升实践能力与综合素质

田野调查、社会实践、项目研究、实习等多种形式的实践活动,能够培养学生的研究能力、问题解决能力、团队合作能力、社会责任感、跨学科综合能力以及沟通与表达能力,促进学生综合素质的提升。在小组活动的过程中,学生可以在合作中学会分工协作,在训练其团队协作能力的同时培养其领导力、组织能力和沟通能力。通过参观爱国主义教育基地,学生能够增强历史使命感和爱国情怀。

(三)激发学习兴趣与主动性

传统的课堂教学容易使学生感到枯燥,而实践活动能够激发学生的学习兴趣和主动性,增强学习动力。历史学科不仅是研究过去,更是为现实提供借鉴。实践育人能够帮助学生将历史知识与现实问题相结合,通过参观历史遗址、博物馆等,学生能够亲身感受历史的魅力,激发学习兴趣;通过参与社会调查和志愿服务,学生能够将历史知识应用于解决现实问题;通过参与历史研究项目,学生能够主动探索知识,提升学习积极性。

实践育人在高校历史教学中具有极其重要的意义,它能够增强学生对历史知识的理解与应用,培养批判性思维与问题解决能力,提升实践能力与综合素质，激发学习兴趣与主动性并推动历史教学的改革与创新。尽管实践育人面临资源不足、教师能力不足等挑战，但通过学校支持、教师培训和学生参与等措施，可以充分发挥实践育人的作用，培养具有综合素质和全球视野的高素质历史人才。

第三节　实现历史教学与现代科技的融合

随着科技的不断进步和教育理念的不断更新，高校历史教学正逐步迈向一个全新的时代。现代科技的快速发展为历史教学注入了新的活力和可能性。在高校历史教学中，利用现代科技手段实现教学与技术的融合已成为一种必然趋势。这种融合不仅为教学注入了新的活力，也为学生提供了更丰富、更生动的学习体验。

一、虚拟现实技术：重构历史场景认知

借助虚拟现实技术，教师可以重现历史事件的场景，让学生仿佛置身其中。通过虚拟现实，学生可以更深入地体验历史，增强对历史事件的沉浸式理解和感知。

（一）沉浸式历史体验的技术实现

虚拟现实技术可以让学生身临其境地体验历史事件的场景和情境，创造出沉浸式的学习体验。通过穿越虚拟时空，学生可以感受到历史事件的真实性和紧张氛围，从而更加深入地理解历史的发展和演变过程，还可以设计互动元素，参与到历史故事中。大英博物馆的"AR法老"项目，通过手机摄像头扫描展品，叠加虚拟动画展示古埃及祭祀仪式，学生可直观看到法老佩戴的双重王冠如何象征上下埃及的统一。

故宫博物院利用3D建模（虚拟现实技术）还原历史场景，其"数字多宝阁"系统利用高精度扫描技术，将青铜器、玉器等文物转化为三维数字模型，配合光影渲染技术再现其历史原貌。学生可通过触控旋转文物，观察铭文细节，如"后母戊鼎"的云雷纹与乳钉纹的立体呈现，这种互动能够增强学生的参与感和学习动力。

虚拟现实技术可以促进不同学科之间的交叉应用，历史教学可以与计算机科学、艺术设计等领域合作，共同开发虚拟现实教学内容。敦煌研究院"数字藏经洞"项目通过 VR 技术，将莫高窟第 17 窟唐代原貌完整重建。学生佩戴 VR 设备后，可"行走"于洞窟内，观察壁画中的经变画细节，甚至触发语音导览解读《金刚经》写本的历史背景。这不仅可以提供更全面的学科知识，还可以培养学生的综合素养。

虚拟现实技术的灵活性使得历史教学内容可以随时更新和修改，教师可以根据学生的反馈和教学需要，实时调整虚拟场景，使学生得到更贴近实际的学习体验，从而实现个性化教学。虚拟现实技术的应用为高校历史教学带来了巨大的创新。通过情境再现、互动参与、多感官体验等方式，学生可以更加深入地理解和体验历史事件，从而提升他们的学习兴趣和认知水平。

（二）认知心理学视角下的教学效果

认知心理学主要研究人类的认知过程，包括感知、注意、记忆、思维、问题解决等。在教学中通过优化教学设计，可以提高学习效率和效果。

虚拟现实技术通过整合多种感官刺激（视觉、听觉、触觉等），帮助学生从多种空间视角获得丰富的感官和心理体验。MIT"时间机器"项目通过 VR 技术让学生以第一视角体验工业革命时期的工厂生活，神经科学实验表明，这种沉浸式体验使海马体活跃度显著提升，记忆留存率较传统教学明显提高。与传统的教学方式相比，虚拟现实的呈现使学生仿佛亲身经历历史事件，感受历史的真实性，这种沉浸感能够激发学生的好奇心，使他们更愿意深入研究历史背后的原因和影响。

从认知心理学角度看，虚拟现实技术能培养学生的空间智能，激发情感共鸣，从而增强学习的参与度和投入度。在斯坦福大学的"大屠杀记忆 VR"项目中，学生通过动作捕捉技术扮演犹太儿童，在虚拟毒气室中感受历史创伤，心理测评显示，参与者的共情指数远远高出对照组。

（三）学生思辨和探索精神的激发

虚拟现实技术在高校历史教学中为学生提供了一个自主探索、思辨和发现的环境，激发了他们的思考和探索精神，培养了他们发现问题和解决问题的能力。

在虚拟场景中，学生面临的是一个开放性的学习空间，他们可以根据自己的兴趣和好奇心，自主选择探索的方向和内容。在 GIS 技术与 VR 结合的"虚拟长安城"项目中，学生可通过手势缩放观察朱雀大街的宽度比例，理解唐代的城市规划。这种探索精神的培养，不仅可以帮助学生在历史学习中取得更好的成绩，也为他们未来的学习和生活奠定良好的基础。

二、数字人文技术：拓展史料研究的维度边界

数字人文技术在历史教学中的应用，为拓展史料研究的维度边界提供了新的可能性。通过数字化、数据化、智能化转化路径，数字人文技术能够实现对历史文献的全面采集、深度分析、关联挖掘和知识发现，为历史教学提供更加丰富、生动、翔实的资料来源。

（一）文本挖掘与知识图谱构建

面对浩如烟海、类型多样的近代文献、史料，数字人文技术能够实现规范化采集、精准化识别、关联化组织与语义化表达。国内外学者围绕 OCR 文字识别、数字化元数据著录、语义标注等典型知识组织技术开展了诸多应用实践，为破解以上难题提供了可资借鉴的思路。

数字人文技术能够将多源异构的史料进行关联融合，构建语义网络，实现知识的综合集成与融合应用。例如，通过语义分析、知识图谱等技术，可以揭示历史数据背后的时间序列、空间分布、人物关系网络等，为传统人文学科研究范式的变革提供支持。中国历代人物传记资料库（CBDB），通过数据建模技术，构建包含 30 万名历史人物的社会关系图谱。研究发现，宋代进士的婚姻网络半径较唐代扩大 40%。[1] 揭示了科举制度对社会流动的促进作用。

图谱可视化、科学计量分析、社会网络分析等技术，能够为揭示历史数据背后的信息绘制清晰直观的图谱，帮助研究者更直观地理解历史事件的复杂性。

（二）GIS 技术与历史地理研究

GIS 技术能够对历史地理文献中的描述性信息进行空间化和定量化处理，

---

[1] 赖瑞和，陈雯婷. 唐宋科举士人婚姻流动性的空间分析：基于墓志数据的 GIS 测量 [J]. 历史研究，2021（4）：89-105.

实现不同来源、不同类型、不同结构历史地理数据资源的有效整合，如纸件文档、古地图、历史地图、现场调查结果、考古文物等。通过建立历史 GIS 专题数据库，实现不同历史地理数据在同一个时空框架内的综合管理，有助于历史研究的条理性与系统性。

GIS 技术与传统制图法的结合，既保证了制图质量又节省了时间和人工成本。通过建立以行政边界为典型代表的不同类型数据层，将其与不同主题的属性数据相结合来制作数字化历史地图集已成为历史地理信息数字化的一种新模式。

三、智能算法：革新历史解释的范式逻辑

智能算法根据学生的学习习惯和兴趣，提供个性化的历史课程推荐，帮助学生更高效地获取与自己兴趣相关的知识。

（一）提供多元化视角

智能算法能够快速处理海量的历史数据，为学生提供多元化的视角和丰富的历史资料。学生可以从不同的角度分析历史事件，理解历史的复杂性和多样性，从而打破传统单一的历史解释范式。

（二）促进思辨性思维

通过智能算法提供的丰富信息和多元化视角，学生可以对历史事件进行思辨性思考和分析。例如，教师可以利用智能算法搜集涵盖不同历史观点的课程资源，组织学生辨析、比较、评估这些观点，培养学生的思辨性思维能力。

（三）实现个性化学习

智能算法可以根据学生的学习行为和需求，提供个性化的学习内容和建议。学生可以根据自己的兴趣和学习进度，深入研究特定的历史主题，形成独特的理解，推动历史解释的个性化发展。

（四）推动深度教学

智能算法可以帮助教师设计更具深度和挑战性的教学内容，推动深度教学

的开展。教师可以利用智能算法模拟历史事件场景，组织学生进行角色扮演和决策分析，训练学生基于证据和逻辑推理的历史思辨能力，从而提升历史解释的深度和质量。谷歌"书籍词频统计器"（Google Ngram Viewer）可追踪特定词汇在不同历史时期的使用频率。

智能算法能够快速处理和分析大量的历史数据，为教师节省了时间和精力，使教师能够更加专注于教学设计和学生指导；为学生提供了更多探索和创新的机会，培养其创新思维和解决问题的能力。

四、区块链技术：创新文化遗产的保护模式

区块链技术通过自动化和智能化的流程，显著提高了文化遗产保护和历史教学的效率。

（一）数据确权与管理

区块链技术通过去中心化、分布式账本的特性，能够实现对数字文化资源的确权和管理。在历史教学中，教师可以利用区块链技术对教学资源进行确权，确保资源的原创性和版权得到保护，这种确权过程不仅提高了资源的可信度，还为资源的共享和交易提供了基础。故宫博物院"文物数字身份证"系统通过区块链技术，实现每件文物从出土到展览的全流程追溯。如"清明上河图"的每次修复记录均被上链，确保修复过程透明可查。

（二）资源的存储与共享

通过区块链的分布式存储，教学资源可以安全地存储在多个节点上，确保资源的完整性和不可篡改性。同时，区块链的共享机制使得教学资源能够在不同的教育机构和教师之间高效流通，促进教育资源的最大化利用。国际博物馆协会（ICOM）建立的"全球文物数字资产库"，通过区块链技术实现文物数字模型的跨平台共享；巴黎卢浮宫的"断臂维纳斯"3D模型可无缝嵌入中国高校的虚拟教学场景。

区块链技术的去中心化特性使得文化遗产可以突破地域限制，实现全球范围内的传播和共享。通过区块链技术，文化遗产的数字资源可以在全球范围内被访问和使用，促进文化遗产的国际交流和合作。

(三) 文化遗产的数字化与交易

通过将文化遗产转化为数字资产，利用区块链的智能合约进行交易，可以提高交易的效率和透明度。例如，敦煌研究院利用腾讯区块链"今确"数字文化鉴证平台建设了"数字敦煌开放素材库"，实现了数字文化资源的确权和高效交易。

随着区块链技术的不断发展和完善，其在历史教学和文化遗产保护中的应用前景将更加广阔。未来，区块链技术将进一步推动历史教学的创新和发展，为学生提供更加丰富、个性化的学习体验，同时为文化遗产的保护和传播提供更加高效、安全的解决方案。

五、社交媒体：重塑历史传播的生态格局

通过社交媒体平台，教师可以利用多媒体资源创设直观的历史情境，提高学生的学习兴趣和参与度。短视频平台、直播技术为学生提供了互动和讨论的空间及个性化的学习内容和建议。学生可以根据自己的兴趣和学习进度，深入研究特定的历史主题，形成独特的理解和解释。

(一) 多媒体资源的课堂应用

教师利用多媒体资源如图像、音频、视频等丰富教学内容，使历史教学更加生动和具体，通过多媒体资料，学生可以更直观地了解历史事件、人物和文化，增强对历史的感知和理解。音频资源能够将历史时代的声音和氛围带入教学场景中，图片和图像能够直观地展示历史事件的场景和细节，通过视觉和听觉的双重感知，学生更容易理解历史事件的发生过程和影响。

历史纪录片和影视作品是教学中极为重要的辅助材料，其融入大量的历史背景和文化内涵，包括社会风貌、人文景观、生活习俗等，帮助学生更全面地了解历史时代的背景和文化特征。例如，在教授"香港回归"一课时，教师可以分享纪录片"香港回归纪实"，让学生直面历史过程，从而开启学生内在的爱国情感。学生在观看过程中，常常需要思考历史事件的原因、影响和后果，从而提升其历史思维能力。

多媒体资源的应用，常常会涉及多个学科领域，如文学、艺术、社会学等。通过观看这些资源，学生不仅可以了解历史本身，还能够跨越学科边界，

拓展知识面，丰富学习体验。

（二）短视频平台的历史叙事创新

短视频平台如抖音、快手等，已成为人们获取信息、娱乐和学习的重要方式。这些平台提供了丰富的历史素材，涵盖历史人物、历史事件、历史文化等多个方面，不仅可以在课堂教学中发挥辅助作用，还可以作为课后活动的有效延伸。陕西历史博物馆用"唐三彩骆驼俑"的短视频获得大量点赞。

短视频的应用需要与教学设计相结合，才能发挥其最大效用。在历史活动课中，教师可以利用短视频进行辅助教学，通过生动的画面和声音，再现历史事件的场景和氛围，有助于学生更加深入地理解历史事件的发生背景、过程和影响，增强他们的历史感知力和理解力。通过观看短视频时的互动和讨论，学生能够更深刻地理解历史知识，提高学习效果；同时，短视频的即时反馈和评估功能，也能够帮助学生及时发现和纠正学习中的问题。哔哩哔哩网站的内容创作者"才疏学浅的才浅"用古法锻造复原越王勾践剑，视频播放超 2 亿次，通过弹幕互动，学生可实时讨论锻造工艺，形成"云考古"社群。

（三）直播技术的教育应用

通过直播技术，教师可以在线上进行授课，无论身处何地，都能与学生实时互动。这一模式打破了传统教室的界限，使优质的教育资源得以共享，有效缓解了地域性教育资源不均衡的问题。学生们可以实时观看教学视频，听老师讲解知识点，并通过弹幕或评论区提出问题，老师也可以实时解答，这种互动方式极大地提高了学生的学习兴趣和积极性。国家博物馆"国博讲堂"直播邀请考古学家解读三星堆新发现，学生可通过投票选择关注的文物细节，这种参与感远超传统录播课程。

直播平台为学生们提供了在线协作与小组讨论的空间。学生可以在平台上创建小组，共同完成项目、讨论课题。平台支持多人同时在线编辑文档、分享屏幕，使得远程协作变得简单高效。这种应用模式不仅锻炼了学生的团队协作能力，还培养了他们的沟通技巧和解决问题的能力。直播平台也是教育资源整合与分享的重要平台，教师可以上传自己的教学资料、课件、习题等，与其他教师共享，共同完善和优化教育内容。平台上的教育资源库不断丰富，学生也可以从中获取更多的学习资料，拓宽知识面。

六、在线教学平台：革新历史教学模式

利用在线教学平台，教师可以发布课件、讲义、作业等教学资料，实现课堂内容的数字化管理和传播。学生可以通过在线平台获取教学资源，并参与讨论、交流和提交作业，提高学习的灵活性和便利性。

（一）数字化管理教学资料

教师可以根据教学计划，在平台上传和更新教学资料，确保学生可以随时随地获取最新的教学内容。这种模式大大简化了教学资料的存储和查找过程，提高了教师的工作效率。

在线教学平台允许教师随时更新教学内容，根据教学进度和实际需要进行调整，也为教师提供了一个跨时空的教学资源共享平台，获得了更丰富的教学素材。

（二）提高学习的灵活性和便利性

由于历史课程涉及大量的阅读和复习，学生可以根据自己的时间安排，在课余时间或假期登录在线平台，查阅教学资源，帮助学生更好地管理时间，充分利用碎片化时间进行学习。

无论是在校园、宿舍、图书馆，还是在家中、公共场所，学生都可以通过互联网连接到在线平台，查阅课件、讲义等资料。便捷的学习地点可以帮助学生在任何环境下进行学习，提高学习效率和质量。

学生可以根据自己的学习进度和兴趣，选择合适的教学资源进行学习。平台还可以根据学生的学习行为和表现，推荐相关的学习资料和资源，帮助他们更好地掌握历史知识和技能。这种便利的学习方式可以帮助学生更好地准备课堂和复习学习内容，提高学习效率和成绩，促进个人发展和成长。

（三）促进师生互动与交流

在线教学平台为师生之间的互动提供了便捷的平台。教师可以在平台上开设讨论区或留言板，分享教学资源、学习资料和教学心得；学生可以随时随地在上面发表自己的想法、提出问题，与教师和同学进行互动和交流。这种即时的互动极大地拓展了教学和学习的空间，促进了师生之间的深入交流和沟通。

在线教学平台的讨论区或留言板可以促进学习氛围的建立，学生可以在平台上分享自己的学习心得、经验和疑问，与同学共同探讨问题，激发学习的兴趣和热情。教师可以根据学生在讨论区或留言板上的问题和反馈，针对性地给予指导和建议，帮助学生解决学习中的困惑和难题。

在线教学平台的互动和交流可以建立师生之间的互信关系。通过在平台上的交流，教师能够更加了解学生的学习需求和困难，及时给予帮助和支持；学生也能感受到教师的关心和关注，增强对教学的信任和认同。

（四）实现教学过程的信息化管理

在线教学平台有助于实现教学过程的信息化管理。教师可以通过平台对学生的学习情况进行跟踪和评估，及时了解学生的学习进度和问题，为个性化教学提供支持。

在线教学平台可以记录学生的学习活动，包括登录频次、访问时间、学习内容等。通过这些记录，教师可以了解学生的学习习惯和行为模式，发现学生学习中存在的问题和困难，为教学提供参考和支持。在线教学平台还可以记录学生的作业和测验成绩情况。教师可以随时查看学生的作业完成情况和测验成绩，及时给予反馈和评价，帮助学生及时纠正错误，提高学习效果。

在线教学平台能够帮助教师追踪学生的学习进度。教师可以查看学生完成的课程内容、参与的讨论活动、提交的作业等信息，了解学生在学习过程中的表现和进展情况，及时发现学生存在的学习困难，采取相应的教学策略进行干预和帮助。根据学生的学习表现和需求，教师可以调整教学内容和方式，针对性地提供辅导和指导，帮助学生克服学习障碍，提高学习成绩。

利用在线教学平台可以实现课堂内容的数字化管理和传播，提高了学习的灵活性和便利性，促进了师生之间的互动与交流，实现了教学过程的信息化管理。因此，在高校历史教学中，教师应该积极借助在线教学平台，为学生提供更加便捷、高效的学习体验。

总而言之，历史教学与现代科技的融合，本质是通过技术手段"活化历史"，让历史不再是静态的文字，而是可触摸、可交互、可探索的立体图景。这种融合不仅服务于教学创新，更重在培养未来公民的多元能力，既能用科学工具解析历史规律，又能以人文情怀理解文明脉络。未来，随着元宇宙、脑机接口等技术的突破，历史教育或将进入"全感官沉浸"的新纪元。

第四章　高校历史教学改革的原则

在新时代高等教育"质量革命"的浪潮下，高校历史教学改革既是回应"四新"（新工科、新医科、新农科、新文科）建设的战略要求，亦是践行立德树人根本使命的关键路径。当前，历史学科面临多重时代命题：其一，数字化转型对传统史学方法论的冲击与重构；其二，全球文明互鉴语境下本土历史叙事体系的创新需求，同时，很多师范专业的历史学科还面临着师范专业认证对历史教育人才培养标准化的规范。植根于《中国教育现代化 2035》的顶层设计，呼应《普通高等学校本科专业类教学质量国家标准（历史学类）》的核心诉求，高校历史教学改革应遵循以下原则。

以"学生中心"为逻辑起点，强调从"历史知识容器"向"历史思维主体"的范式转换；以"成果导向"为质量标尺，构建"目标—体系—评价"的闭环系统；科学性原则守护历史学的求真本质，确保教学改革不偏离学科本体；创新性原则驱动传统课堂与数字技术的深度融合；理论与实践相结合原则破解史学"无用论"迷思，架通古今对话的桥梁；多元性原则回应文明多样性与人才个性化发展的双重诉求。六大原则协同发力，共同指向历史学"价值塑造—能力培养—知识传授"三位一体的育人新格局，为培养具有家国情怀、全球视野、思辨性思维与创新能力的复合型史学人才提供系统化解决方案。

第一节　以学生为中心原则

自 2020 年以来，国家出台了一系列关于高校教学改革的政策文件，强调以学生为中心，推进教学方法创新、课程体系优化和评价机制改革。《高等学校课程思政建设指导纲要》明确提出要将思想政治教育贯穿人才培养全过程，强调以学生为中心，注重学生的全面发展。这些政策为高校历史学教学改革提供了宏观指导和政策支持。

在新时代高等教育深化改革的背景下,"以学生为中心"原则的提出绝非简单的教学理念更新,而是对历史学科本质属性、教育价值与时代使命的深度回应。这一原则在"四个回归"(回归常识、回归本分、回归初心、回归梦想)教育理念指导下,通过系统性重构教学目标、教学关系与教育价值,推动历史教学从"学科本位"向"育人本位"的范式转型。其内涵可分解为以下三个维度的结构性转向。

一、目标转向:从"历史知识容器"到"历史思维主体"的育人升级

传统历史教学往往陷入"知识传递主义"窠臼,将学生视为被动接收史实信息的"存储器"。这种模式下,学生虽能记忆朝代更迭、事件脉络,却普遍缺乏历史解释、价值判断与迁移应用能力。2021年《普通高等学校本科专业类教学质量国家标准(历史学类)》明确规定,历史学专业需着重培养"批判性思维""历史解释能力""创新意识"。这一转向包含三重突破。

一是认知层重构,超越线性史实罗列,建立"时空观念—史料实证—历史解释—家国情怀"的素养体系。二是能力层迭代,构建阶梯式能力培养模型。如在大一侧重史料分类与信息提取(基础认知),大二强化历史解释逻辑训练,大三开展学术写作或加入教学设计,大四完成实习与毕业研究。三是评价层革新,突破标准化测试局限,引入"表现性评价"机制,建立多种评价机制。

在传统的历史教学中,学生往往被视为被动接受知识的"容器",教师通过灌输式的教学方法,将历史知识填鸭式地传授给学生,学生只需机械记忆历史事件、人物和时间等,缺乏对历史现象背后深层次原因、逻辑关系以及历史规律的思考和探究。这种教学模式下,学生的历史学习缺乏主动性和创造性,难以培养出具有独立思考能力和批判性思维的历史人才。在新时代"四个回归"教育理念的指导下,高校历史教学的目标发生了重要转向,即从培养"历史知识容器"转为塑造"历史思维主体"。这一转向契合《普通高等学校本科专业类教学质量国家标准(历史学类)》对批判性思维的要求。历史思维主体不仅需要掌握丰富的历史知识,更要有能力对历史现象进行分析、综合、比较、归纳和演绎,能够从不同的角度和层面理解历史事件的复杂性和多样

性，形成自己对历史的独特见解和认识。

二、关系重构：从"单向灌输"到"探究共同体"的教学改革

教育部"金课"建设提出的"两性一度"（高阶性、创新性、挑战度）标准，直指传统历史课堂"教师讲—学生记"模式的根本性缺陷。构建师生"探究共同体"，需实现三大关系转型。一是角色关系转型。教师从"知识权威"转变为"学术向导"。二是互动模式创新。建立"多维对话"机制，如让学生课前通过MOOC完成基础知识学习，课中围绕争议性议题（如"郑和下西洋为何未引发地理大发现"）展开角色扮演辩论，课后在虚拟教研室进行跨校研讨。三是技术赋能深化。数字工具重构教学时空，这种关系重构的本质，是打破传统课堂的"认知垄断"，将教学过程转化为师生共同探索历史真相的学术实践。

传统的历史教学中，教师是课堂的主导者，学生则是被动的接受者，师生之间存在明显的单向灌输关系。教师在课堂上滔滔不绝地讲解历史知识，学生则在下面认真听讲、做笔记，缺乏互动和交流。这种教学模式下，学生的主体地位得不到体现，学习积极性和主动性受到抑制，不利于培养学生的创新能力和实践能力。在"以学生为中心"原则下，高校历史教学关系发生了重构，从教师"单向灌输"模式转变为建立师生"探究共同体"。教师不再是单纯的知识传授者，而是学生学习的引导者、组织者和合作伙伴。教师通过创设问题情境、引导学生进行小组讨论、组织历史辩论赛等方式，激发学生的学习兴趣和探究欲望，让学生在主动参与中学习历史知识、培养历史思维能力。

三、价值重塑：从"专业教育"到"立德铸魂"的价值升华

《高等学校课程思政建设指导纲要》明确指出，历史学类课程要"引导学生深刻理解中华文明的历史价值"。这种价值重塑包含三个层面的深度融合。一是文明传承维度。通过具身化学习激活文化基因。二是价值引领维度。在知识传授中嵌入价值辨析。三是现实关怀维度。建立历史与当代的对话通道。更深层的价值在于这种重塑呼应了"两个结合"的时代命题——通过历史教学

推动马克思主义基本原理同中华优秀传统文化相结合。

在过去的高校历史教学中，部分教师过于注重历史知识的传授，而忽视了历史教育的育人功能，导致教学过程中出现了"重知识、轻德育"的现象。这种教学模式下，学生虽然掌握了一定的历史知识，但在思想品德、价值观念和人文素养等方面得不到有效的培养和提升，难以实现历史教育的全面育人目标。新时代的高校历史教学强调价值重塑，将立德树人与专业教育深度融合，呼应《高等学校课程思政建设指导纲要》对历史学科"传承文明、启迪智慧"的定位。历史学科作为一门人文社会科学，蕴含着丰富的思想教育资源和文化内涵，如爱国主义精神、民族精神、科学精神、人文精神等。教师在教学过程中，应充分挖掘这些教育资源，将思想政治教育有机地融入历史知识的传授中，使学生在学习历史知识的同时，受到思想的启迪和价值观的引领。同时，教师还可以引导学生从历史中汲取智慧和力量，树立正确的人生观、价值观和世界观，为学生的全面发展和终身发展奠定坚实的基础。

高校历史教学"以学生为中心"原则的三重转向，实质上是将历史教育从"关于过去的知识传授"升华为"面向未来的素养培育"。这种转变既需要教育者突破"以教材为中心""以考点为半径"的传统习惯，更要求整个教学体系在目标设定、过程实施、评价反馈各环节进行系统性再造。唯有如此，才能培养出真正具备历史思维、文化自觉与创新能力的时代新人，使历史学科在中华民族伟大复兴进程中焕发新的生机。

第二节 成果导向原则

在高等教育"质量革命"纵深推进的背景下，成果导向原则（Outcome-Based Education，OBE）已成为我国高校历史教学改革的核心方法论。这一原则以《普通高等学校本科专业类教学质量国家标准（历史学类）》为基准，以《普通高等学校师范类专业认证实施办法》为实践框架，通过"反向设计、正向实施"的系统重构，推动历史教育从"资源投入主导"向"能力产出导向"转型。《深化新时代教育评价改革总体方案》明确要求"改进结果评价，强化过程评价，探索增值评价"，倒逼历史教学建立"能力图谱—课程矩阵—评价指标"的闭环系统。

一、目标转向：从"知识输入"到"能力输出"的范式升级

传统历史教学常陷入"内容覆盖度"的量化竞争，而成果导向原则要求以"学生毕业五年后能达成什么"为逻辑起点。根据2022年《新文科建设宣言》提出的"价值引领、能力本位、知识融合"要求，历史学专业需构建三层递进式目标体系。一是基础能力层：掌握历史时序框架与史料辨析技能，可通过量化指标提升学生实证能力。二是高阶思维层：培养历史解释与批判性思维。三是综合应用层：实现史学价值的现实转化。

成果导向原则强调以学生最终取得的学习成果为导向，这些成果不仅仅是知识的积累，更重要的是能力的提升和素养的培养，包括批判性思维、解决问题的能力、团队合作能力、创新能力等。例如，《普通高等学校本科专业类教学质量国家标准》中对各专业学生的毕业要求和培养目标进行了明确的规定，要求学生具备相应的专业能力和综合素质，这就为高校教学提供了明确的目标指引。高校在制订人才培养方案时，需要根据社会需求和学生发展的需要，明确学生在毕业后应具备的能力和素质，然后以此为导向，反向设计课程体系和教学环节，确保学生在学习过程中能够逐步达成这些目标。这种目标定位的转变，促使高校更加关注学生的全面发展和实际能力的培养，使教学更加贴近社会需求和学生的个人成长需求。

二、体系重构：从"学科逻辑"到"需求逻辑"的系统变革

成果导向原则要求打破"教师能教什么就教什么"的学科本位思维，转向"社会需要什么人才就培养什么能力"的需求响应模式，这就要求教师重新审视教学体系。成果导向原则要求我们"反向设计，正向施工"，贯穿人才培养的各个环节。

以历史学师范专业为例，可在教学体系上加以重构。建立"反向课程设计模型"，基于师范认证"毕业要求—课程体系—教学环节"的映射关系，构建"反向设计流程"，在中学历史教师岗位能力需求上制定毕业要求，毕业要求分解为多个可观测能力指标。根据能力指标针对性开发模块课程群；有的放

矢地建立课程目标达成度量化评估系统；建立"三循环反馈体系"，分为短周期循环、中周期循环、长周期循环，即每学期收集学生课程体验数据，每学年分析毕业生就业质量报告，每五年跟踪校友职业发展轨迹（如职称晋升速度与课程相关性分析）。

三、评价转型：从"分数判定"到"证据为本"的质量革命

传统教学往往以完成教学任务为价值取向，教师按照教学大纲完成课程内容的讲解，学生通过考试取得合格成绩，就被认为是教学任务的完成。然而，成果导向原则强调的是教学质量的持续提升，关注的是学生学习成果的达成度。成果导向原则的核心在于建立"证据链"支持的质量保障体系，这需要突破传统评价的局限，制定更为合理、全面的评价标准。

注重评价标准科学化，从多个能力维度进行直接证据及间接证据的综合评价。评价过程全程化，从输入评价，新生历史思维基线测试；过程评价，学习行为数据监测；输出评价，毕业达成度评估；成效评价，毕业生五年追踪等。评价主体多元化，实施多方协同评价，如学生自评、同伴互评、教师评价、用人单位评价以及第三方认证等多种形式。

成果导向原则要求高校依据学生学习成果的达成度评估结果，动态调整培养方案中的课程内容、教学方法、实践环节安排等，形成闭环反馈系统，保证人才培养质量的稳步提升。这意味着高校需要建立一套完善的教学质量监控和评价体系，对学生的学习成果进行定期评估和分析，及时发现问题并采取相应的改进措施。通过对毕业生的跟踪调查和用人单位的反馈，了解学生毕业后的工作表现和能力水平，据此对人才培养方案进行调整和优化。如果发现学生在某方面能力不足，就可以在课程设置和教学内容上进行相应的加强；如果某种教学方法效果不佳，就可以及时改进和创新。这种以质量提升为导向的价值重构，促使高校不断优化教学过程，提高教学质量，确保学生能够真正达到预期的学习成果，为社会培养出更多高素质的人才。

成果导向原则的深化实施，本质上是回应两大时代命题：教育强国建设需求，根据《中国教育现代化2035》提出的"发展中国特色世界先进水平的优质教育"目标，历史教育必须培养能讲好中国故事、阐释文明连续性的专业人才。学科守正创新要求，数字史学、公众史学等新兴领域的发展，倒逼教学

体系重构。

成果导向原则的深层价值，在于将历史教育从"供给主导"的粗放模式转向"需求牵引"的精准育人。这种转型既需要建立"标准—实施—评价—改进"的闭环机制，又要求教育者重构史学教育的价值认知——历史教学的本质不是传递凝固的过去，而是培养能够连接古今、应对未来的关键能力。在"教育、科技、人才"三位一体战略布局下，成果导向原则必将推动历史学科在守正创新中实现育人能力的跃升。

第三节　科学性原则

在高校历史教学改革中，科学性原则是保障学科本质属性、维系教育质量的根基性原则。它是落实《深化新时代教育评价改革总体方案》中"改进结果评价，强化过程评价"的具体实践。这一原则以唯物史观为根本遵循，以史学方法论为实践框架，以实证精神为价值内核，贯穿历史教学的全过程。

一、教学内容科学化：史学前沿与学科规范的有机统一

历史学科的科学性首先体现为教学内容的历史真实性、学术规范性与时代发展性的辩证统一，需在"守正"与"创新"间建立动态平衡。科学性原则首先体现在对历史学科本质属性的尊重上，强调以唯物史观为统领，构建严谨的学术话语体系。建立历史客观性的多维保障，同时建构学术规范路径，明确学生历史写作规范手册，如引证格式、术语使用、论证逻辑等内容。重视学术伦理教育，如面对AI技术发展而产生的新型学术诚信问题，让学生充分讨论，严肃对待。

科学性原则要求教育者不断更新知识，保持对新知识的敏感和学习态度。教师应关注学科前沿动态，及时将新知识融入教学内容。鼓励教育者对现有知识进行反思和改进，不断完善知识体系。规范的同时，进行学术前沿教育也必不可少。《新文科建设宣言》中提出"推动文科与理工科交叉融合"的要求，这是如今学科发展性融合的体现，历史学理应走在前列。推动数字史学课程建立、跨学科研究项目发展刻不容缓。

二、教学方法科学化：认知规律与教育技术的协同创新

科学性原则要求教学方法遵循"历史认知发生规律"，通过实证化、系统化、可验证的教学设计提升学习效能。科学性原则要求教育教学活动遵循教育教学的基本规律，如学生的认知发展规律、学科知识的内在逻辑等。例如，在课程设计中，应根据学生的年龄特点和认知水平，合理安排课程内容和教学进度。

历史学习的认知特殊性要求教学方法须回应三大规律。一是信息加工的双通道性。历史知识兼具时序逻辑（线性叙事）与空间结构（文明互动），需同步激活学习者的言语通道（文本分析）与视觉通道（时空建模）。教育技术通过动态时间轴、三维地图重构等工具，将抽象历史进程转化为多模态认知对象，降低信息处理负荷。二是概念建构的层级性。从具体史实记忆到历史规律抽象，需遵循"具象—表象—抽象"的认知进阶路径。教学设计应分阶段嵌入脚手架：初期通过虚拟现实还原历史场景建立感性认知，中期借助思维可视化工具（如概念网络图）促进关系理解，后期采用模拟决策系统训练历史解释迁移能力。三是元认知的调控机制。历史思维的培养依赖对认知过程的自我监控。智能学习系统可实时追踪学生的史料分析路径（如关键词标注频次、逻辑连接词使用密度），生成认知策略诊断报告，引导学生调整信息处理方式，提升批判性反思能力。在教学中利用数字技术等逐步建立认知规律适配模型，从具象认知（通过3D建模复原唐代长安城坊市布局）、抽象理解（绘制"宋元海上丝绸之路"贸易量变化曲线）、关系分析（探讨地理环境对楚文化特质的影响）、迁移应用（设计"一带一路"历史与现实关联的教学方案）等进行多维度的训练和规范。

认知规律与教育技术的协同创新，标志着历史教学从经验驱动走向实证驱动的范式变革。这种协同不仅提升教学效率，更重塑历史认知的本质——在数字文明时代，它使学习者既能继承传统史学的求真精神，又具备驾驭技术工具的解史能力，最终实现历史思维从"人工"到"增强智能"的进化。这种进化不是对人文性的消解，而是通过科学方法论的武装，让历史教育在技术洪流中坚守学科本质，培育兼具科学理性与人文情怀的现代史学人才。

《中国教育现代化2035》强调"发展中国特色、世界水平的现代教育"，要求历史教学守好意识形态阵地，服务文化强国建设。改革需要进行方法论革

新、学术共同体规范来实现要求。

历史教学的"科学性"原则，本质上是将历史学的求真精神转化为教育实践的方法论体系。它既要求教学内容经得起学术证明，也强调教学过程符合认知科学规律，更追求教学评价具有实证支撑。在"教育强国"与"新文科"建设的双重语境下，唯有坚守科学性，历史教育才能在守正创新中培养出具有严谨思维、创新能力和文化自觉的时代新人，为构建中国特色历史学学科体系、学术体系、话语体系奠定人才基础。

第四节　创新性原则

在高等教育"质量革命"与"新文科"建设的双重驱动下，创新性原则已成为高校历史教学改革的核心动能。这一原则以《中国教育现代化2035》"发展中国特色、世界水平的高质量教育"为战略指引，以《新文科建设宣言》"推动文科教育创新发展"为行动纲领，旨在突破传统历史教学的路径依赖，构建适应数字文明时代的新型育人范式。其内涵可从理念革新、方法重构、内容迭代、生态转型四个维度展开系统性解析。

一、理念革新：从"知识传承"到"范式革命"

创新性原则的本质是对历史教育价值坐标的重构，进行理念突破，进行三重转型。一是目标维度。从培养"历史知识继承者"转向塑造"文明演进参与者"。响应《关于全面加强和改进新时代学校美育工作的意见》提出的"文化理解"创意实践等素养要求，历史教学需超越对过去的单向阐释，转而培养学生以历史思维介入现实问题解决的能力。例如，通过"历史场景迁移法"训练学生将古代治理智慧转化为现代社会治理方案的设计能力。二是主体维度。打破"教师主导创新"的单一模式，构建"师生共创"的协同机制。依据《深化新时代教育评价改革总体方案》"突出教育教学实绩"的要求，建立"创新贡献度"评价指标，将学生在教学设计、史料解读、传播方式等维度的原创性纳入课程考核体系。三是价值维度。实现"守正"与"创新"的辩证统一。遵循《高等学校课程思政建设指导纲要》对历史学科"传承文明基因，激活文化活力"的定位，在维护史学求真的学科本质基础上，探索历史知识的创造性转化路径,如开发历史记忆的数字化叙事工具、构建文明对话的跨媒介表达体系。

二、方法重构:从"经验驱动"到"技术赋能"

教学方法的创新是激发学生学习兴趣和创造力的关键。传统的教学方法往往以教师为中心,学生被动接受知识。而创新性原则要求教师采用更加灵活多样、富有启发性的教学方法,如探究式教学、合作学习、项目式学习等。这些方法能够充分发挥学生的主体作用,让学生在主动探索和合作交流中获取知识、培养能力。例如,在一些学校开展的项目式学习中,学生通过完成一个具体的项目,如制作一个科学实验装置或解决一个社会问题,不仅掌握了相关知识和技能,还培养了团队合作、创新思维和实践能力。

在数字化转型浪潮下,历史教学方法创新需实现三大融合。

一是数字技术与史学方法论的深度融合。依托人工智能、大数据、虚拟现实等技术,构建新型历史认知工具。二是不同学科与方法论的有机融合。根据《新文科建设宣言》"促进文理交叉融合"的导向,构建复合型方法体系,如计量史学与数据科学的交叉,用机器学习算法来分析历史数据,找历史发展的规律,用社会网络分析技术去梳理古代官员之间的权力关系,弄清楚他们的权力结构。物质文化与科技考古的协同,运用材料分析技术揭示文物背后的生产技术演进与社会经济变迁的关联性。口述史与心理学的对话,借鉴认知心理学理论优化口述史料采集与解释框架,提升历史记忆研究的科学性。三是传统教学与混合式教学相融合。突破传统课堂的时空边界,构建"四维一体"教学新样态。如即时反馈机制,利用学习分析技术动态监测思维过程,提供精准认知干预。开放创新生态,搭建产教协同平台,将文博机构、科技企业的前沿实践转化为教学资源。

三、内容迭代:从"学科闭环"到"文明对话"

教学内容的创新是创新性原则的重要体现。教师应根据时代的发展和学生的需求,不断更新和丰富教学内容。例如,在课程设置中,可以增加一些前沿性的、跨学科的内容,拓宽学生的知识面和视野。同时,教师还可以结合实际案例和生活中的问题,将理论知识与实践相结合,使教学内容更加贴近现实生活，提高学生的实践能力和解决问题的能力。例如，《基础教育课程教学改革深化行动方案》中提到，要全面推进教学方式变革，通过精品课遴选、教学成果推广应用带动各地各校广泛参与，不断深化教学改革，提高教学质量。

创新性原则要求历史教学内容实现三重突破。一是知识体系的动态更新。建立前沿成果转化机制，建立"学术研究—课堂教学—社会实践"的快速传导通道，将学术前沿成果等及时转化为教学案例。引入"可证伪性"科学原则，教授学生如何用新史料、新方法挑战经典历史解释，如运用基因考古数据重审民族迁徙理论。二是进行文明阐释的维度拓展。进行全球史观的本土重构，如在"中外文明比较"课程中，构建"双焦点透视法"，既分析西方工业革命的技术逻辑，也阐释明清手工业发展的内生动力。进行微观史学的教学转化，如通过账簿、日记、契约等民间文献，还原普通民众的历史体验，补全宏观叙事的认知盲区。三是价值引领的创新表达。实现历史经验的当代转译，开发"历史智慧库"，将传统治理思想转化为现代公共政策设计的方法论资源。致力于文化记忆的活化传播，运用数字孪生、沉浸式剧场等技术手段，构建可感知、可参与的历史文化体验场景。

四、生态转型：从"封闭系统"到"协同网络"

创新性原则不仅体现在教学内容和方法上，还体现在教育管理体制和机制上。教育管理部门应积极推动教育管理体制的改革和创新，为学校和教师提供更多的自主权和创新空间。例如，可以建立更加灵活的课程设置机制、教师评价机制、资源配置机制等，鼓励学校和教师根据自身特点和学生需求进行教育教学创新。同时，教育管理部门还应加强对教育创新的引导和支持，提供必要的政策保障和资源支持，推动教育创新的持续发展。

创新性原则的落地需要重构历史教育的生态系统。一是建立主体协同网络。如跨校创新联盟，依据《关于推进高等教育创新发展的若干意见》，组建区域性历史教学创新共同体，共享虚拟教研室、协同开发数字资源。同时加强社会力量介入，建立文博机构、科技企业、文化创意产业的常态化合作机制，将行业前沿需求转化为教学创新动力。二是建立制度保障体系。推进容错激励机制，制定相关政策，允许在史料运用、方法创新等方面突破传统规范，设立"教学创新风险基金"支持探索性实践。探索成果认证机制，将数字叙事作品、历史模型构建等新型成果纳入学术评价体系，拓展历史创新的表现形式。三是试行文化培育机制。关注创新思维浸润，如在通识课程中嵌入"历史想象力训练""批判性思维工作坊"等模块，塑造敢质疑、善重构的思维品质。重视学术伦理建设，明确技术应用边界，防范算法偏见对历史解释的扭曲。

创新性原则回应了时代命题，在数字化转型挑战的今天，在人工智能重塑知识生产方式的背景下，通过方法论创新捍卫历史教育的不可替代性，培养具有"人机协同"能力的复合型人才。面对文明冲突困境，借助创新性叙事构建中华文明阐释体系，为全球文明对话提供学术公共产品。创新驱动需求对接国家"十四五"规划的"完善科技创新体制机制"要求，将历史学科打造为文化创新的策源地。

历史教学的创新性原则，绝非对传统的简单否定，而是在守正基础上开拓新维度的创造性转化。它要求教育者以更开放的视野重构教学体系，以更包容的胸怀接纳跨学科方法，以更前瞻的思维应对技术变革。唯有如此，历史教育才能在文明传承与时代创新的张力中培育出兼具历史智慧与开拓精神的时代新人，为中华民族伟大复兴提供深层的文化动能与创新支撑。

第五节　实践与理论相结合原则

在高等教育"内涵式发展"的战略导向下，实践与理论相结合原则是破解历史学科"知行脱节"困境、实现"经世致用"教育目标的核心路径。这一原则以《中国教育现代化2035》"强化实践育人"为纲领，以《新文科建设宣言》"推动文科教育服务国家战略"为行动指南，通过重构历史教育的价值逻辑、知识形态与方法体系，培养兼具学术素养与实践智慧的复合型人才。其内涵可从理念重构、课程建构、教学实施、评价机制、生态支撑五个维度展开系统性解析。

一、理念重构：从"二元割裂"到"辩证统一"

实践与理论相结合的本质，是对历史教育本体论的重塑，需突破传统教学中"知识传授"与"技能训练"的机械二分，实现三重理念跃迁。一是实现价值论转向。依据《高等学校课程思政建设指导纲要》"强化价值引领"的要求，确立"以知启行、以行证知"的教育哲学。历史理论教学需植入现实问题意识，如通过"历史制度比较分析"理解当代治理逻辑；实践教学则需升华理论价值，如在文化遗产保护项目中提炼中华文明延续的内在机理。这种双向渗透使历史教育既避免陷入"考据至上"的学术孤立，又超越"技术主义"的功利窠臼。二是进行认识论突破。遵循马克思主义"实践—认识—再实践"的认知规律，构建"具身认知"框架：理论具象化，即将抽象史学概念（如"朝贡体系"）转化为可操作的分析模型；实践理论化，在田野调查、文物修复等实践中提炼方法论范式；循环迭代机制，建立"课堂学习—实践验证—理论修正"的螺旋上升通道。三是实施方法论融合。响应《关于深化新时代学校思想政治理论课改革创新的若干意见》"强化问题导向"的要求，创建"双驱动"教学模式，即理论驱动实践，运用唯物史观指导口述史采集、社会调查等实践设计；实践反哺理论，通过考古发掘数据分析修正既有历史分期理论。

二、课程建构：从"线性叠加"到"三维耦合"

传统历史课程中实践环节多作为理论教学的附属存在，需重构"知识—能力—价值"三位一体的课程体系。一是内容设计耦合。理论课程实践化改造，如在"中国近代史"中嵌入"历史情境模拟决策"模块，要求运用阶级分析方法制订土地改革方案；实践课程理论化升级，如将"文化遗产学"提升为"文化遗产阐释学"方法论课程，涵盖符号学、传播学理论工具。二是层次递进架构。构建"认知—应用—创新"三阶能力链，即在基础层，通过文献研读与史料辨伪掌握史学规范（如版本校勘的学术标准）；在应用层，在历史遗址数字化建模中训练空间分析能力；在创新层，基于地方档案研究提出社会治理的历史镜鉴方案。三是跨域整合机制。落实《新文科建设宣言》"打破学科专业壁垒"的要求，开发"双螺旋"课程群。纵向整合，打通"通史—专题史—区域史"的理论脉络，形成贯通性认知框架；横向融合，构建"历史＋社会学＋数字技术"的跨学科课程模块，如"社会网络分析与历史群体研究"。

三、教学实施：从"单向传输"到"双向互构"

实现理论教学与实践环节的深度交融，需创新四大实施范式。一是探索问题导向的探究循环。设计"理论假设—实践验证—反思重构"的教学闭环：理论假设阶段，通过课堂研讨形成历史解释框架（如"唐宋变革论"的适用边界）；实践验证阶段，运用计量史学方法分析宋代经济数据，检验理论解释力；反思重构阶段，结合实证结果修正理论模型，撰写《历史解释迭代报告》。二是虚实融合的认知场域。依托《教育信息化2.0行动计划》"构建智能化教学环境"的指引，建设数字孪生实验室，虚拟复原历史场景，支持理论推演与行为模拟；增强现实工作台，在实物史料分析中叠加学术数据库与智能分析工具；远程协作平台连接高校、文博机构与考古现场，实现理论研讨与实地操作的实时交互。三是角色转换的能力孵化，建立"学者—实践者"双重身份培养机制。学术实践化，在理论研究课题中嵌入社会调查、公众传播等实践任务；实践学术化，要求实践项目产出具有理论价值的成果。四是资源转化的协同网络，构建"四位一体"资源整合体系。即学术资源实践转化，将国家社科基金成果转化为教学案例库；行业资源教学导入，引入文博机构、中学历史教学真实项目作为毕业设计选题；技术资源方法创新，应用考古探测技术革新历史地理教学方法；文化资源价值升华，通过非遗传承实践深化传统文化理论认知。

四、评价机制：从"平面考核"到"立体验证"

建立指向知行合一能力的评价体系。制定《历史学实践能力评价标准》，涵盖理论应用度，即考查史学方法在实践中的适切性与创新性；实践贡献度，寻求研究成果对学术发展或社会服务的推动价值；探索价值融合度，在实践过程中体现家国情怀与学术伦理。注重实施方法的动态追踪。在日常教学方面，偏重学生理论储备与实践能力的检测，在过程评估中通过学习分析捕捉理论向实践转化的关键节点；在长效培养方面，采用"双盲评审+应用检验"的复合评价模式，引入用人单位等利益方，重视追踪毕业生理论素养与实践能力的协同发展轨迹。

五、生态支撑：从"局部突破"到"系统协同"

实践与理论深度融合需要重构教育生态系统，以进行多重保障。在制度保障层，实行学分互认机制，打通理论课程与实践学分的转换通道；建立风险共担机制，设立"教学改革容错基金"，支持跨学科实践探索；建立成果认证机制，将实践创新成果纳入职称评审与学术评价体系。在资源整合层，建立虚实资源库，建设"理论模型库—实践案例库—工具方法库"三位一体资源平台；建设协同创新中心，联合高校、研究院所、文化企业共建实践教学基地；构建数据共享网，打通学术数据库与行业数据平台，支持实证研究。在文化培育层，进行学术伦理建设，制定《历史实践教学伦理规范》，防范技术滥用与价值失真；创新文化浸润，设立"知行创新奖"，营造"以用促学、以学致用"的校园文化；社会认同塑造可通过媒体传播优秀实践成果，提升历史学科的社会贡献显示度。

实践与理论相结合原则，通过"创造性转化"激活传统历史智慧，为文化自信提供学术支撑；破解历史学科"供需错位"困境，培养服务新型文化业态的复合型人才；构建中国特色历史学"三大体系"，产出具有国际影响力的原创成果。实践与理论相结合原则的实施，标志着历史教育从"书斋学问"向"现实介入"的范式转型。它要求教育者以更开阔的视野整合学术资源，以更系统的思维设计教学链条，以更包容的胸怀接纳跨域协同。唯有如此，历史学科才能在理论与实践的双向滋养中培育出"顶天立地"的学术品格，既能在理论层面建构中国自主的知识体系，又能在实践层面服务民族复兴的伟大征程，最终实现历史教育"究天人之际，通古今之变"的永恒价值。

第六节　多元性原则

在全球化纵深发展与文明多样性并置的时代语境下，多元性原则是高校历史教学回应文化共生诉求、培养复合型人才的核心方略。这一原则以《中国教育现代化2035》"发展更加公平更有质量的教育"为价值导向，以《新文科建设宣言》"促进学科交叉融合"为实践路径，通过重构历史教育的认知框架、方法体系与价值维度，培养具有全球视野、文化包容与创新思维的新型史学人才。其内涵可从认知范式、教学内容、方法体系、评价机制、文化生态五个维度展开系统性解析。

一、认知范式转型：从"单一叙事"到"复调阐释"

多元性原则的本质是对历史认知论的重构，旨在突破传统教学中"中心—边缘"的二元对立思维，实现认知跃迁。

视角多元化。依据《关于全面加强和改进新时代学校美育工作的意见》"增强文化理解与尊重"的要求，构建"全息历史观"。重视空间维度，如在讲授"丝绸之路"时，同步呈现中原王朝、游牧民族、西域城邦、欧洲商团的差异化历史记忆；重视群体维度，突破帝王将相史观，纳入妇女、工匠、边民等非精英群体的历史经验；重视文明维度，建立"多中心文明演进模型"，解构"西方中心论""中原中心论"等单一叙事框架。

方法论多元共生。遵循《普通高等学校本科专业类教学质量国家标准（历史学类）》中"鼓励多元研究方法"的规定，整合实证方法与阐释方法，既强调文献考据的严谨性，也注重文化阐释的开放性；整合传统路径与数字工具，在口述史、田野调查等方法论精髓的基础上，引入社会网络分析、情感计算等技术手段；整合微观考辨与宏观把握，实现个体生命史与文明演进史的双向对话。

价值判断的包容性。落实《高等学校课程思政建设指导纲要》"培养历史辩证思维"的要求，建立历史解释的容错机制，允许基于不同史料体系形成竞争性学术观点；建立文化价值的对话平台，在"全球史"教学中设置"文明冲突与交融"的辩证分析模块。

二、教学内容重构：从"线性知识"到"多维网络"

多元性原则要求教学内容突破传统学科边界，构建"四维一体"的知识体系。一是时间维度的贯通性。长时段与短时段的交织，如在分析"工业革命"时，既考察技术突破的即时效应，也追溯中世纪行会制度的长期影响；历史与未来的对话，通过"数字孪生技术"推演历史规律对未来社会发展的启示。二是空间维度的交互性。构建跨文明比较框架，如建立"地中海商业网络"与"印度洋贸易圈"的对比教学模块；进行地方性知识整合，将方言方志、民间信仰等非主流史料纳入课程体系。三是学科维度的融合性。响应《新文科建设宣言》中"打破学科壁垒"的要求，开发"历史＋科技"模块，如"气候变化与文明兴衰"交叉课程；构建"历史＋艺术"模块，如"墓葬壁画中的社会生活史"专题研究；构建"历史＋伦理"模块，如"殖民扩张的正义性批判"思辨训练。四是载体维度的多样性。构建多模态史料体系，整合文献、实物、图像、音视频、数字代码等多元载体；利用非文字认知工具，开发基于纹饰符号学、建筑空间学、器物类型学的分析方法。

三、方法体系创新：从"同质化训练"到"差异化适配"

多元性原则的实施需构建"分类—分层—分阶"的教学方法矩阵。如学习者差异响应机制，依据《深化新时代教育评价改革总体方案》中"注重个体发展性评价"的要求，建立认知风格诊断系统，通过眼动追踪、脑电监测等技术识别学生的视觉型/语言型/动觉型学习偏好；探索个性化学习路径，为学术型、教学型、应用型学生定制差异化的训练方案；进行多元智能开发模块，设计逻辑推理、空间想象、文化感知等专项训练。

追求教学场景的谱系化构建，保留传统课堂场景，即保留经典文献精读、学术写作训练等核心环节，建立虚拟仿真场景，构建可交互的文明演进动态模型；探索社会实践场景，如开发文化遗产保护、历史记忆传播等实景任务；创造条件，建立跨文化对话场景，搭建国际学术工作坊与线上协作平台。

对于先进技术，合理进行技术介入的梯度设计。在基础层，运用数字工具（如文献 OCR 识别、数据清洗）提升史料处理效率；在进阶层，通过虚拟现实实现历史情境具身认知；在创新层，利用区块链技术构建分布式历史研究网络。最终以此实现教学方法的创新。

四、评价机制革新：从"标准化考核"到"多模态评估"

建立契合多元性原则的评价体系，实现三重突破。结合上述原则，重视评价标准的复合性，制定《历史学科多元能力评估框架》，涵盖专业核心素养，即史料处理、历史解释、价值判断等传统维度；跨文化能力，即文明比较、语言转换、冲突调解等新兴维度；技术应用能力，即数字工具使用、信息可视化、算法伦理等未来维度。

实现评价方式的多样性。如重视对学习日志、研讨记录、实践报告等质性材料过程性证据的采集；运用概念网络复杂度指数、论证逻辑密度值等创新指标等量化分析工具；引入国际史学组织、文化机构参与能力认证的第三方认证机制。

依据以上多种形式，从而达到评价主体的多元性。构建学术导师、行业专家、技术团队、学习同伴、社会受众共同参与的"五维评价共同体"，针对评估理论创新能力、检验实践应用价值、评价工具使用效能、协作能力、反馈文化传播效果等多元内容维度进行评价。

五、文化生态培育：从"封闭系统"到"开放场域"

在全球化与数字化双重浪潮的冲击下，历史教育的文化生态亟待突破传统封闭系统的桎梏，构建开放、动态、协同的场域。这一转型不仅是教学资源的物理性扩展，更是对教育价值逻辑、互动模式与运行机制的系统性重构，其核心在于打破学科壁垒、校际边界与文化隔阂，形成多元主体共生、多维资源流动、多重价值交融的新型生态体系。多元性原则的落地需要重构教育生态系统。

开放框架的底层设计、开放场域的构建需以制度创新破除传统封闭系统的结构性障碍。实行弹性学分体系，建立"学分银行"制度，承认跨学科课程、国际研修、行业实践等非传统学习成果的等效性。通过区块链技术实现学分存储、转换与累积的透明化，允许学生自由组合"历史+数字技术""文明比较+语言习得"等个性化学习路径，推动知识获取从线性模式向网络化跃迁。

探索资源流动机制，如构建"四维共享平台"——课程共享（校际优质课程互选）、师资共享（跨学科导师联合指导）、数据共享（考古档案、口述史数据库开放访问）、设施共享（虚拟仿真实验室云端接入），形成资源高效配置的生态网络。借助智能合约技术，建立贡献度积分系统，激励参与主体主动释放资源、协同创新。同时建立风险防控系统，在开放中坚守学科本质与文化安全，制定《多元文化教学伦理指南》，明确技术应用边界（如AI生成史料的标注规范）、文化阐释红线（如文明比较中的价值中立原则），并通过自然语言处理技术实时监测教学内容，防范历史虚无主义与意识形态渗透。

多元性原则通过文明比较彰显中华文明独特性，巩固意识形态安全，进行文化自信构建；培养具有多元文化理解力的国际人才，在学科交叉中孕育原创性研究成果，服务"双一流"建设，实现创新驱动发展。多元性原则的实施标志着历史教育从"单一知识传授"向"复杂认知建构"的范式转型。它要求教育者以更开放的胸襟接纳文明多样性，以更系统的思维整合学科资源，以更前瞻的视野应对全球化挑战。这种转型不是对传统史学的否定，而是通过多元视角的碰撞与交融，使历史教育在守护学科本质的同时，培育出具有文化包容力、思维创新力与全球竞争力的新时代人才，为人类文明共同体的构建贡献中国智慧与中国方案。

第五章　高校历史教学改革的内容

随着时代的变迁和社会的发展，高校历史教学正面临着日益复杂和多样化的挑战。传统的历史教学模式已经无法满足学生对历史知识的需求，也无法跟上当今数字化、全球化的教育趋势。因此，对高校历史教学进行改革和创新已成为当务之急。在这样的背景下，探索新的教学理念、方法和手段，积极引领历史教育的变革成为教育界和社会各界共同关注的焦点之一。

第一节　课程体系改革

随着社会发展和教育观念的更新，高校历史教学课程体系的改革已成为教育界和学界普遍关注的话题。传统的历史课程体系在满足学生知识需求的同时，也面临着适应时代变革、提升教学效果、培养学生核心素养等方面的挑战。因此，对高校历史教学的课程体系进行改革和创新，以适应当代学生的学习需求和社会发展的要求，已成为教育改革的迫切需求之一。

一、优化课程设置

（一）调整课程结构

多数高校中，历史课程被视为专业课程，以通史课程为必修课程，专史课程为选修课程，但由于课时有限，部分高校必修通史课程占据主导，断代史、专史课程开设不足，学生难以深入研究特定历史时期，不利于培养专业的历史研究人才。特别是非重点院校课程体系趋同，缺乏特色，且与地方资源结合不足。因此在课程结构设置上可适当压缩必修通史课时，增加专题史与选修课课时比例，鼓励学生按兴趣定制学习路径。在选修课模块中也面临着选修课程数量不足或种类单一，学生难以根据自己的兴趣和职业规划选择课程，限制了学生个性化发展的缺陷，因此高校教师要根据学科前沿与社会需求，与时俱进增加选修课种类。"双一流"高校要依托学科优势，开设高端专题课程，注重国际学术前沿。地方院校要结合地域特色，开设地方史、民族史、非遗课程等选修课程，满足学生多元化学习需求。

（二）设置跨学科课程

历史学科涵盖着广泛而深入的内容，包括但不限于政治、经济、社会、文化等各个方面的历史演变与发展。高校历史教学应当设计课程，全面覆盖这些核心领域，使学生能够系统地理解历史的发展脉络和内在逻辑。通过多学科交叉、多视角分析，帮助学生建立起对历史事件、人物和文化的全面认识。课程设置应该注重跨学科融合，通过多维度地解读历史事件和现象，让学生能够全面、深入地理解历史的复杂性和多样性。

跨学科教学为学生提供了丰富多样的学习机会。学生不仅可以学习历史知识，还能够了解其他学科领域的知识，拓展知识视野，增强学习体验。跨学科教学促进了学生的跨学科思维能力。学生需要从不同学科的角度去审视历史事件和问题，培养综合分析和综合应用能力。跨学科教学可以培养学生的综合素养。学生在跨学科学习中不仅需要掌握专业知识，还需要运用多学科知识解决实际问题，提高综合素养水平。跨学科教学培养了学生的综合能力和跨领域思维，使他们更具竞争力和应变能力。拓宽了学生的就业范围，使他们在不同领域找到更广阔的发展空间。

跨学科教学使教师在课程设计和整合上面临挑战。教师需要深入了解不同学科领域的知识，进行课程内容的整合和设计，确保跨学科课程的丰富性和完整性。跨学科教学需要教师具备跨学科的能力和素养。教师需要具备扎实的学科知识，同时具备跨学科思维和跨学科合作的能力，这对教师的专业水平提出了更高的要求。跨学科教学中的评价标准和方法往往难以统一。不同学科领域有着不同的评价体系和方法，如何统一评价标准，确保评价的公平性和客观性是一个挑战。跨学科教学需要整合和利用多学科的教学资源，如何有效整合和利用各学科的资源，确保教学的质量和效果，是一个需要解决的难题。

在面对这些挑战时，教育机构和教师们可以采取一系列措施。例如，加强师资队伍建设，提高教师的跨学科教学能力；建立跨学科课程设计团队，共同制订课程设计方案；探索灵活多样的评价方式，综合考量学生的综合能力和跨学科表现等。通过不断探索和实践，建立多元化、开放式的课程体系，充分发挥跨学科教学的优势，为学生提供更丰富、更全面的学习体验。

（三）构建实践课程体系

高校历史教学理论课程占比过高，实践课程如历史考察、档案研究、历史教学模拟、考古模拟、文物修复、文化遗产考察等较少，但是实践课程在培养大学生的知识理解、能力培养、情感与价值观塑造等方面有重要的作用。学生可通过实地考察历史遗址、博物馆等，直观感受历史环境和文物，将课堂所学的历史理论与实际资料相互印证，使书本上抽象的历史知识具象化，加深对历史事件、人物和文化的理解，更好地掌握历史研究方法，理解历史发展的规律。在实践课程中，学生参与历史调查、收集整理史料等活动，锻炼发现、分析和解决问题的能力，有助于培养严谨的治学态度和创新思维。参与文物修复、历史建筑测绘等实践，增强了实践操作能力，掌握相关专业技能，为未来从事历史相关工作打下基础。实践课程常以小组形式开展，学生需分工合作、交流讨论，共同完成任务，提升了团队协作和沟通能力。通过对真实历史的深入探究，学生能客观、全面地认识历史，避免片面和错误的历史认知，树立正确的历史观和价值观。接触丰富的历史文化遗产，学生能深刻体会到历史文化的博大精深，增强对民族文化的认同感和自豪感，培养文化传承意识。

构建实践课程体系如历史文化考察、历史档案整理、历史教学模拟、考古模拟、文物修复、文化遗产考察等实践课程。在大一大二低年级阶段进行历史相关理论知识学习后，大三阶段开设相关的实践课程，以小组形式到实践基地进行实践课程学习与训练，配备相关专业教师与实践基地指导教师，负责理论知识与实践知识的教授，培养学生的实践应用能力。

二、更新教学内容

（一）传统教学内容的分类

高校历史教学内容首先包括各种历史事件和时期的研究与分析，涉及政治、经济、文化、社会等多个方面的历史事件和变革，包括但不限于战争、革命、政治制度演变、经济发展等。学生通过学习不同历史时期的事件，了解历史的演进和发展规律，从而深入理解历史的本质和含义。通过学习历史事件和时期，学生能够观察历史的变迁和演进，了解不同时期社会、政治、经济、文化等方面的发展脉络，探寻规律性的变化，理解历史发展的内在逻辑和规律性。历史事件和时期的研究可以帮助学生认识历史事件的影响和意义，分析历史事件对社会、国家、个人以及全球格局的影响，了解事件背后的深层次含义和影响。这可以拓展学生的历史视野，培养他们的历史意识和历史思维。

历史人物和思想是历史教学中的重要组成部分。学生通过学习历史人物的生平，了解他们的成长经历、教育背景、政治地位等方面的情况。同时，也能够了解历史人物在不同历史背景下的行为和活动，以及他们对历史进程所作出的贡献。历史人物往往代表着一定的时代和思潮，他们的思想和观点反映了当时社会、文化和政治的特点。通过学习历史人物的思想和观点，学生可以深入了解当时社会的价值观念、道德观念、政治理念等方面的特点，从而更好地理解历史的发展和变迁。历史人物往往在历史进程中扮演着重要的角色，他们的言行举止、决策和行动都会对历史进程产生深远的影响。通过学习历史人物的影响力和作用，学生可以深入分析历史事件的起因和结果，了解历史变革的内在逻辑和规律。学生通过学习历史人物和思想，不仅可以了解历史事件的具体背景和细节，还可以培养思辨性思维和评价能力。他们可以对历史人物的行为和思想进行深入思考和评价，从而形成自己的历史观点和价值取向。历史人物往往具有丰富多彩的人生故事和深刻的思想内涵，学生通过学习历史人物和思想，可以激发他们对历史的兴趣和热情，使他们投入到历史学习中来。这对于学生全面理解历史的发展和演变，培养思辨性思维和评价能力具有重要意义。

文化是历史的重要组成部分，涉及文学、艺术、哲学等方方面面。高校历史教学涉及文学的研究，不仅可以了解历史时期的文学作品和文学风格，还可以通过文学作品反映当时社会风貌，人们的思想观念、道德伦理等方面的内容。文学作品是历史的重要记录者，反映了当时社会的生活和精神面貌。艺术是历史的一面镜子，通过艺术作品可以窥见历史时期的审美趣味、价值取向、社会风貌等。高校历史教学涉及艺术的研究，包括绘画、雕塑、建筑等方面，可以让学生了解不同历史时期的艺术风格和意义。哲学思想是历史上重要的文化遗产之一，对于社会的思想观念、道德观念、价值观念等方面都具有重要影响。高校历史教学涉及对哲学思想的研究，可以让学生了解不同历史时期的哲学思想及其对社会的影响。

社会制度与演变是历史教学的重要内容之一。这包括对不同历史时期的社会结构、经济形态等方面的研究与分析。通过学习社会制度的演变，学生能够了解不同社会制度对于历史发展的影响，从中领悟到历史发展的规律和变迁。高校历史教学探讨不同历史时期的社会结构变迁，涉及社会阶级、阶层关系、社会分工等方面的演变。学生通过学习不同社会结构的形成和变化，能够理解不同社会形态的特点以及社会结构变迁对于历史发展的影响。经济形态是历史发展的重要组成部分，历史教学也关注经济形态的演变。从原始社会的采集、狩猎阶段到农业社会、工业社会、信息社会等不同阶段的经济形态变迁，学生可以理解生产关系、所有制形式、经济发展方式等方面的演变规律。通过学习社会制度的演变，学生能够认识到社会变迁的规律和影响。他们可以分析社会制度变革的原因、过程和结果，了解不同社会制度对于社会稳定、发展、文化传承等方面的影响，从而领悟历史发展的规律和变迁。

（二）教学内容的特点

历史教学内容具有时代性、实用性、前瞻性特点。

教学内容应该与时代发展相契合，紧跟历史研究的前沿和时代潮流。历史教学应当涵盖最新的研究成果、理论观点和历史事件，使学生能够了解并思考当代社会和全球性议题的历史背景和发展过程。历史学作为一门学科，其研究内容和方法不断发展变化，教学内容应该紧跟历史研究的最新成果和理论观点。历史研究领域会不断有新的发现和解释，教师应当及时将这些最新的研究成果融入课堂教学中，使学生能够了解到学科发展的最新动态。历史教学应当覆盖最新的历史研究成果、理论观点和历史事件。通过引入最新的历史研究成果和理论观点，可以帮助学生更全面地了解历史事件的本质和背景，培养学生对历史问题的深刻思考和分析能力。当代社会和全球性议题往往具有深厚的历史渊源。了解历史背景可以帮助学生更好地理解当代社会和全球性议题的根源、发展过程和影响。关注当代历史问题可以促使学生进行深入思考和思辨性分析。学生通过研究历史事件的背景和发展过程，可以更好地理解历史事件的复杂性和多样性，培养思辨性思维和分析能力。

教学内容应该具有实用性，能够与学生的现实生活和职业发展紧密结合。历史知识不仅是为了了解过去，更是为了指导未来。历史教学应当强调历史知识的实用性，使学生能够将历史知识应用于解决现实生活和社会问题。通过历史教学，培养学生的历史思维和历史方法，锻炼学生思辨性思维、分析问题的能力以及解决实际问题的能力。通过分析历史事件和历史发展，可以培养学生对复杂问题的深入理解和思辨性思考能力。通过研究历史事件和历史人物的决策过程和结果,学生可以了解不同选择的影响和后果,为现实生活中的决策提供借鉴和启示。历史知识和历史思维能力对于各行各业的职业发展都具有重要意义。无论是在政府部门、媒体机构、教育领域还是文化产业,都需要具备对历史事件和历史文化的深刻理解和分析能力。

历史教学应当具有前瞻性,能够引导学生关注未来的历史走向和趋势。教学内容可以涉及全球化、科技革命、气候变化等当前全球性挑战的历史渊源和发展轨迹,引导学生思考未来的历史发展趋势和可能的解决方案。通过对历史发展的前瞻性思考,学生可以更好地应对未来的挑战,为社会的发展作出贡献。

当前全球面临着全球化、科技革命、气候变化等重大挑战,这些问题往往具有深远的历史渊源。历史教学应当涉及这些全球性挑战的历史发展轨迹,让学生了解这些挑战背后的历史原因和演变过程。历史教学不仅应当关注过去的历史事件,更应当引导学生思考未来的历史发展趋势。通过对过去历史的深入分析和对当前全球性挑战的思考,学生可以推测未来的发展趋势,为未来的历史发展作出预测和研究。历史教学还应当引导学生探讨应对当前全球性挑战的可能解决方案和应对策略。通过对历史上成功和失败的案例进行分析,学生可以了解不同策略的影响和效果,为未来的应对措施提供参考和启示。历史教学的前瞻性思考可以培养学生的未来意识和责任感。学生通过了解历史发展的趋势和可能的挑战,意识到自己作为未来社会的一员,应当承担起应对未来挑战的责任和义务。

更新教学内容,注重课程的时代性、实用性和前瞻性,可以使历史教育更具吸引力和影响力。教师可以通过多样化的教学方法和资源,如案例分析、实地考察、数字化资料等,激发学生的学习兴趣,培养学生的创新意识和未来发展的预见性,使历史教育真正服务于学生的全面发展和社会的进步。

(三)数字化时代下教学内容的更新

教育的本质是为时代的发展、国家的发展培养人才,人才的培养方式也要顺应时代的发展而变化。高校历史专业作为一门涉及大量社会发展领域、文化领域的学科,对了解全球发展历程、促进我国传统文化的传承具有重要的作用,承担着培养和传承历史文化传统的重要任务。数字化时代的发展给高校历史教学改革带来重要的支持,可以获取大量的历史文献、档案、图片、音视频等资源，为历史教学提供丰富的资料来源。历史学科作为一门极为严谨、具有较高人文教育价值的学科，对教育资源的准确性、真实性提出了更高的要求，而网络信息的良莠不齐也给高校历史专业教学改革带来了挑战，很多教师的研究方向主要集中在古代、传统的内容，对数字化技术的应用能力不足，因此加强数字化时代高校历史专业教学改革的研究至关重要。

1. 数字化时代给高校历史专业教学带来的发展优势和挑战

（1）发展优势。

获取更多的历史知识和信息，丰富教学内容。高校历史专业作为一门涉及文学、社会学的学科，包含丰富的传统文化、历史文化知识，也涉及大量的历史文明、历史人物、礼仪规范、道德素养等内容，数字化技术使得历史文献和资料的获取变得更加便捷，教师和学生都可以利用网络和数字化数据库，轻松地获取大量的历史文献档案、图片、音频和视频等资源，这些资源不仅丰富了教学内容，还能够提供多样化的学习材料，使学生更全面地了解历史事件和人物。而且数字化平台中的资料并非单纯的历史专业知识，还涉及地理、科学等学科知识，可以帮助高校历史专业与其他专业融合，开展更多的跨学科教学，拓宽历史学的研究领域和方法。

利用历史相关视频、图片等，可直观地展现历史知识。通过数字化技术，可以帮助学生获取更多的历史资料，尤其是历史视频、图片等多元化资料类型，比如为学生播放历史纪录片，将历史事件和场景重新呈现给学生，使其可以跟随影像了解历史事件的发展过程，感受历史事件的真实发生过程，体会历史人物的思想和情感或者通过图片展示，使学生更加直观地了解古代建筑、艺术品和文物等，从而提高对历史文化的感知和理解。数字化技术还为历史知识提供了更多的呈现方式，比如利用虚拟现实（VR）等技术对历史文献进行数字化处理和分析，学生可以通过虚拟现实的方式参观历史遗迹和场景，提高他们的历史想象力和体验感，让历史研究更加精确和深入。

学生普遍应用信息技术，保证信息获取的实时性。数字化时代，高校学生普遍使用手机、电脑、平板等电子设备，保证了历史知识和信息的实时获取。学生可以利用互联网、App、在线数据库等，获取大量的历史文献、研究成果和专业资料，让他们能够更全面地了解历史事件、人物和时代背景，提高对历史事件的理解和分析能力。数字化时代还为学生提供更加灵活的学习方式，学生可以根据自己的时间和地点，自主安排学习历史知识，尤其是在线课程、网络教学平台和电子教材的出现，使得学生可以根据自己的学习进度和兴趣进行学习，提高学习效率和成果。数字化时代还提供了许多互动和参与性的学习工具和平台，比如在线讨论论坛、博客、社交媒体等，学生可以与其他同学和教师进行交流和讨论，这种互动和参与性的学习体验可以激发学生的思考和创造力，培养他们的思辨性思维和分析能力等。

（2）面临的挑战。

历史资料众多，有些资料的获取难度大。以往高校开展历史专业资源的搜集时，需要学生和教师亲自到图书馆、档案馆或其他历史资源机构去研究和获取历史资料，随着数字化技术的快速发展，大量的历史资料已经被数字化并以电子形式存储在互联网上。但由于高校历史专业的资料更加专业、严谨，很多数字化的专业历史资料需要通过购买的方式获取，而文字形式的历史资料也较难获取，给学生带来资料获取难度，甚至很多纸质的专业历史资料存储在档案馆或私人收藏中，对于学生和教师来说，获取这些资料可能非常困难；而且历史资料的众多性使得学生和教师需要学会筛选和评估各种来源的历史资料，以确保其准确性和可靠性，也加大了资料获取的难度。

历史是一门极为严谨的学科，但有些资料无法保证准确性。随着互联网的普及和数字化技术的发展，大量的历史资料被数字化存储和传播，尽管数字化资料的可访问性提高了，但其中也存在着准确性和可信度的问题。尤其是高校历史专业作为一门极为严谨的学科，一旦出现不准确、偏见或错误的历史信息，不仅会给高校历史专业教学带来挑战，还会从一定程度上影响学生的历史观、价值观。而且数字化时代还带来信息过载的问题，历史学科本身就非常广泛和深入，学生可能会被大量的数字化历史资料所淹没，难以筛选和整理所需的信息，因此教师需要帮助学生培养信息筛选和整理的能力，以便他们能够有效地利用数字化资料进行研究和写作。

数字化时代下信息的碎片化无法满足历史专业学生的需求。数字化时代下，手机、电脑等的普及应用，打破了传统知识垄断传播的形式，任何人都可以获取发布和传播历史相关的资料信息，很多传播历史资料的主体并非专业的机构和历史专业学者，只是提供历史资料，却无法保证资料的真实、准确，学生很难确定哪些资料是可靠的、经过学术审查的，哪些是未经验证、有偏见或错误的；尤其是在现代碎片化阅读的模式下，学生大多只是碎片式地阅读网络信息，并不能保证获取资料的完整性，而历史专业的严谨性需要学生获取全面、完整的历史信息，碎片化的阅读会给学生的历史学习带来困扰，学生面临着筛选和整理海量的信息、辨别和评估资料可靠性的问题。要确保所使用的资料可信,还需要解决信息的碎片化和混乱性问题,也给高校历史专业教学带来挑战。

2. 数字化时代高校历史专业教学现状

(1) 教师积极利用数字化技术,但单纯追求视频、图片等内容。

在数字化背景下,高校积极推动各专业的数字化教学改革,为专业教学配备了基本的数字化教学设备、教学平台、在线资源等,教师也积极地利用多媒体工具开展高校历史教学,为学生提供更丰富的学习资源和交互方式。但很多教师在追求数字化教学的过程中,过于依赖视频、图片等多媒体内容,忽视了对历史专业学生的深入思考和思辨性思维的培养,认为数字化教学就是利用网络上的数字化资源进行历史知识的教学,单纯追求视觉效果和娱乐性的内容,不能满足学生对于历史学科的真正需求,历史专业学生更需要系统性知识和方法论的培养。而且教师提供的历史学科视频、图片等教学内容,只是停留在表面,无法深入挖掘和分析历史事件和现象,无法培养学生对历史的思辨性思维和独立研究能力等,进而影响历史专业教学质量。

(2) 配备了基本的数字化设备,但教师数字化技术应用能力不足。

数字化时代下,高校为历史专业教学提供了基本完善的专业数字化设备,像电子白板、投影仪和电脑等,帮助教师开展数字化教学,但高校历史专业教师在数字化技术应用方面的能力还存在一定的不足。也有一些高校为教师提供信息技术应用的培训,但培训缺乏系统性,难以全面了解和掌握数字化教学工具和资源的使用方法,使得教师在课堂上无法充分发挥数字化技术的潜力,限制了教学效果的提升,甚至还会因教师应用数字化技术的能力不足,影响课堂教学效率。一些教师可能认为数字化教学改革就是简单地使用数字化设备播放视频、展示图片等,没有深入思考如何将数字化技术与历史专业教学相结合,提升教学质量和学生学习效果,这样会导致教师不愿意主动学习和应用数字化技术,影响教学效果的提升。

(3) 过度重视历史知识的数字化改革,忽视学生人文素质教育。

高校历史专业作为一门社会人文类的学科,不仅需要指导学生掌握历史知识,更加需要培养学生的人文素质等,但目前很多教师在教学时过度重视历史知识的数字化改革,忽视了学生的人文素质教育,仅仅依靠数字化技术下的历史教学资源和资料传递历史知识,忽视了学生对思考能力的培养、历史背景和文化价值等人文素质的培养。有些教师对数字化工具的使用和操作不熟悉，无法充分利用数字化设备提供的功能和资源，无法结合数字化技术为学生提供人文教育，也缺乏利用数字化教学方法开展历史专业教学设计和评估的经验，不知道如何有效地将数字化技术与历史教学相融合，影响了人文教育的质量。

（4）过度重视数字技术，忽视与传统教学模式优势的融合。

虽然数字化时代要求各学科积极开展数字化教学改革，但并不能完全否定传统教学模式在加强历史基础知识教学、人文素养教育等方面的优势，数字化改革并不是单纯地依靠数字化技术教学，而是应结合教学内容、人才培养要求等，将数字化教学与传统教学模式相互融合，更好地培养学生的历史素养和人文素质。很多高校历史专业教师认为数字化教学改革就是要求全部依靠数字化技术教学，利用数字图书馆、在线档案库、虚拟现实等技术为学生提供更多的历史资料，开展创新的教学设计，忽视了传统教学模式的优势，导致学生过度关注信息技术，依靠数字化技术获取碎片式的历史学科知识，无法建立扎实的历史学科基础知识，影响历史学习质量。

3. 数字化时代高校历史专业教学改革的优化路径

（1）遵循适度原则，科学运用数字化技术教学平台整合教学内容。

数字化教学并非单纯地依靠历史相关图片、视频等资源开展教学，也并非完全取代传统教学模式，而是要利用历史专业丰富的数字化资源，在合适的内容教学时适度地利用数字化技术，并与传统教学模式相结合，达到最佳效果。因此高校历史专业的教师要建设一个数字化的教学平台，为历史专业教学提供统一的网络空间，通过统一的教学资源管理、学生作业的提交与批改、在线讨论与辅导等功能，方便学生和教师的互动与交流并在统一的教学平台上整合教学内容，构建起全面、系统的历史专业课程体系，将不同时间段、不同地域、不同主题的历史知识进行链接与融合，使学生能够更好地理解历史的发展脉络和内在联系。值得注意的是，教师也要适度地利用数字化教学方式，不能只单纯地依靠历史相关图片、视频等，而是应该综合利用历史相关视频图片、历史数据库、线上图书馆、学术期刊等数字化教学资源，通过数字化技术呈现历史事件的多个维度和角度，促进历史知识的深入学习和研究，拓宽知识面和研究视野。

（2）遵循历史严谨性、学术性的要求，布置主题实践活动。

在数字化教学过程中，教师应坚持历史研究的基本原则，确保教学内容的准确性和权威性，以此为基础布置主题实践活动，加深学生对历史知识的理解。比如教师可以让学生运用数字化工具和资源，深入了解历史事件、文物、遗址等，尤其是在一些特定节日或时事政治事件发生时，像"五四运动"、辛亥革命等纪念日，学生可以到社区或乡村开展历史事件的宣传活动，也可以到博物馆等场所整合历史事件的相关文献等，可以利用数字化地图和虚拟现实技术进行历史地理的探索，通过数字档案和数据库进行历史文献的研究，加深对历史事件的理解。或者结合我国发布文件中的要求，开展演讲、辩论等主题实践活动，如 2023 年我国颁布的《国务院关于新时代支持革命老区振兴发展的意见》《革命老区振兴发展 2023 年工作要点》等文件的要求，可以组织高校历史专业的学生参与到革命老区的振兴发展中，结合学生专业的历史知识和新奇思想，为革命老区优化设计革命文化内涵和传承提出建议，提升学生对历史学科人文教育价值、传统文化传承等教育任务的认知。

（3）加强教师数字化技术应用能力的培训，优化教学改革。

第一，创新应用历史专业的数字化教学方法。高校历史专业教师作为开展历史专业数字化教学改革的主要实施者，提升教师应用数字化技术开展创新教学设计能力至关重要。高校要积极组织历史专业的教师参与数字化技术、数字化教学方法创新等方面的培训，帮助其掌握和熟练运用在线教学平台、虚拟实验室、多媒体课件等数字化教学工具和平台的能力。高校应提供更加丰富直观的历史资料和案例，更新颖的教学方式，帮助学生更好地理解和运用历史知识，提升教学效果和学生参与度。比如，教师可以利用慕课、翻转课堂等新型教学模式，通过慕课等在线学习平台提供课程内容，指导学生根据自己的学习进度和时间安排学习；利用翻转课堂的方式，将课堂时间用于讨论、互动和实践活动，提高学生的思维能力和问题解决能力。教师也可以积极设计实践教学活动，组织历史专业相关的实地考察、博物馆参观、历史文化展览等实践活动，让学生亲身体验历史，加深对历史知识的理解和记忆。

第二，提升教师筛选、评估历史资料真实性的能力。数字化时代网络上历史资料的真实性也受到了威胁，为保证高校历史专业数字化教学改革的质量，要加强教师筛选、评估资料真实性的能力。学校要加强教师信息素养的培训，指导其掌握如何利用互联网和数据库搜索历史资料，如何评估资料的真实性和可靠性，使教师具备分析和评估文献、档案、图片、视频等不同类型历史资料的能力，辨别其来源、背景和可信度。指导教师了解如何使用各种数字化工具和数据库，以便更好地找到和筛选出真实可靠的历史资料。高校还可以组织历史专业教师参与学术研讨会和讲座,邀请专业学者和专家分享其研究经验和方法,帮助教师更新知识,提高筛选和评估历史资料的技能。

高校历史专业教师还应积极与博物馆、档案馆、图书馆等历史专业机构建立合作关系,不仅可以帮助教师获取真实的历史文献、文物和实物,为教学提供有力的支持,还可以与专业机构合作,共同策划展览、研究项目、文献整理等活动,为教师提供实践机会,提升他们对历史资源真实性的判断能力。教师也可以参与历史专业机构合作的培训活动,学习文献鉴定、实物鉴定、数字化资源利用等方面的知识和技能。除此之外,还可以利用专业历史机构的历史文献、实物、数字化资源等开展教学,提升教学质量。

(4) 加强学生人文素养的培养,加强价值观引导。

高校历史专业也要顺应我国"立德树人"的教育任务,顺应人文类学科的教育要求,加强对学生人文素养的培养、正确价值观的引导,尤其是在数字化时代,学生容易迷失在良莠不齐的信息海洋中,忽略对人文素养的培养。高校历史专业教师可以通过课程设置和教学方法的整合,尊重传统教学模式的基础知识巩固、人文教育优势等。引导学生理解历史背景、重视历史价值、关注历史文化等。利用历史事件的自主探索、搜集让学生在整理历史事件真实经过的过程中,培养良好的批判性思维、跨学科思维和创新思维等能力,以更好地理解历史事件和现象,并具备对历史资料进行评估和解读的能力;教师还可以通过让学生开展讨论辩论和研讨等教学活动,引导学生深入思考历史事件的意义和影响,培养学生的历史思维和价值判断能力。

随着科技的快速发展和信息的爆炸式增长,高校历史专业在顺应数字化时代教育改革的要求下,既要了解自身的发展优势,比如数字化历史教学资源更加丰富、学生获取资源的方式更加便捷等,也要重视其面临的威胁,比如数字化背景下,历史专业资源信息的良莠不齐、教师信息素养的不足等,优化历史专业的数字化教学改革。培养学生的批判性思维能力、跨文化交流能力和价值观引导能力,提升历史专业的教学质量。

第二节 教学模式改革

历史教学的传统教学模式是长期积累和实践的结果,虽然在现代教育技术飞速发展的背景下,传统方法面临挑战,但其依然具有重要的教学价值和独特的教育意义。

一、传统教学模式的特点

（一）教师主导，学生被动接受

在传统的高校历史教学中，教师通常扮演主导角色，通过讲解教材内容和分析历史事件，帮助学生理解历史的进程和逻辑。然而，这种教学模式虽然能够系统化地传授知识，学生的主动性和创造性发挥受限，难以形成独立的思考能力和思辨性思维。此外，知识传授与价值引导的脱节也可能影响历史课程的育人功能，忽视了历史教育在信仰培育和价值观塑造中的重要作用。教师在课堂上承担了过大的教学压力，而学生作为学习主体的地位则未能充分体现。为解决这些问题，高校历史教学应注重教学方法的创新，采用启发式教学和合作学习模式，鼓励学生主动思考、参与讨论，同时引入数字化技术，增强学生的学习体验。这种教学改革不仅有助于激发学生的学习积极性，也能更好地实现历史课程的知识传授与价值引领相结合，培养具有历史责任感和创新精神的新时代青年。

（二）注重系统性与逻辑性

传统的高校历史教学模式注重系统性与逻辑性，按照时间线或事件因果关系进行讲解，帮助学生系统、全面地掌握历史发展的脉络。这种方法强调历史的连续性，有助于学生理解复杂的历史进程，并通过分析历史事件的因果关系，增强对历史的深度认知和逻辑思维能力。这种系统化与逻辑性的教学模式不仅培养了学生的历史思维，还帮助他们发现历史背后的规律。然而，过分依赖时间线讲解可能导致学生陷入机械记忆的困境，忽视对更深层次社会、文化和思想因素的思考。教师应在保持系统性与逻辑性的同时，创新教学方式，增强学生的参与感，通过启发式问题、课堂讨论和数字化教学工具等方式，让学生主动参与历史分析，从而提升他们的思辨性思维与历史认知能力，使历史教学更加生动有效。

（三）以教材为中心

传统历史教学以教材为中心，具有高度的规范性和统一性，通过系统化和条理化的内容，帮助学生掌握历史基础知识并应对考试。然而，这种方式也存在局限，过度依赖教材可能导致学生学习的被动性、知识视野的局限性，以及教学创新的阻碍。随着现代教育的发展，教师开始意识到教材的局限，逐渐引入多媒体资源、课堂讨论、互动式教学和多样化的历史材料丰富教学内容，激发学生自主学习和思辨性思维，推动历史教学全面发展。

二、传统教学模式的优势

（一）强调基础知识的扎实掌握

传统教学模式注重系统性和逻辑性，通过教师循序渐进地讲解，学生能够掌握历史的基本框架。这种教学模式帮助学生建立历史发展的时间线和逻辑链条，扎实的基础知识是进行历史事件分析和理解的必要条件。历史作为一门研究人类社会演变的学科，要求学生对基本历史事实、事件背景和关键人物有清晰的认知。通过这些基础知识，学生能够为深入的历史探讨和思辨做好准备，掌握独立分析历史问题的能力。

（二）培养学生的历史思维

在讲授过程中，教师不仅传授知识，更引导学生分析历史事件的因果关系，理解历史人物的行为动机以及这些事件对社会的深远影响。这种思维方式帮助学生不是停留在记忆历史事件的表面，而是深入探讨历史背后的社会、政治和经济背景，从而提升他们分析现实问题的能力。通过这种方式，学生可以将历史思维与当今社会现实相联系，学会从历史中反思当代的社会现象和问题。

（三）保持教学内容的稳定性和连续性

通过统一的教材和教学大纲，无论在哪个地区或学校，学生都可以接受相对一致的历史教育。这种统一性不仅确保了教学质量的基本一致，还为学生在不同学习阶段之间的知识过渡提供了连贯的支持。对于那些希望继续深造或跨地区求学的学生，这种连续性尤为重要，它能帮助学生顺利适应不同教育环境下的历史课程。

（四）历史故事和文化传承

通过教师讲述历史故事，学生不仅可以学习到历史的演变过程，还能够了解社会文化的起源和发展。历史故事中蕴含的道德观念、价值判断和文化传统通过课堂传递给学生，使他们在学习历史的同时，更好地理解和认同自己所处社会的文化根基。这种文化传承功能尤其体现在对民族历史和文化的讲解上，教师通过生动的故事和具体的案例，使学生感受到历史与个人、历史与文化之间的紧密联系，从而增强社会与文化的认同感。这种方式不仅提高了学生的历史兴趣，还对培养他们的文化认同感和社会责任意识具有重要作用。

三、传统教学模式的局限性

传统历史教学在系统性与逻辑性方面有其独特优势，在现代教育理念下，仍然存在一些局限性。

（一）学生学习的主动性不足

在传统教学模式中，教师是知识的主要传递者，学生则被动接受。这种单向的信息传递方式，虽然能够快速有效地将大量历史知识灌输给学生，但学生的参与感和自主学习能力往往得不到充分发展。在这种教学模式下，学生很少有机会参与课堂讨论、提出问题或进行思辨性思考，导致他们的求知欲和学习热情难以被激发。长期被动学习可能让学生将历史学习视为单纯的记忆任务，而非探索和理解历史事件背后的复杂原因和影响。

主动学习是培养思辨性思维和创造力的基础，传统教学模式下的被动学习，往往导致学生在学习过程中缺乏主动性与探索精神。在历史学科中，思辨性思维和独立分析能力至关重要，历史不仅仅是记忆事件和日期，还需要了解事件的复杂性、背景以及多种因素的相互作用。然而，传统教学的被动传授模式无法充分培养这些能力，限制了学生历史思维的发展。

（二）教学内容较为单一

传统历史教学过度依赖教材，内容和视角相对固定，难以满足不同层次学生的需求。教材的编写通常基于相对稳定的历史研究成果，内容更新较慢，难以反映最新的研究进展和多元历史视角。例如，随着全球化的发展，历史研究的多元化趋势日益显著，不同国家、民族和文化的历史经验和视角变得更加重要。然而，传统教材往往集中于某些既定的历史叙事，忽视了对新兴领域或多元视角的引入。

这种单一的内容呈现方式使得教学缺乏灵活性和多样性，难以激发学生的广泛兴趣。尤其是在面对不同层次的学生时，固定的教学内容可能无法满足其个性化的学习需求。某些学生可能对某一特定历史时期或事件表现出特别的兴趣，但传统教材无法提供深入探讨的空间，限制了学生的探索欲望。

（三）忽视历史研究方法的教学

传统教学方法在传授历史事件和结论时，往往忽视了历史研究的方法论教育。历史作为一门学科，不仅仅是对过去事件的叙述，更是一种通过分析历史文献、考察史料证据、综合不同观点进行推理和解释的过程。传统教学倾向于将历史事件的结论直接告诉学生，而很少解释这些结论是如何得出的。

这种方式导致学生在学习历史时，了解了大量事件的"是什么"和"结果"，却忽视了"为什么"和"怎么得出"的过程，缺乏对历史学研究方法的理解。这不仅限制了学生对历史的深层次认知，还影响了他们的思辨性思维和历史研究能力。历史教学不仅是传授历史知识，还应通过案例研究和方法论教学，让学生掌握如何从证据出发，分析不同观点并得出合理结论的过程，培养其历史研究能力。

（四）课堂气氛较为枯燥

传统教学方法的课堂气氛通常较为沉闷，尤其是在教师主要依赖讲解、缺乏互动环节时。这种单向性教学方式导致课堂的互动性和参与度较低，学生长时间处于被动听讲的状态，容易感到乏味。特别是面对长篇历史叙述或复杂的历史事件时，学生难以保持长期的注意力，学习效果大打折扣。

课堂气氛枯燥不仅影响学生的学习兴趣，还可能削弱学生对历史学科的兴趣。激发学生的兴趣和参与感是教学成功的关键，而传统教学方法较少引入互动环节，如小组讨论、角色扮演、历史模拟等，未能提供让学生主动参与、体验历史的机会。这种缺乏互动的课堂氛围很难激发学生的情感共鸣，学生的学习体验往往显得机械、枯燥，削弱了学习的有效性。

四、多元化教学方式

（一）讲授与讨论相结合

教师可以通过传统的讲授方式向学生介绍历史事件、人物、文化等内容，同时结合讨论环节，鼓励学生提出问题、分享观点，展开深入的讨论。这种方式既有利于学生接受知识，又能培养学生的思辨性思维和表达能力。

传统的讲授方式是向学生传授历史知识和介绍历史概念的主要途径。通过讲授，教师可以向学生详细阐述历史事件、人物、文化等内容，帮助学生建立对历史的基本认识和理解。这种方式可以帮助学生对历史的整体框架有一个清晰的把握。在讲授的过程中，教师可以安排讨论环节，鼓励学生提出问题、分享观点，展开深入的讨论。通过讨论，学生可以从不同的角度思考历史事件的原因、影响和意义，激发学生的思辨性思维，培养他们的分析和评价能力。讲授结合讨论的教学方式能够促进师生之间以及学生之间的互动和思想交流。教师可以根据学生的提问和反馈及时调整教学内容和方法，满足学生的学习需求。同时，学生之间的讨论也能够促进彼此之间的学习交流，加深对历史事件的理解和记忆。通过参与讨论，学生不仅能够获取知识，还能够培养思辨性思维和表达能力。他们需要思考问题的不同方面，分析历史事件的多重因果关系，提出合理的论据和观点，从而培养他们的逻辑思维和表达能力。结合讨论的教学方式能够增强学生的学习参与度和兴趣。学生通过参与讨论，不仅能够深入了解历史知识，还能够感受到自己的思想和观点得到了尊重和重视，从而更加投入到学习中来。

通过传统的讲授方式结合讨论环节，教师可以在高校历史教学中达到知识传授和思想交流的双重目的，培养学生的思辨性思维和表达能力，增强学生的学习参与度和兴趣，从而提升教学效果和学生学习体验。

（二）案例分析与实践活动

历史案例分析和实践活动，是将历史与实际相联系的重要手段。教师可以设计案例讨论、考察历史遗迹、进行实地考察等活动，让学生亲身体验历史文化，深入了解历史事件的背景和影响。

通过案例分析和实地考察，学生可以直观地感受历史事件的影响和意义，了解历史对当代社会和文化的影响，使历史知识更加具体、生动，并能够应用到实际生活中。例如，教师可以组织学生前往历史遗迹、博物馆等实地考察，让学生亲眼见证历史的痕迹，了解历史事件的具体情境和文化背景，从而更加深刻地理解历史事件的发生原因和影响。历史案例分析和实践活动能够促进学生的思辨性思维和分析能力。在案例讨论和实践活动中，学生需要分析历史事件的各个方面，提出自己的观点和看法，与同学们进行讨论和交流，从而培养他们的分析能力和思辨性思维。通过实践活动，学生能够亲身体验历史文化，增强对历史的兴趣和好奇心。这种直观的感受和体验能够激发学生的学习热情和参与度，使他们更加积极地投入到历史学习中来。历史案例分析和实践活动不仅可以帮助学生对历史事件加以理解，还能够培养学生的实践能力和综合素养。学生通过实地考察和案例分析，不仅能够了解历史事件的具体情况，还能够学会收集、整理、分析和解释历史资料，培养实践能力和综合素养。

利用历史案例分析和实践活动能够将抽象的历史知识与现实生活联系起来，丰富历史教学的内容和形式，促进学生对历史的深入理解和应用，是高校历史教学中不可或缺的重要环节。

（三）小组讨论与合作项目

小组讨论和合作项目能够促进学生之间的交流与合作。教师可以将学生分成小组，让他们共同研究和讨论特定的历史主题或问题，然后展示成果，以培养学生的团队合作能力和自主学习能力。

小组讨论和合作项目为学生提供了一个交流与合作的平台。学生们被分成小组，共同研究和讨论特定的历史主题或问题，通过互相交流和合作，分享知识、观点和经验，从而促进彼此之间的交流与合作。通过小组讨论和合作项目，学生们能够在团队中共同探讨历史问题，分享彼此的见解和观点。这种合作方式能够激发学生的学习兴趣，使他们更加积极地参与到历史学习中来，提高学习的效果和质量。小组讨论和合作项目培养了学生的团队合作能力。在小组中，学生们需要相互协作、共同解决问题，学会倾听他人的意见、尊重他人的观点，并且有效地分工合作，从而培养他们的团队合作能力。在小组讨论和合作项目中，学生们需要自主进行研究和探讨，提出问题、寻找答案，以培养他们的自主学习能力。同时，通过和同学们的讨论和交流，学生也能够培养思辨性思维，学会分析问题、提出观点、评价结论。小组讨论和合作项目的最终阶段是展示和分享成果，学生们需要将他们的研究成果以各种形式呈现出来，例如演讲展示、书面报告、展示板、多媒体演示等。不仅能够锻炼学生的表达能力，还能够让他们分享自己的研究成果，促进学生之间的学习交流和互动。

小组讨论和合作项目是一种有效的教学方式，它不仅能够促进学生之间的交流与合作，培养团队合作能力和自主学习能力，还能够激发学生的学习兴趣，促进思辨性思维的培养，是高校历史教学中不可或缺的重要组成部分。

（四）个性化学习和自主探究

个性化学习平台为学生量身定制学习路径和资源提供了可能性。通过个性化学习，满足学生不同的学习节奏和学习习惯，提高学习的针对性和效率。

不同的学生具有不同的学习节奏、学习习惯和学习能力。针对每个学生的学习情况和需求，个性化学习平台都可以为其进行学习资源的推荐，学生可以根据个人的情况，自主安排学习进度，使学习更加具有针对性和高效率。学生会更加愿意学习，因为可以根据自己的兴趣选择学习内容，他们会更加积极地投入到学习中来。个性化学习平台可以实时跟踪学生的学习进展，了解每个学生的学习情况和学习需求。教师可以根据学生的学习情况及时调整教学内容和教学方法，为学生提供更好的学习支持和指导，促进学生的学习成长和发展。个性化学习平台可以为每个学生提供个性化的辅导和反馈。教师可以根据学生的学习情况和学习表现，及时给予个性化的指导和反馈，帮助学生克服学习困难，提高学习成绩，实现学习目标。

利用个性化学习平台或学习管理系统能够根据学生的学习情况和需求，量身定制学习路径和资源推荐，满足学生的个性化学习需求，提高学习的针对性和效率，是高校历史教学中一种具有前景和潜力的创新教学方法。

（五）跨学科融合与综合评价

将历史教学与其他学科融合，进行跨学科教学。例如，结合文学、艺术、地理等学科，探讨历史与其他领域的联系与影响。同时，采用综合评价方式，考查学生对历史知识的理解能力、创造性思维和综合运用能力。

将历史教学与文学、艺术、地理等学科融合，可以帮助学生更全面地理解历史事件和文化背景。通过艺术作品可以了解历史时期的艺术风格和审美观念，借助地理知识可以探讨历史地理环境对历史事件的影响等。这样的跨学科融合能够使历史教学更加生动有趣，增强学生的学习体验。跨学科教学能够帮助学生拓展知识视野，促进跨学科思维能力的培养。学生不仅能够了解历史事件本身，还能够从不同学科的角度去审视历史，探索历史与其他学科之间的内在联系和影响，培养综合分析和综合应用能力。跨学科教学能够激发学生的创造性思维。通过将历史与文学、艺术、地理等学科结合起来，学生被鼓励去思考历史事件背后的文化、社会、人文因素，激发他们的创造性思维，培养他们的思辨性思维和创新意识。在跨学科教学中，采用综合评价方式是必要的。综合评价方式不仅考查学生对历史知识的掌握程度，还能够评估他们的跨学科思维能力、创造性思维和综合运用能力。评价方式可以包括课堂讨论表现、项目作业、论文写作、展示演讲等形式，可以全面地评估学生的学习成果和能力水平。跨学科教学旨在培养学生的综合素养，使其具备跨学科思维和综合运用知识的能力。这种教学方式强调了知识的整合和应用，能够帮助学生更好地理解历史事件的复杂性和多维性，从而提升其综合素养水平。

将历史教学与其他学科融合，进行跨学科教学，不仅能够丰富学生的学习体验，拓展知识视野，还能够促进学生的综合思考能力和跨学科应用能力，是高校历史教学中一种有效的教学策略。

综合利用以上多元化教学方式，能够更好地激发学生的学习兴趣，提高学习效果，培养学生的综合能力，促进其全面发展。

第三节　评价体系改革

在当今教育环境中，高校历史教学的评价方式和标准正面临着日益严峻的挑战。传统的考试评价往往无法全面衡量学生的学习成果，也无法激发学生的创造性思维和综合运用能力。因此，对高校历史教学评价的改革势在必行。新的评价体系应当是多元化、综合化的，能够更好地反映学生的学习过程和成果，为教学提供更有针对性的指导和改进方向。

一、建立多元化、全过程的教学评价体系

（一）形成全面的评价指标

高校历史教学评价体系需要包括多方面的评价指标，涵盖知识掌握、思维能力、实践能力等各个方面。这些指标应当全面、客观地反映学生的学习情况，同时考虑到历史学科的特点和教学目标。

这是评价体系中最基本的部分。学生需要掌握历史事件、人物、时代背景等基本知识。评价应包括对历史事实、事件、时间线等的准确性评估，以及对历史概念和理论的理解程度。历史教学旨在培养学生的思辨性思维、分析能力和综合能力。评价体系应考查学生是否能够分析历史事件的原因和影响，评估

其对历史问题的思辨性思考能力，以及是否能够提出合理的历史解释和观点。历史不仅仅是学习，更是实践。评价体系应该考虑学生在历史研究、文献阅读、档案分析、田野调查等方面的实践能力。学生应该能够运用历史方法和工具进行独立的历史研究和分析，参与历史项目或实践活动，这是历史学科的重要组成部分。评价体系应考查学生对历史文献、资料的理解能力和分析能力，以及其在研究过程中是否能够有效地利用历史资料来支持其论点和观点。学生应该能够清晰、准确地表达其历史观点和分析结论。评价体系应考虑学生的口头表达能力和书面表达能力，包括论文写作、演讲、辩论等方面。历史教学应该培养学生的跨学科思维和综合能力，使他们能够将历史知识与其他学科相结合，探索历史与社会、文化、政治等方面的联系。评价体系应考虑学生是否能够运用其他学科的知识和方法来分析和解释历史问题。

一个全面的评价体系应当涵盖以上多个方面的评价指标，全面、客观地反映学生在历史学科中的学习情况和成长。这样不仅能够帮助学生全面发展，也可以帮助教师更好地指导教学，提高教学质量。

（二）采用多种评价方法

综合评价考虑了多种形式的评价方式，如期末考试、论文写作、项目报告与展示、小组讨论与演示等，从不同角度全面地评估学生的历史学习成果和能力。帮助教师全面了解学生的学习情况，避免单一评价指标带来的片面性。

1. 期末考试

期末考试是最常见的终结性评价方式之一。在历史课程中，期末考试包括笔试、口试或组合形式的考核。这些考试覆盖了课程中涉及的各种历史事件、人物、概念和方法，以检验学生对课程内容的全面理解和掌握程度。

期末考试覆盖了历史课程中涉及的各种历史事件、人物、概念和方法。通过笔试、口试或组合形式的考核，学生需要展现对课程内容的全面理解和掌握程度。除了历史知识的掌握，期末考试也要求学生能够运用历史方法和思维方式，分析历史事件的原因、后果，评价历史人物的行动和决策，探讨历史事件对当代社会的启示。培养分析和思考能力是历史学习的重要目标之一。期末考试还要求学生能够综合运用历史知识和方法，解决复杂的历史问题或情境。这涉及历史文献的解读、历史材料的分析、历史观点的比较等方面。通过这种综合性的考核，学生可以展现其对历史学科的深度理解和灵活运用能力。期末考试能激励学生进行复习和总结。他们会回顾整个学期的学习内容，重新梳理知识结构，加强对重要概念和事件的记忆，以确保在考试中取得理想的成绩。期末考试也为教师提供了一个评估教学效果的重要时机。通过学生在考试中的表现，教师可以了解到他们教学内容的理解程度、教学方法的有效性以及学生学习的薄弱环节，为今后的教学改进提供参考和指导。

期末考试作为高校历史教学中常见的终结性评价方式，不仅考查学生的历史知识掌握程度，还促进其分析能力、思辨性思维和综合运用能力的提升。是历史教学中不可或缺的重要环节，可以促进学生的全面发展和教师的教学改进。

2. 论文写作

论文写作是另一种常见的终结性评价方式。学生可以根据指定的主题或自选的课题撰写历史论文。这种形式的评价要求学生运用历史研究方法，分析和解释历史事件、趋势或主题，展示其思辨性思维和写作能力。

论文写作要求学生通过深入研究、收集和分析历史文献、资料，来解释和阐述历史事件、趋势或主题。在这个过程中，学生需要展示其对历史研究方法和技巧的运用，以及对历史资料的理解和评估能力。撰写历史论文需要学生具备思辨性思维，能够对历史事件进行深入分析、解释和评价。他们需要提出合理论点，并证实这些论点的观点和结论的合理性。通过这个过程，学生可以培养思辨性思维，学会辨析历史事件背后的因果关系和意义。论文写作要求学生能够清晰、准确、逻辑严谨地表达自己的观点和论据。他们需要组织好论文结构，合理安排论述思路，使用恰当的历史术语和表达方式。通过撰写历史论文，学生可以提升自己的写作能力，培养思想表达的能力。历史论文的撰写需要学生进行自主研究和独立思考。他们需要选择适当的研究课题，收集相关资料，展开深入的历史研究，并得出独立的结论。这种自主研究和独立思考的过程可以培养学生的自主学习能力和创造性思维。论文写作也是学生展示学术研究成果和交流历史观点的重要途径。学生可以通过学术论文的撰写和发表，向他人展示自己的历史研究成果，并参与学术交流和讨论。这种学术交流和能力展示对于学生未来的学术和职业发展具有重要意义。

论文写作作为终结性评价方式，在高校历史教学中具有重要的作用。通过撰写历史论文，学生不仅可以展示历史研究能力和思辨性思维，还能提升自己的写作能力、自主学习能力和学术交流能力，为其综合素养的提升奠定坚实基础。

3. 项目报告与展示

教师可以要求学生完成历史项目报告并进行展示。这种形式的评价能够考查学生的研究能力、口头表达能力和团队合作能力。学生需要研究特定的历史主题，收集和分析相关资料，并将研究成果进行展示。

完成历史项目报告需要学生展开深入的研究工作，包括选题、收集资料、分析文献等。通过这个过程，学生可以学会运用历史研究方法，深入挖掘历史事件、人物或主题背后的深层次含义，培养独立思考和分析问题的能力。历史项目报告展示要求学生能够清晰、准确、生动地表达自己的研究成果和观点。他们需要通过口头演讲的方式将历史研究成果向同学和教师展示，并回答提问。这种实践可以提高学生的口头表达能力和沟通技巧，增强他们的表达自信。

在完成历史项目报告的过程中，学生需要分组合作。他们需要共同商讨选题、分工合作、共同收集和分析资料，并协作完成最终的报告和展示。通过这种团队合作的实践，学生能够培养团队合作意识、沟通协调能力和集体荣誉感。

历史项目报告是一个综合能力的全面展示平台。学生不仅需要展示其在历史研究方面的能力，还需要展示其在口头表达、团队合作、资料整理、学术写作等方面的综合素养。这种综合能力的展示可以帮助学生全面发展，并提升其在学术和职业领域的竞争力。历史项目报告是一种活动形式多样、内容丰富的学习方式，能够激发学生对历史研究的兴趣和热情，增强他们的学习动力和参与度。

教师要求学生完成历史项目报告并进行展示是一种有效的教学评价方式。通过这种形式，学生不仅可以展现自己的研究能力和口头表达能力，还能培养团队合作意识和综合能力，为其未来的学术和职业发展打下良好的基础。

4. 小组讨论与演示

小组讨论和演示是团队合作与沟通技巧的重要体现，可作为终结性评价的一部分。

小组讨论为学生提供了一个交流沟通、分享观点和研究成果的平台。在小组中，学生可以相互交流思想、展示研究成果，并从彼此的观点和经验中获益。这种合作性的学习方式能够促进学生之间的互动与合作，促进学习的多样性和活跃性。通过小组演示，学生可以将他们的研究成果展示给全班同学和教师。他们有机会将历史问题的分析、观点的阐述以及研究结果以清晰而生动的方式呈现出来，从而向他人展示其历史研究和分析能力。小组演示要求学生能够清晰、流畅地表达自己的观点和研究成果。通过口头演讲，学生不仅可以展示自己的口才和表达能力，还可以锻炼自己在公众场合的表现能力，增强自信心。小组演示过程中，同学和教师会就学生的演讲内容、逻辑性、论据支持等方面提出评价和反馈。这种及时的反馈可以帮助学生发现自身存在的不足之处，并在日后的学习中加以改进和提高。在小组讨论和演示中，学生需要从多个角度去思考和探讨历史问题，分析不同观点的利弊，培养思辨性思维和分析能力，这可以帮助他们从更广阔的视角去理解历史事件和现象。

安排小组讨论和演示作为终结性评价的一部分，不仅可以考查学生的历史研究能力和口头表达能力，还能够培养他们的团队合作精神和思辨性思维，促进全面的学习与发展。

采用这些多种形式的评价方法不仅能够更全面地考查学生的综合能力，也能够激发学生的学习兴趣和动力。通过参与各种评价活动，学生能够积极思考、合作探究，培养自主学习和思辨性思维能力，从而更好地理解历史事件、发展历史意识，提高历史学科的学习效果和教学质量。

（三）注重过程评价

强化过程性评价，注重学生的学习过程与方法。过程性评价主要有以下方式。

1. 课堂参与和讨论评价

在课堂教学中，教师可以通过观察学生的课堂参与情况、提问回答的质量、讨论的深度等来评价学生的学习过程。学生积极参与课堂讨论、提出问题、分享观点，能够体现他们对历史知识的理解和思考能力。

教师可以通过观察学生的课堂参与情况来评价他们的学习过程。积极参与讨论、回答问题的学生表现出对历史话题的兴趣和投入，展示出他们对知识的渴望和学习态度。学生提出问题和回答问题的质量也是评价学习过程的重要标志。他们是否能提出深入的问题、逻辑清晰地表达自己的观点，以及是否能够运用历史知识进行思考和分析，反映出他们的历史学习水平和理解能力。

在课堂讨论中，学生展示出的讨论深度和广度是评价的重点。能够就历史事件、人物、文化等方面展开深入的讨论，探究问题的根源和影响，表明学生具有扎实的历史基础和思辨性思维能力。学生积极参与课堂讨论、提出问题、分享观点，不仅能够加深自己对历史知识的理解，还能够培养自己的思辨性思维和分析能力。他们通过与教师和同学的互动，不断地思考和探索历史问题，从而提升自己的学习水平和认知能力。

通过对学生课堂参与情况的观察和评价，教师可以更好地了解学生的学习动态和需求，及时调整教学方法和策略，提供个性化的指导和支持，从而促进学生的全面发展和学习成果的提高。因此，课堂参与作为评价学生学习过程的指标，在高校历史教学中具有重要意义。

2. 作业质量和反馈评价

教师可以通过定期布置作业来评价学生的学习过程。作业可以包括阅读摘要、书评、历史文献分析、论文写作等形式，教师应及时对学生的作业进行评阅和反馈，指出其优点和不足之处，帮助他们改进学习方法和提高学习效果。

在高校历史教学中，作业形式可以多样化，以满足不同学生的学习需求和兴趣。阅读摘要可以帮助学生总结和归纳历史文献的重要内容，书评可以让学生对历史书籍进行深入分析和评价，历史文献分析则可以锻炼学生的思辨性思维和分析能力，论文写作则是培养学生系统思考和书面表达能力的重要方式。

教师应当及时对学生的作业进行评阅和反馈。通过详细的评语和建议，指出学生作业的优点和不足之处，帮助他们发现并改正学习中的问题。在评阅作业的过程中，教师可以针对个别学生的学习情况和需求，提供个性化的指导和支持。通过了解学生的学习风格、兴趣爱好和学习困难，教师可以为学生量身定制学习计划和建议，帮助他们更有效地掌握历史知识和提升学习能力。教师通过布置作业，促进学生深度学习和批判思考的能力。作业中要求学生对历史事件、人物和文化进行深入思考和分析，培养其思辨性思维、分析能力和综合运用能力。作业内容不仅与课堂教学相辅相成，共同促进学生的学习过程，也可以作为课堂教学的延伸和巩固，帮助学生加深对历史知识的理解和运用。

通过定期布置作业并及时评阅和反馈，教师可以全面了解学生的学习过程，帮助他们发现和解决学习中的问题，促进其学习效果的提高，提升历史教学的质量和水平。

3. 学习方法和策略评价

过程性评价涉及评价学生的学习方法和策略，教师可以鼓励学生使用不同的学习方法，如阅读笔记、概念地图、讨论小组等，评价学生使用这些方法的效果，并提供指导和建议以优化学习过程。

高校历史教学强调的是培养学生的自主学习能力和思辨性思维能力。为了达到这个目标，教师可以鼓励学生尝试多种学习方法，例如阅读笔记、概念地图、讨论小组、研究报告等。这些方法可以帮助学生更深入地理解历史知识，并培养其分析和综合运用能力。教师可以通过观察学生的学习过程和成果，评价他们采用不同学习方法的效果。例如，通过检查学生的阅读笔记是否详细、概念地图是否清晰、讨论小组的讨论是否有深度等方式，评估学生的学习方法是否有效，是否能够帮助他们更好地理解和运用历史知识。教师在评价学生学习方法的基础上，可以提供指导和建议，帮助学生优化其学习过程。例如，针对学生存在的学习方法不当、学习效率低下等问题，教师可以提供个性化的建议，指导学生如何调整学习方法，提高学习效果。通过鼓励学生尝试不同的学习方法，并提供指导和建议，教师可以帮助学生逐步培养自主学习能力。学生在实践中了解到哪种学习方法适合自己，如何有效地利用这些方法，从而提高学习效率和学习成果。过程性评价还应该包括对学生学习方法的反思和改进。学生在接受评价和建议后，应该反思自己的学习方法和策略，寻找改进的途径，并不断优化自己的学习方法和策略。

教师对学生学习方法和策略进行评价与指导，以帮助学生建立高效的学习方法，提升他们的学习效果和自主学习能力，更好地应对历史学科的学习挑战，取得更好的学习成绩。

4. 反思和自我评价

学生的反思和自我评价是过程性评价的重要组成部分。

教师要求学生对自己的学习过程进行反思和自我评价，可以培养学生的自主学习意识。学生能够意识到自己的学习目标，思考如何达成这些目标，以及采用何种学习方法更有效。学生的反思和自我评价可以激发他们的学习动机。当学生意识到自己在学习上取得了进步，或者发现自己学习中的不足，他们会更加努力地学习，以期取得更好的成绩和表现。通过反思和自我评价，学生可以发现自己的优势和不足，并为自己的成长制订相应的计划和策略。他们会思考如何克服学习中的困难，提高学习效率，进而实现自我成长和进步。学生的反思和自我评价可以加深他们对学习过程的理解。他们可以思考自己在学习过程中所遇到的问题、取得的进展以及需要改进的方面，从而更好地把握学习的关键。学生的反思和自我评价也为与教师的沟通和合作提供了重要的基础。通过与教师分享自己的学习体会和感悟，学生可以获得更多的指导和支持，帮助他们更好地发展自己的学习能力。

根据学生的反思和自我评价，教师可以更全面地了解学生的学习情况和需求，为他们提供个性化的指导和支持，从而促进他们的学习效果和自我发展。因此，将学生的反思和自我评价纳入过程性评价中非常重要。

5. 个性化指导和辅导

过程性评价提供了个性化指导和辅导的机会。教师可以根据学生的学习过程和表现，为他们提供针对性的建议和指导，帮助他们解决学习中的问题，提高学习效果。

每位学生在学习过程中面临的困难和挑战可能不尽相同。有些学生可能在理解某些历史概念时遇到困难，而其他学生可能在写作历史论文或处理历史材料时感到困惑。因此，个性化的指导对于满足学生的学习需求至关重要。教师可以根据学生的学习表现和反馈，针对性地提供指导和建议。例如，对于需要加强历史概念理解的学生，教师可以提供额外的解释和示例；对于需要提高写作技巧的学生，教师可以提供写作指导和范例；对于需要更多实践机会的学生，教师可以安排相关的实践活动。通过个性化的指导和辅导，教师能够建立与学生之间良好的互动和沟通。学生在得到及时有效的指导后，会更加信任教师，并愿意在学习中寻求帮助和建议，从而建立起积极的学习氛围。

过程性评价不仅提供学生自我评价和反思的机会，也为教师提供指导和辅导学生的机会。通过个性化的指导和反馈，教师可以更好地满足学生的学习需求，帮助他们克服困难，提高学习效果，在高校历史教学中发挥重要作用。

通过这些过程性评价方法，教师能够更全面地了解学生的学习过程和方法，为他们提供个性化的指导和支持，促进他们的全面发展和学习成果的提高。同时，过程性评价也能够激发学生的学习动力，培养其自主学习和思辨性思维能力，为其未来的学习和职业发展奠定良好的基础。

(四) 引入自我评价和同学评价

学生自我评价和同学互评是评价体系中的重要组成部分。通过让学生对自己的学习情况进行反思和评价，以及对同学的学习成果进行评价，可以帮助他们更加客观地认识自己的优势和不足，促进学习效果的提高。

学生自我评价是一种自我反思的过程，通过评价自己的学习情况，学生可以更深入地了解自己的学习优势和不足，明确自己的学习目标和发展方向。这种自我认知和反思能力对于学生的成长和发展至关重要。学生自我评价可以激发他们的学习动机和自主性。当学生意识到自己对学习情况有客观的认识和评价时，他们会更加积极地参与学习，主动寻求改进的方法和策略，从而提高学习效果。同学互评可以促进学生间的互动和合作。通过对同学的学习成果进行评价和反馈，学生之间可以相互学习、相互启发，共同提高。这种合作和互动的氛围可以营造积极的学习氛围，增强学生的学习体验和成就感。学生自我评价和同学互评可以培养学生的思辨性思维和评价能力。通过对自己和同学的学习情况进行评价，学生需要进行深入的思考和分析，从而提高他们的分析能力和评价能力，培养他们的思辨性思维。学生自我评价和同学互评是提高学习效果的有效途径。通过及时的反馈和评价，学生可以更快地发现自己的学习问题，并及时采取措施加以改进，从而改善学习效果和提高成绩。

学生自我评价和同学互评在高校历史教学中具有重要的意义。教师应该在评价体系中充分考虑这两个方面，通过引导和培养学生的自我认知和思辨性思维，促进他们的学习效果的提高。

二、强化评价反馈机制

(一) 持续性改进和反馈机制

建立持续性的改进和反馈机制是评价体系的核心。教学评价体系应当建立有效的数据收集和分析机制，这包括收集学生的学习成绩、课堂表现、作业质量、评价反馈等多方面的数据。通过学生的笔记、课堂讨论、作业提交情况以及课程评价等途径，教师可以收集到丰富的评价数据。收集到的评价数据需要及时进行分析和反馈。教师可以通过定期的教学评估和反馈会议、学生问卷调查、个别访谈等形式，向教师提供详细的反馈信息。这些反馈可以涵盖教学方法的有效性、课程内容的难易程度、学生的学习需求等方面。基于收集到的评价数据和反馈信息，教师需要及时调整教学策略和方法。例如，根据学生的学习情况调整课程进度和内容安排，针对性地修改教学材料和资源，改进教学方法和课堂活动，以提高教学效果和学习体验。持续性的改进和反馈机制不仅可以提升教学质量，还可以促进教师的专业发展。通过不断地接收反馈信息和调整教学方法，教师可以积累丰富的教学经验，提升教学技能和专业水平，更好地适应不断变化的教学环境和学生需求。这一机制也可以建立起教师与学生之间的学习共同体。通过与学生密切合作、互动交流，教师能够更好地了解学生的学习需求和期望，为其提供更加个性化和有效的教学服务，从而增强学生的学习体验和学习成效。

建立持续性的改进和反馈机制对于高校历史教学至关重要。及时收集、分析评价数据，从而为教学提供有效的反馈信息，指导教师调整教学不断提升教学质量，促进教师和学生的共同成长和发展。

（二）学生参与反馈机制

在当代高等教育中，学生参与和反馈机制的改革正日益受到重视。在高校历史教学领域，这一改革显得尤为迫切。历史学科的独特性在于其对过往事件的解读和理解，而这种理解需要不断与当代社会和学生的需求相契合。因此，重新审视高校历史教学中的学生参与和反馈机制，不仅是对教学方式的更新，更是对历史学科本身的认知和应用的深入探讨。

1. 学生主体性和参与性

在高校历史教学中，学生主体性与积极参与是推动教学质量和学生发展的重要因素。历史学科的本质是通过研究过去的事件和进程来理解和解释人类社会的发展，而学生的主体性和积极参与能够激发他们对历史知识的兴趣，促进他们对历史事件的深入思考和理解。

通过鼓励学生参与课堂讨论和互动，可以激发他们的学习兴趣和积极性。历史教学不应该是单向的知识传授，而是应该建立在师生互动的基础上。教师可以通过提出引人深思的问题、组织小组讨论或者开展案例分析等方式，激发学生思考和表达的欲望，从而增强他们的学习动力和参与度。

采用多样化的教学方法和手段，可以更好地满足不同学生的学习需求和兴趣。历史教学可以结合课堂讲授、实地考察、文献阅读、多媒体展示等多种形式，让学生在不同的场景和环境中接触历史知识，激发他们的学习兴趣和想象力。同时，利用现代科技手段，如虚拟现实、在线学习平台等，也可以为学生提供更加丰富和便捷的学习资源，促进他们在历史学科中的积极参与和深入思考。

注重学生的自主学习和实践能力培养，也是提高学生主体性和积极参与的重要途径之一。历史教学应该引导学生通过阅读原始文献、开展独立研究、参与学术讨论等方式，积极主动地探索和发现历史知识，培养他们的思辨性思维和创新能力，从而提高他们在历史学科中的学习成效和自我实现。

高校历史教学中的学生主体性和积极参与不仅是教学质量的关键因素，更是培养学生历史思维和人文素养的重要途径，值得教师和学校重视和倡导。

2. 学生反馈在教学改革中的作用

高校学生的反馈在历史教学改革中扮演着至关重要的角色，他们的反馈不仅能够帮助教师和教育管理者了解教学实践的有效性和不足之处，还能够促进教学内容和方式的不断优化和改进。

学生反馈能够提供有益的信息，帮助教师了解学生的学习需求和期望。通过课程评估、教学反馈调查等方式，学生可以表达对教学内容、教学方法、教学资源等方面的看法和建议，从而使教师更加全面地了解学生的学习情况和反馈意见，及时调整教学策略，提高教学质量。

学生反馈可以促进教学的动态调整和持续改进。历史教学是一个不断发展和变化的过程，教师需要根据学生的反馈意见和学习效果及时调整教学内容和方法，以适应不同学生群体的需求和特点。通过收集和分析学生的反馈信息，教师可以及时发现教学中存在的问题和不足，及时采取相应的改进措施，不断提高教学效果和学生满意度。

学生反馈还可以促进教师与学生之间的沟通和互动。通过与学生建立开放、信任的沟通机制，教师可以更加深入地了解学生的学习情况和需求，及时解决学生在学习过程中遇到的问题和困难，增强教师与学生之间的信任和合作关系，营造良好的学习氛围和教学环境。

高校学生的反馈在历史教学改革中具有重要意义。通过充分利用学生的反馈意见，教师可以更加全面地了解学生的学习需求和期望，及时调整教学策略，提高教学质量和效果，从而实现历史教学的持续改进和提高。

第四节　教师培训与发展改革

在当今迅速发展的知识社会中，教师培训与发展的改革显得尤为迫切而重要。特别是在高校历史教学领域，教师的角色不仅是传授知识，更是引领学生探索历史的深度与广度，激发他们的思辨与批判精神。然而，随着社会的变迁和教育理念的更新，教师培训与发展面临着新的挑战与机遇。

一、教师培训的必要性

（一）学科专业知识更新

历史学科是一个不断发展和更新的领域。新的历史发现、研究方法和学术观点不断涌现，教师需要通过培训更新自己的学科知识，以确保教学内容符合最新的研究成果。

新的历史发现不断丰富着我们对历史的理解。历史学家通过考古发掘、档案研究、文献分析等手段，不断发现新的历史文物、史料和证据。这些新发现会改变我们对历史事件的看法，甚至会颠覆传统的历史解释。例如，考古发现和文献研究为古代文明和历史事件提供了新的见解，使我们对过去的认识有了更深层次的理解。研究方法的创新也推动着历史研究的发展。随着社会科学研究方法的不断进步，历史学家们运用统计分析、比较研究、人口学方法等多种研究方法，对历史事件进行更深入、更全面的分析。计量史、数字人文等新兴方法的应用，为历史研究提供了全新的视角和工具，可以解决传统史学研究中的一些难题，丰富了历史研究的层次和深度。学术观点和理论也在不断演进和变化，随着历史学家对历史理论的反思和批判，一些传统的历史观点被重新评价，新的历史理论也在不断涌现。例如，后现代主义、后结构主义等新的历史理论对传统的历史观念提出了质疑，强调历史的多样性和相对性，推动了历史研究方法和理论的革新。

作为高校历史教学的教师，通过不断更新自己的学科知识，了解最新的历史发现、研究方法和学术观点，可以保持教学内容的前沿性和准确性。只有不断跟上历史研究的最新进展，教师才能更好地引导学生探索历史的深度和广度，培养他们的历史思维能力和批判精神，使历史教育更具吸引力和影响力。

（二）教学理念与方法更新

随着教育理念的不断演进，教学方法的不断更新。培训可以帮助教师了解最新的教学理论和方法，如互动式教学、项目式学习等，从而提高教学效果，更好地满足学生的学习需求。

传统的历史教学往往是老师主导的单向传授，学生被动接受知识。然而，互动式教学强调师生之间的互动和合作，通过讨论、辩论、小组活动等形式，激发学生的思维和参与度。在历史教学中，这种方法可以帮助学生更深入地理解历史事件背后的原因和影响，培养他们的思辨性思维和分析能力。项目式学习是一种基于任务和项目的学习方法，通过学生参与实际项目的设计、实施和评估，达到学习目标。在历史教学中，项目式学习可以帮助学生更深入地了解历史事件和人物，培养他们的研究能力和团队合作精神。例如，学生可以通过历史项目展示、历史研究报告等方式，深入探讨某一历史时期或事件，从而加深对历史的理解和认识。随着科技的发展，多媒体技术在教学中的应用越来越普遍。历史教学可以通过图片、视频、音频等多媒体资源，丰富教学内容，激发学生的兴趣和好奇心。例如，教师可以利用历史影视作品、虚拟博物馆等资源，让学生身临其境地感受历史，加深对历史事件的理解和记忆。

通过培训，教师可以了解并掌握这些新的教学方法和技术，灵活运用于历史教学实践中。这不仅可以提高教学效果，使历史课堂更加生动和具有吸引力，也能更好地满足学生多样化的学习需求，激发他们的学习兴趣，促进他们的学习和成长。因此，教师培训在帮助教师适应教育理念和教学方法更新方面具有重要意义，为高校历史教学的发展提供了有力支撑。

（三）跨学科教学能力

跨学科教学方兴未艾。教师培训可以帮助历史教师拓展自己的跨学科教学能力，使他们能够更好地整合不同学科的知识，促进学科之间的交流与融合。

文学作为一种文化表达形式，反映了特定历史时期的社会背景、文化风貌和思想观念。通过文学作品，学生可以了解历史时代的人文风貌、思想观念和社会生活，更加生动地理解历史事件和历史人物的背景和内涵。历史教师可以通过文学作品的引导和分析，使学生在感性体验中理性思考历史问题。社会学研究社会结构、社会关系和社会变迁的规律，而历史正是社会变迁的记录和反映。通过社会学的视角，历史教师可以帮助学生更好地理解历史事件和历史变迁的社会背景和影响，深入分析历史事件的原因和后果，探讨历史发展的规律和趋势。地理环境对历史的发展和演变起着重要的作用。地理条件影响着人类的生产、生活和交往，决定了不同地区的历史命运和发展道路。通过地理学的视角，历史教师可以帮助学生深入了解历史事件和历史人物在特定地理环境下的生活和活动，更全面地理解历史事件的发生和演变。

教师培训在这一背景下显得尤为重要。历史教师通过培训可以学习到跨学科教学的理论和方法，掌握如何将历史学科与其他学科相互融合和交叉的能力，设计出具有综合性和前瞻性的教学内容和方法。这不仅可以帮助学生更好地理解历史，也促进了不同学科之间的交流与融合，培养了学生的综合性思维和跨学科能力，为他们终身学习打下良好的基础。因此，教师培训在帮助历史教师拓展跨学科教学能力方面具有重要意义，为高校历史教学的发展提供了有力支持。

（四）教学技能提升

教学技能是教师必备的素质之一。教师通过培训可以学习到更有效的课堂管理技巧、学生激励方法以及评估与反馈策略，从而提升自己的教学水平，更好地引导学生进行历史学习与思考。

历史课堂的管理涉及课堂秩序的维护、学生参与度的提高以及教学效果的保证。教师通过培训可以学习如何建立良好的课堂氛围，有效地组织学习活动，管理好课堂中出现的各种情况，使每节课都能够达到预期的教学目标。历史教学需要激发学生的学习兴趣和主动性，培养他们对历史的热爱和探索精神。教师可以通过各种激励方法，如奖励机制、表扬鼓励等，激发学生的学习动力，使他们更积极地参与到历史学习中来。评估是教学过程中的重要环节，能够帮助教师了解学生的学习情况和掌握教学效果。通过培训，教师可以学习到如何设计有效的评估方式和工具，如考试、作业、项目评估等，以及如何及时给予学生针对性的反馈和指导，帮助他们改进学习方法和提高学习效果。

通过不断提升教学技能，教师可以更好地引导学生进行历史学习与思考。他们能够设计更具有启发性和挑战性的教学活动，促进学生的自主学习和深层次思考，培养学生的思辨性思维和创新能力。同时，良好的课堂管理、有效的激励方法和科学的评估与反馈策略，也能够营造出一个积极、活跃的学习环境，提升教学效果和学生的学习体验。因此，教师培训在教学技能方面的重要性不言而喻。只有不断提升教师的教学水平和专业素养，才能更好地满足学生的学习需求，推动高校历史教学的不断发展和进步。

（五）适应多样化学生需求

学生的背景、学习能力和学习方式各不相同，教师需要具备应对多样化学生需求的能力。通过培训，教师可以学习到更灵活的教学策略，更好地满足不同学生的学习需求，提高教学的包容性和针对性。

教师培训可以帮助教师学习如何了解学生的背景和特点，包括文化背景、学习习惯、兴趣爱好等。通过了解学生的背景，教师可以更好地调整教学内容和方式，使之更贴近学生的实际需求和兴趣。培训可以向教师介绍各种多样化的教学方法，包括讲授、讨论、案例分析、小组合作、实地考察等。通过灵活运用不同的教学方法，教师可以更好地满足不同学生的学习需求，提高教学的吸引力和效果。培训可以培养教师个性化指导和反馈的能力。针对不同学生的学习情况和需求，教师可以采取个性化的指导和反馈方式，帮助学生克服学习困难，发挥潜能，提高学习效果。培训可以教授教师如何促进学生之间的互动和合作。通过组织小组讨论、合作项目等活动，教师可以帮助学生相互交流、合作学习，促进彼此之间的学习和进步。培训还可以帮助教师关注学生的情感和心理健康。历史教学涉及一些敏感的历史事件和话题，教师要善于处理学生的情绪和心理压力，为他们提供必要的支持和帮助。

通过培训，教师可以不断提升自己的教学水平和专业能力，更好地应对多样化的学生需求，创设积极、包容的学习环境，激发学生的学习兴趣和潜力，实现教育的目标和使命。因此，教师培训在提高高校历史教学包容性和针对性方面发挥着重要作用。

高校历史教学教师培训的必要性在于帮助教师不断提升自身的学科素养、教学能力和适应能力，更好地适应时代的发展和教育的需求，为学生提供更优质的历史教育服务。

二、教师发展计划

（一）培训和研讨会

高校会组织各种形式的培训和研讨会，以帮助历史教师了解最新的教学方法、教育技术、学科发展动态等。这些培训和研讨会可以由学校内部的专家或外部专业人士来主持。

针对历史教学的最新教学方法,培训和研讨会可以学习包括课堂互动、案例教学、问题解决、讨论引导等在内的多种教学方法,这些方法旨在激发学生的学习兴趣,提高他们的历史思维能力和分析能力。随着教育技术的不断发展,培训和研讨会也会涉及教育技术在历史教学中的应用,这包括数字化教学资源的利用、在线教学平台的建设与应用、虚拟现实技术在历史教学中的运用等。针对历史学科的发展动态,培训和研讨会邀请历史学科领域的专家学者举办讲座和分享。这些讲座和分享可以涵盖历史学科的前沿问题研究、重要学术成果、学科发展趋势等内容,帮助教师了解学科的最新进展和发展方向。

教师可以分享自己在历史教学中的成功案例和经验,与其他教师进行交流和互动。这种交流不仅可以帮助教师之间的经验借鉴和互相学习,也能够促进教学方法的创新和改进。针对历史教学中的特定问题和热点话题,培训和研讨会还可以组织专题研讨和讲座。比如,历史教学中的跨学科整合、历史教学与公民教育的关系、历史教学中的评价与反馈机制等。

通过这些培训和研讨会,历史教师可以不断了解和掌握教育领域的最新动态和最佳实践,提升自身的教学水平和专业素养,为学生提供更加优质的历史教育服务。同时,这也可以促进学校历史教学团队的交流与合作,形成良好的教学氛围和学习氛围。

(二)教学指导与辅导

学校要安排资深教师对新任教师进行教学指导与辅导,帮助他们熟悉课程设置、教学大纲、教材选用等方面的工作,并分享教学经验和教学技巧。

资深教师可以向新任教师介绍学校的历史课程设置和教学大纲,帮助他们了解课程目标、教学内容、教学要求等方面的信息。通过详细的介绍和指导,新任教师能够更清晰地了解教学任务和教学要求,为后续的教学准备工作提供指导。资深教师可以与新任教师共同探讨历史教学所需的教材选用和课程设计问题。他们可以分享自己的教学经验,介绍各种教材的优缺点,帮助新任教师选择适合自己教学风格和教学目标的教材,并指导他们进行教学内容和教学方法的设计。资深教师可以通过分享自己的教学经验和教学技巧来帮助新任教师提升教学水平。他们可以分享成功的教学案例、教学方法、教学技巧等,指导新任教师如何在教学中更好地引导学生、激发学生的学习兴趣、培养学生的历史思维能力等。在教学实践过程中，资深教师可以定期对新任教师的教学活动进行观察和评估，并给予及时指导和反馈。通过针对性指导和反馈，新任教师能够及时发现和纠正教学中存在的问题，不断提升自己的教学水平。在指导与辅导的过程中，新任教师和资深教师之间建立起良好的师生关系和合作关系。通过与资深教师的交流与合作，新任教师能够更好地融入学校的教学团队，教学取得共同进步。

学校安排资深教师对新任教师进行教学指导与辅导，不仅可以帮助新任教师尽快适应教学工作，提升教学水平，还可以促进学校教师团队的发展与进步，提升历史教育的质量和水平。

（三）教学评估与反馈

学校会定期对历史教学教师进行教学评估，并给予及时的反馈，这包括对课堂教学效果、学生评价、教学方法等方面进行评估，以便教师及时调整教学策略，改进教学效果。

教学评估会关注教师在课堂上的教学效果，这包括教学内容的传递是否清晰、学生是否能够理解和掌握重点知识、教学目标是否达成等方面。评估者通过观察课堂教学、听取学生反馈等方式来评估教学效果。学生的反馈是教学评估中重要的参考因素之一。学校会组织学生对教师进行评价，了解他们对教学内容、教学方法、教学态度等方面的看法和意见。这些反馈可以帮助教师更客观地了解自己的教学情况，发现不足之处，可及时进行调整和改进。教学评估还会关注教师所采用的教学方法和教学策略是否有效。评估者会分析教师在课堂上使用的教学手段、教学资源的利用情况、学生参与程度等，评估教学方法的科学性和适用性，并提出改进建议。教学评估不仅仅是对教师的一种检验，更重要的是为了促进教师的成长和教学质量的提升。因此，学校会及时将评估结果反馈给教师，并提出具体的改进建议和教学建议。教师可以根据评估反馈，认真思考和调整自己的教学策略，不断提升教学效果和教学质量。

定期的教学评估和及时的反馈是行之有效的评估机制。这种持续的教学评估机制可以建立高校历史教学的质量保障体系，确保历史教育能够真正服务于学生的学习需求和学科发展的需要。

(四) 学术研究支持

学校会鼓励教师积极参与学术研究，并提供相应的支持，这包括资助教师参加学术会议、出版学术论文、申请科研项目等，以提升教师的学术影响力和研究能力。

学校会提供经费支持，资助教师参加国际、国内以及地区性的学术会议。参加学术会议是教师拓展学术视野、交流学术观点的重要途径。学校资助可以减轻教师的经济负担，鼓励他们积极参与学术交流。学校会鼓励教师积极从事学术研究，鼓励他们撰写和发表学术论文。学校可以提供论文撰写指导、资源支持以及出版基金等方面的帮助，促使教师将研究成果转化为学术论文，增强其学术影响力。学校会鼓励教师申请各类科研项目，包括国家级、省部级、校级等不同层次的科研项目。通过申请科研项目，教师可以深入研究历史学科的前沿问题，拓展学术视野，提升研究水平。学校可以建立学术研讨与交流平台，为教师提供展示研究成果的机会。这种平台可以是学术讲座、学术研讨会、学术沙龙等形式，可以促进教师之间的学术交流与合作，提升整个历史教学团队的学习氛围。学校可以为教师配备学术导师，提供专业指导和建议。这些学术导师是学校内部的资深教授或研究员，他们可以对教师的研究项目进行指导，帮助其解决研究中的问题和困惑。

学校能够激励教师积极参与学术研究活动，提升其学术水平和研究能力。这不仅可以帮助教师个人的成长与发展，也能够推动学校历史教学的不断创新与进步，提高教学质量和学科影响力。

(五) 教学资源支持

学校会向教师提供必要的教学资源支持，包括图书馆资源、电子数据库、教学设备等，以便教师更好地备课和开展教学活动。

学校图书馆是历史教师教学重要的资源之一。学校会向教师提供丰富的历史专业书籍、期刊、论文等，以满足他们教学和研究的需求。这些资源包括历史学专业的经典著作、最新研究成果、历史事件资料等，为教师备课和研究提供重要支持。随着数字化技术的发展，学校会订阅各种历史学科的电子数据库，如历史文献数据库、历史期刊数据库等。这些电子数据库可以提供海量的历史学文献、研究资料和学术期刊文章，为教师的教学和研究提供便利和支持。为了支持教师的教学活动，学校会提供必要的教学设备，如投影仪、电脑、多媒体设备等。这些设备可以帮助教师进行多媒体教学、展示历史图片、视频资料等，丰富课堂教学手段，提高教学效果。学校还提供各种历史学科相关的专业软件和应用，如历史地图软件、历史时间轴软件、数字化文献管理软件等。这些软件和应用可以帮助教师进行教学设计、课件制作、教学资源管理等，提高教学效率和质量。学校会组织针对历史教学教师的专业培训和技术支持，帮助教师掌握教学资源的有效利用方法和教学技术的应用技巧，以提升教师的教学水平和教学创新能力。

提供教师丰富的教学资源支持，学校可以为教师的教学工作提供良好的条件和保障，帮助他们更好地备课、开展教学活动，提升教学效果和教学质量。这可以激发教师的教学热情和创造力，促进历史教育的不断发展和进步。

（六）职业发展机会

学校会为教师提供职业发展机会，包括晋升、评优、职称评定等，这些机会与教师的教学成果、学术研究、教学服务等方面密切相关。

学校会设立不同的教师职称，如讲师、副教授、教授等，并为教师提供晋升的机会。晋升需要教师在教学、科研和教学服务等方面取得一定的成绩和贡献，如教学评价优秀、科研项目成果丰富、教学团队建设突出等。学校会定期评选和表彰教师的教学优秀成果和突出贡献，这些评优奖励包括优秀教学奖、优秀教学团队奖、优秀教学案例奖等，激励他们不断提升教学水平。学校会根据教师的教学成果、学术研究和教学服务等方面的表现，为教师评定专业技术职称。职称评定需要教师在相应领域取得一定的教学和研究成果，如发表学术论文、主持科研项目、获得教学奖励等。学校会为教师提供进修和培训的机会，以帮助他们不断提升教学水平和专业能力。这些培训涉及教学方法、教育技术、学科前沿等方面的内容，可以帮助教师跟上教育发展的步伐，提高教学质量。学校会鼓励教师积极参与学术交流和合作活动，如学术会议、研讨会、合作研究项目等。通过与国内外同行的交流与合作，教师可以拓展学术视野、深化学术研究，提升学术影响力和研究能力。

为教师提供职业发展机会，学校可以激励教师积极投入到教学和研究工作中，不断提升自身的专业水平和教学能力，进而推动历史教育的不断发展和进步。这种职业发展机会的提供也可以构建良好的教师团队，形成良性的教学竞争机制，为学校的发展注入活力和动力。

三、师资队伍建设

（一）学历和学术背景要求

高校历史教学要求教师具有相关学科的硕士或博士学位，并且在历史学或相关领域有深厚的学术背景和研究经验。

历史学作为一门复杂且广泛的学科，涉及丰富的历史事件、文化、思想、制度等方面的研究。教师需要具备扎实的学科知识才能够全面、准确地向学生传授历史知识，引导他们深入探讨历史问题。拥有硕士或博士学位的教师经历了系统的学术培训和研究训练，具备较强的学术素养和思辨性思维能力。他们能够通过深入的研究和思考，为学生提供更高水平的历史教学，并引导学生进行独立思考和研究。硕士和博士教师往往在历史研究领域有一定的学术成就和研究经验，能够为学生提供最新的学术观点和研究成果。他们的学术贡献不仅可以丰富教学内容，还可以激发学生对历史研究的兴趣和热情。高校历史教学需要营造良好的学术氛围，激发师生之间的学术交流和合作。拥有深厚学术背景的教师可以带动学校历史学科的发展，促进学术研究的深入和交流，提升学校的学术声誉和影响力。历史教学涉及众多复杂的历史事件、思想流派、社会变迁等问题，需要教师具备丰富的知识储备和学术见解，能够应对各种挑战和争议。拥有硕士和博士学位的教师通过系统的学术训练和研究实践，能够更好地解读历史现象，引导学生进行深入思考和讨论。

高校历史教学要求教师具有相关学科的硕士或博士学位，并且在历史学或相关领域有深厚的学术背景和研究经验，是为了确保教学质量和学科发展的需要，也是为了给学生提供优质的历史教育和学术指导。

（二）教学经验

良好的教学经验对于高校历史教学师资队伍至关重要。教师需要具备扎实的教学能力，能够有效地传授历史知识，并激发学生的学习兴趣和思考能力。

良好的教学经验意味着教师能够有效地将历史知识传授给学生。他们具备清晰的教学逻辑和组织能力，能够将复杂的历史事件、思想流派、社会变迁等内容以系统化的方式呈现给学生，使学生能够理解和掌握历史的核心概念和重要内容。良好的教学经验能够激发学生对历史学科的兴趣和热情。通过生动的教学方法、丰富的教学资源和案例分析，教师能够吸引学生的注意力，让他们对历史学科产生浓厚的兴趣，从而更加主动地参与到学习过程中。高校历史教学不仅仅是简单地传授历史知识，更重要的是培养学生的思辨性思维和分析能力。良好的教学经验可以帮助教师设计出启发式的教学活动和讨论，引导学生从多个角度思考历史问题，培养他们的思辨能力和分析能力。良好的教学经验使教师能够更好地了解学生的学习需求和特点，实施个性化的教学方法和指导。他们能够与学生建立良好的师生关系，给予他们必要的学习支持和关怀，帮助他们克服学习困难，实现个人学习目标。良好的教学经验还包括教师的教学反思和持续改进，通过反思发现教学中的不足和问题，并及时调整教学策略和方法，不断提升教学效果和教学质量。

良好的教学经验对于高校历史教学师资队伍至关重要，它不仅能够提高教学质量和学生学习效果，还能够促进学科发展和教学创新，为学生提供优质的历史教育和学术指导。

（三）跨学科背景和综合素养

一些高校历史系鼓励教师具有跨学科的背景和综合素养，例如历史与文学、历史与政治、历史与经济等交叉学科的知识和研究经验。

跨学科背景的教师能够将不同学科的理论、方法和思想相互融合，为历史教学注入新的思维方式和视角。例如，将历史与文学结合，教师可以通过文学作品渲染家国情怀；将历史与政治结合，教师可以解析历史事件对政治制度和权力结构的影响；将历史与经济结合，教师可以探讨经济因素在历史演变中的作用。这种跨学科的交流和融合可以丰富历史教学内容，提升教学的深度和广度。跨学科背景的教师能够拓展自己的学科视野，涉猎更广泛的研究领域和话题，从而为学生提供更加全面和多元的历史教育。他们不仅可以深入研究历史本身，还能够关注历史与其他学科的交叉点和互动关系，从多个角度探讨历史现象和问题，激发学生的学习兴趣和思考能力。跨学科背景的教师能够培养学生的跨学科思维和能力，帮助他们建立更加综合和全面的知识体系。通过跨学科的教学方式，学生可以跨越学科界限，自由地探索和思考历史与其他学科的关联，从而提高他们的综合素养和解决问题的能力。跨学科背景的教师能够促进历史学科的发展和创新，推动学科边界的拓展和学术范式的更新。他们能够引领学科的发展方向，开拓新的研究领域和方法论，为历史学科注入新的活力和动力。

高校历史系鼓励教师具有跨学科的背景和综合素养，可以拓展历史教学的视野和内容，培养学生的综合能力和创新思维，推动学科的发展和进步。这种跨学科的教学方式将为历史教育带来更多的可能性和活力，为学生提供更加丰富和深入的学习体验。

（四）合作研究和教学团队建设

高校历史系鼓励教师之间开展合作研究和教学团队建设，共同探讨历史教学方法、课程设置和教学资源的共享与整合。

合作研究和教学团队建设为教师提供了一个交流和分享经验的平台。教师团队中的成员可能具有不同的教学风格和方法，通过合作研究和讨论，教师们可以学习和尝试不同的教学方法和策略，从而丰富教学手段，满足不同学生的学习需求，提高教学的灵活性和多样性。教师团队可以共同探讨历史课程的设置和更新，根据学科发展和学生需求进行调整和优化。他们可以共同研究课程体系、课程内容和教学大纲，确保课程的连贯性和前瞻性，使之更加符合学科发展的趋势和学生的学习需求。教师团队可以整合各种教学资源，包括文献资料、案例分析、教学工具等，为学生提供更加丰富和全面的学习资源。他们可以共同开发教学材料和课件，建立数字化教学平台，提供在线学习资源和交流平台，以满足学生在不同学习场景下的需求。合作研究和教学团队建设可以培养教师之间的团队合作精神和团队意识。通过共同研究和合作教学项目，教师们可以学会相互支持、协作配合，形成良好的工作氛围和团队文化，提升团队的凝聚力和执行力。

高校历史系鼓励教师之间开展合作研究和教学团队建设，可以提升教学质量和效果，促进学科发展和教师专业水平提高，为学生提供更加优质和丰富的历史教育服务。

（五）持续发展，终身学习

教师需要有持续发展、终身学习的意识，通过参加教育培训、学术研讨会以及学术交流活动，保持学科前沿知识的更新和了解。

历史学科是一个不断发展和演变的学科，新的历史发现、方法和理论不断涌现。教师需要通过参加学术研讨会、研究活动等途径，及时了解学科的最新进展和前沿动态，保持对历史领域的更新认识，以便更好地教授学生并引领他们了解最新的历史研究成果。教学方法和技能是教师需要不断提升的重要方面。参加教育培训和教学研讨会可以使教师接触到各种先进的教学方法和技术，了解如何更好地设计课程、激发学生的学习兴趣、提高教学效果等。这些活动可以帮助教师不断改进自己的教学策略，使教学更加生动、有趣、有效。参加学术研讨会和交流活动可以帮助教师与同行进行学术交流和合作。通过与其他历史教师、学者的互动，教师可以分享教学经验、探讨教学方法、交流课程设计等，共同提升教学质量和水平。同时，与其他学校或国际学术组织的交流合作也可以拓展教学资源和引进新的教学理念。参加教育培训、学术研讨会和学术交流活动可以激发教师的热情和动力，增强其对教学事业的投入和热爱。学习新的教学理念和方法、与同行交流心得体会，都能够让教师感受到教育事业的魅力和活力，保持对教学的热情和激情。

不断地学习可以帮助教师保持教学的活力和创造力，提高教学质量，为学生提供更优质的历史教育服务。

（六）培养青年教师

高校历史系注重对青年教师的培养和引导，为他们提供良好的成长环境和发展机会，帮助他们在教学和研究方面取得突破和进步。

设立导师制度，让有丰富经验的资深教师担任青年教师的导师，进行一对一的指导和帮助。通过师徒传承，青年教师可以从导师那里获取实际的教学经验和研究指导，更好地适应高校教学环境。为青年教师制订专门的培训计划，包括教学技能培养、研究方法培训、学科知识更新等方面。此外，还可以提供学术指导，协助青年教师规划研究方向，指导他们参与学术研究，帮助他们在学术领域取得突破等。鼓励青年教师参与教学实践，提供支持和反馈机制。可以通过观摩课程、教学互动、同行评课等方式，让青年教师在实践中不断总结经验，发现问题并及时改进，提高教学水平。为青年教师提供科研支持，包括项目资助、实验室设施的利用、学术会议的资助等，以激发青年教师的研究兴趣，提高他们的科研能力，促使他们在学术研究方面取得进步。提供学术交流和合作的平台，鼓励青年教师积极参与学术活动，与国内外学者建立联系，扩大学术影响，以拓展青年教师的学术视野，提高他们在学术界的知名度。制定合理的教学与研究绩效评价体系，以激励青年教师的工作热情。通过公平公正的评价，可以更好地激发青年教师的积极性，让他们在教学和研究中不断进步。

高校历史系可以为青年教师提供良好的成长环境和发展机会，帮助他们更好地适应高校教学和研究工作，取得更好的教学和研究成果，为学科的发展培养更多的优秀人才。

通过以上方面的建设，高校历史教学师资队伍能够保持活力，不断提升教学质量和学科水平，为学生提供优质的历史教育服务。

第六章 高校历史教学改革的质量保障措施

开展高校历史教学改革，是为了适应时代发展的需求，提升教育质量，培养学生的历史素养与综合能力。在不断变化的教育环境中，确保改革方向的准确性、实施过程的有效性以及改革成果的可持续性，是教育管理者和教育者们共同关注和努力的重要课题。因此，建立科学合理的质量保障措施，是推动高校历史教学改革走向深入和稳步前进的关键所在。

第一节 建立质量机制制度

高校历史教学改革组织机制建设是教学质量持续提升、学生综合素养全面发展的重要保障。改革领导小组通过课程审议机制、师生评教双向反馈机制、教师队伍培养机制、实践教学合作机制等全面系统的质量激励机制，不仅可以及时发现问题、做出改进，还能够不断激发教学创新的动力，推动高校历史教学朝着更高水平不断迈进。

一、建立课程审议机制

建立课程审议机制，定期对课程设置和内容进行评估和更新，吸纳最新的历史研究成果和教学资源，确保教学内容的时效性和权威性。

建立高校历史课程审议机制是一个系统工程。第一，明确审议目标与原则，课程审议机制旨在提升历史课程质量，培养学生的历史思维、文化素养和社会责任感，使其能从历史学习中汲取智慧，适应社会发展，同时推动历史学科发展，促进教学与科研结合，提升高校历史教育的整体水平。在建设过程中要坚持科学性，保证课程内容准确、研究方法科学；要遵循适应性，使课程符合学生需求和学校教学条件；要注重创新性，鼓励课程在内容和方法上创新；要秉持民主性，鼓励多方参与、充分讨论。第二，组建审议团队，包括校内成员和校外专家。校内成员由历史学科的资深教授、教学经验丰富的一线教师、熟悉教育教学规律的教育学院专家以及学生代表组成，他们能从专业、教学和学生视角提供全面意见。校外专家可以邀请其他高校的知名历史学者、教育领域的权威专家和相关教育机构的研究员，为课程审议带来外部视角和前沿理念。第三，要制定审议内容和标准。课程目标标准要符合专业培养要求，具有明确性、可衡量性和可达成性，与学校的人才培养目标相契合。课程内容要涵盖历史学科的核心知识，注重系统性和逻辑性，避免内容重复或缺失，同时要体现时代性，关注学术前沿。教学方法应灵活多样，注重启发式、讨论式、探究式教学，能有效激发学生兴趣，促进学生主动学习，满足不同学生的学习需求。要选用权威出版社出版、作者具有较高学术造诣的教材，内容应准确、全面、编排合理，要结合课程目标和学生实际。考核方式应多元化，包括考试、作业、论文、课堂表现等，全面评价学生的学习效果，且考核标准应明确、公平、合理。第四，要规范审议流程，经过课程规划申报、材料初审、实地考察听课、综合评议、反馈修改、最终决策等环节。教师或教学团队提前规划课程，撰写详细的课程申报书，包括课程目标、内容、方法等。审议团队对申报材料进行初步审查，判断是否符合基本要求，决定是否进入下一环节。审议团队通过实地听课、查阅教学资料、与师生交流等方式，深入了解课程教学情况后综合各方面信息，进行充分讨论和评议，形成初步审议意见。将审议意见反馈给课程负责人，其根据意见在规定时间内修改完善课程方案。最后审议团队再次审核修改后的方案，做出最终决策，并将结果通知相关人员。第五，要建立监督与评估机制，有过程监督、效果评估和持续改进机制。定期检查课程教学进度、教师教学质量和学生学习情况，通过教学检查、学生评教等方式收集信息，作为过程性监督方式。课程结束后，通过学生成绩分析、问卷调查、毕业生跟踪等方式，全面评估课程教学效果。根据监督和评估结果，提出改进建议，课程团队据此调整优化课程方案，审议团队跟踪改进情况。

通过课程审议机制，可以将最新的历史研究成果和理论动态及时纳入课程内容，不仅确保教学内容的时效性，更具备学科前沿性和科学性，还能够促进教学内容的多样化和丰富化，可以发现教学内容中存在的局限性和不足之处，进而通过吸纳新的历史研究成果和教学资源，丰富教学内容，提升教学质量。例如，可以引入新的历史研究方法、跨学科的历史研究领域、国际比较先进的历史案例等，拓展学生的历史视野和认知范围。通过建立课程审议机制，还可以促进教学相长，师生共同发展。随着学生的学习需求和学科发展趋势的变化，课程设置和内容也需要不断调整和更新。建立课程评议制度可以及时了解学生的学习反馈和需求以及历史学科发展的新趋势和新需求，从而调整和优化课程设置和内容，促进师生之间的互动和交流。教师和学生可以共同参与课程审议和评估过程，就课程设置和内容提出建议和意见，共同探讨如何改进教学内容和方法。这种师生参与的教学模式不仅可以提高教学质量，还可以增强师生之间的沟通和信任，促进教学效果的达成。

历史课程的科学性体现在课程设置的合理性和严谨性上。教师应该审视课程设置，确保内容的逻辑性和连贯性，使之能够帮助学生系统地掌握历史知识，理清历史事件的因果关系和发展脉络。课程设置应该覆盖历史的不同时期、地域和主题，确保学生能够全面了解历史的发展和演变。教学方法应该与课程设置相匹配，具有系统性和连贯性。教师可以结合案例分析、小组讨论、实地考察等多种教学方法，使历史教学更加丰富多样，适应不同学生的学习需求和学习风格。系统性的教学方法，可以帮助学生深入理解历史知识，培养其历史思维能力和分析能力。趣味性是激发学生学习兴趣和提高教学效果的关键。教师可以通过生动有趣的教学案例、引人入胜的历史故事、多媒体技术的应用等方式，增强课堂的趣味性和吸引力，激发学生的学习热情和积极性。趣味性的教学设计可以提高学生的参与度和专注度，促进知识的消化和吸收。

教师应该不断尝试新的教学方法和工具，积极借鉴教育技术的发展成果，为教学注入新的活力和动力。例如，可以利用数字化教学资源、在线教学平台等现代化教学手段，拓展教学的空间和形式，提升教学的效果和吸引力。同时，教师也可以借鉴跨学科的教学经验，引入其他学科的理论和方法，丰富历史教学的内涵和形式。

定期审视课程设置和教学方法是高校历史教学中的重要环节。注重课程的科学性、系统性和趣味性，不断尝试新的教学方法和工具，可以提高历史教学的质量和效果，激发学生的学习兴趣和积极性，推动历史教育的深入发展。

二、建立师生评教双向反馈机制

建立师生评教双向反馈机制，实现教学共长。高校历史教学中，对学生的评估不仅仅是考核学生对历史知识的掌握程度，还应涵盖到学生的思维能力、分析能力、思辨性思维能力、解决问题能力等方面。因此要建立多元化的学生评估体系，包括考试、期中论文、项目报告、课堂表现等；采用多样化的评估方式，包括笔试、口头答辩、论文写作、小组讨论、项目报告、实地考察报告等。考试评估能够检验学生对历史知识的掌握程度，论文和项目报告评估能够考查学生的独立思考和研究能力，课堂表现评估能够观察学生的参与度、表达能力和合作精神。多元的评估方式能够全面地展现学生的学习情况和能力水平，促进学生全方位的发展。评估的另一个重要方面是及时准确的反馈机制。教师应及时给予学生针对性的反馈，指出学生的优点和不足，帮助他们及时纠正错误、改进学习方法，激励他们继续努力。同时，学生也应被鼓励参与到评估过程中，通过自我评价和同伴评价，了解自己的学习状态和水平，从而更好地调整学习策略和方法。从知识掌握、思维能力、表达能力等多个方面进行学生评估的机制，不仅能够全面展现学生的学习状况和能力水平，也能够为教学质量的提升提供重要的参考和支持，促进学生的全面发展和提高教学效果。

　　学生评教和教师评教的双向反馈机制是教学质量持续改进的关键。通过这一机制，可以增强师生之间的互动与沟通，促进教学质量的持续改进和优化，提高历史教学的效果和水平。设立定期的学生评价和反馈机制是高校历史教学中必不可少的一环。通过学生评教，学生可以对教师的教学方式、教学内容、教学效果等方面提出意见和建议，帮助教师了解学生的需求和反馈，从而调整教学策略，提高教学效果。同时，教师评教也能够让教师了解学生对教学的认可程度和改进空间，促进教师的自我反思和专业成长。评教机制应该是开放式、透明化的，学生和教师应该有权利和渠道自由表达对教学的看法和意见。评教结果应该及时反馈给教师，教师应该在评教结果的基础上进行自我反思和改进，形成闭环的教学质量提升机制。为了增强学生的评教意识和积极性，可以通过建立奖励制度、提供匿名评教平台、加强宣传教育等方式，保障评教结果的真实性和客观性。

　　通过课程评估问卷、讨论会或是面对面的反馈，收集学生对历史教学的看法、建议和意见，以帮助教师了解学生的学习需求、对教学内容的理解程度以及对教学方法的反应，为教学改进提供重要参考。学生是历史课堂的主体，他们的学习需求和反馈对于教学的改进至关重要。通过定期收集学生的评价和反馈，教师可以了解学生对于历史教学内容的兴趣点、困惑点和需求，进而调整教学内容和方法，更好地满足学生的学习需求。学生评价和反馈是评估教学效果的重要指标之一。通过分析学生的评价和反馈，可以评估教学的有效性和教学效果，发现教学中存在的问题和不足之处。例如，如果学生普遍反映对某一历史时期的理解有困难，教师可以针对这一问题进行重点讲解和辅导。学生的反馈可以帮助教师发现教学方法的优缺点，从而进行改进和创新。通过了解学生对不同教学方法的反应，教师可以调整教学策略，采用更加生动、有效的教学方法，激发学生的学习兴趣，提高教学效果。学生评价和反馈机制可以促进师生之间的互动与沟通。教师可以倾听学生的意见和建议，与学生进行深入的讨论和交流，建立起良好的师生关系和互动平台。这种互动可以促进教学过程的互动性和灵活性，提高教学的针对性和适应性。学生评价和反馈机制是一个持续改进和优化的过程。教师需要定期收集学生的反馈意见，并及时进行整理和分析，发现问题并及时进行改进。同时，教师也应该向学生及时反馈他们的建议和意见，让学生感受到他们的声音被重视和采纳。

建立多元化的学生评估体系和双向反馈机制是高校历史教学质量提升的重要举措，这样的机制能够全面评估学生的学习情况和教师的教学效果，促进教学质量的不断改进和提升，实现教师与学生之间的良性互动和共同发展。

三、建立教师队伍培养机制

高校教师应该具备扎实的历史学科知识，包括对历史事件、历史人物、历史理论和方法的全面解和深入掌握。只有具备丰富的历史知识，教师才能够深入挖掘历史教学内容的内涵，准确把握历史事件的背景和意义，为学生提供全面、深入的历史学习体验。教师应该具备良好的教学能力，包括教学设计、课堂管理、教学评估等方面的能力。他们应该能够根据不同的教学目标和学生需求，设计合适的教学内容和教学活动；通过灵活多样的教学方法，激发学生的学习兴趣，提高教学效果。同时，教师还应该能够有效地管理课堂秩序，引导学生积极参与，营造良好的学习氛围。优秀的历史教师应该具有激发学生学习兴趣的能力。他们可以通过生动的教学语言、丰富的教学资源、历史故事和案例等吸引学生的注意力，激发他们对历史的兴趣和热情。通过引导学生发现历史奥秘、探索历史趣味，教师能够让学生主动地参与到历史学习中来，从而提高学习效果。优秀的历史教师可以通过提出问题、引导讨论、组织辩论等方式，培养学生对历史事件的多维思考和分析能力，引导他们形成独立的历史观点和见解。

为激励教师具备这些能力，在高校历史教学中发挥应有的作用，为学生提供优质的历史教育，要建立教师培训计划。培训计划应包括关于历史学科最新研究成果、理论动态、方法论等方面的培训课程。这些课程可以由学科专家、资深教师或研究者主讲，帮助教师及时掌握学科的最新进展，提高教学水平和学术素养。教学方法是影响教学效果的关键因素。教师应该不断提升自己的教学方法，以适应不同学生的学习需求和教学环境的变化。因此，培训计划应该包括教学方法的培训课程，涵盖课堂教学设计、教学技巧、互动方式、评估方法等方面内容，以帮助教师掌握多样化的教学方法，提高课堂教学的效果和吸引力。了解教育心理学的理论和方法对于教师更好地理解学生的学习行为和心理状态、指导教学实践具有重要意义。因此，培训计划应包括教育心理学相关的培训课程，如学习理论、认知发展、学习障碍等方面的内容，以帮助教师更好地把握学生的学习特点，调整教学方法，提高教学效果。教学研究和学术交流是教师专业发展的重要途径。培训计划应该鼓励教师积极参与教学研究项目、学术会议、研讨会等活动，与同行进行学术交流和合作。通过与同行的交流和合作，教师可以不断提升自己的教学水平和学术造诣，推动学科发展和教学改革。

  鼓励教师积极参与历史学科的研究和实践探索。通过开展科研课题、参与学术会议、撰写教学论文等方式，教师可以不断丰富自己的学术视野和教学经验，促进教学理论与实践的融合，为教学改进提供理论支撑和实践经验。高校历史教师可以积极参与历史学科的科研课题，开展研究工作。这些科研课题可以涉及历史学科的各个领域，如历史事件研究、历史文献考证、历史思想研究等。通过科研课题的开展，教师不仅可以深入探讨历史问题，增进自己的学术造诣，同时也可以将研究成果应用到教学实践中，丰富教学内容，提升教学质量。教师可以积极参加历史学科的学术会议、学术讲座等活动，与其他领域的专家学者进行交流和探讨。在学术会议上，教师可以分享自己的研究成果，了解其他学者的研究动态，拓展学术视野，获取新的研究思路和方法。通过参与学术会议，教师可以不断提升自己的学术水平和影响力，为教学提供更加丰富的知识资源。教师可以通过撰写教学论文的方式，总结和分享自己的教学经验和教学方法，教学论文可以包括教学案例分析、教学方法探讨、教学评估等内容，旨在推动教学理论与实践的结合，为教学改进提供理论支撑和实践经验。教师可以选择在学术期刊、教育期刊等渠道发表教学论文，与同行分享教学心得，促进教学经验的交流与传播。教师还可以积极开展跨学科的合作与交流，与其他学科的教师和专家开展合作研究项目，共同探讨跨学科的教学方法和研究课题。通过跨学科合作，可以拓展教学视野，借鉴其他学科的教学经验和方法，促进教学的创新和发展。

提供针对历史教师的培训和交流平台，帮助他们不断提升教学水平和专业素养。培训内容可以包括教学理论、教学技能、学科知识更新等方面，同时鼓励教师之间的交流与分享，促进教学经验的积累和教学观念的更新。培训课程应该涵盖教学理论和方法的基础知识，包括教学设计、课堂管理、学生评价等方面。通过系统的培训，教师可以了解教学理论的最新研究成果，学习先进的教学方法和策略，提高教学的科学性和效果。历史学科知识在不断更新和发展，教师需要及时了解最新的历史研究成果和学术动态。因此，培训课程应该包括学科知识的更新内容，帮助教师掌握最新的历史理论和研究方法，提升教学的专业水平和学科素养。教师需要具备一定的教学技能，包括课堂演讲、教学设计、教学评价等方面的技能。培训课程可以针对这些技能进行系统的培训和训练，帮助教师提升教学技能，提高课堂教学效果和学生满意度。除了培训课程，建立教师交流与分享的平台也非常重要。可以组织教师座谈会、教学研讨会、教学观摩等活动，鼓励教师分享教学经验、教学方法和教学资源。通过交流与分享，教师可以相互借鉴和启发，共同提升教学水平。建立定期的教学评估与反馈机制，帮助教师了解自己的教学效果和存在的问题，及时调整教学方法和策略。评估结果可以作为教师培训的参考，有针对性地提供培训和支持，帮助教师不断改进和提升教学水平。

四、建立实践教学合作机制

教学应该与社会现实相结合，鼓励学生参与历史文化保护、社会调查研究等实践活动。通过参与这些实践活动，学生可以将课堂所学的历史知识与实际情况相结合，加深对历史的理解。实践活动可以让学生亲身体验历史文化的魅力，了解历史事件的背景和影响，从而更加深刻地认识历史的重要性和影响。历史文化的保护是全社会的共同责任，学生通过参与历史文化保护活动，可以深刻感受到保护历史文化的重要性，增强对历史文化的尊重和保护意识，培养起保护历史文化的责任感。参与社会调查研究等实践活动，可以提高学生的实践能力和动手能力。在实践中，学生不仅可以运用所学的历史知识，还能够锻炼自己的调查研究能力、问题解决能力和团队合作能力，从而提高自己的综合素质和竞争力。历史教学与其他学科的交叉融合是推动学科发展和教学创新的重要途径之一。通过参与实践活动，学生不仅可以加深对历史的理解，还能够接触到其他学科的知识和理念，促进跨学科交叉和综合能力的培养。

高校要建立与社会相关部门和机构的合作机制，组织学生参与历史文化保护与传承。高校可以与历史博物馆、文化遗产保护机构、地方文化馆、地方政府文化部门等社会相关部门和机构建立合作机制。通过签订合作协议、成立合作机构等形式，确立双方的合作关系，明确合作的目标、内容、方式和责任，实现资源共享、信息交流和互惠互利。在合作机制的支持下，学校可以组织学生参与历史文化保护与传承的实践活动。学生可以参与历史建筑的修缮、文物的保护与整理、历史档案的整理与研究等工作，深入了解历史文化的内涵和价值，亲身感受历史文化的魅力。参与历史文化保护与传承的实践活动可以有效拓展学生的实践能力。在实践中，学生需要运用所学的历史知识、文化理论和实践技能，可以提高自己的实际操作能力、团队合作能力和解决问题的能力。这些实践经历对学生未来的职业发展和社会生活都具有重要意义。通过实践，学生能够深刻认识到历史文化的珍贵性和脆弱性，增强对历史文化的尊重和保护意识，激发他们的社会责任感和文化使命感。通过与社会相关部门和机构的合作，高校也能够促进学术交流与合作。学校和社会机构可以共同开展历史文化研究项目、举办学术讲座、组织文化展览等活动，促进历史文化的传承与创新，推动学术领域的发展。这种合作模式不仅能够丰富学生的校园生活，还能够促进学校与社会的互动与共赢，推动历史教育事业的蓬勃发展。

以上标准与机制的建立和实施需要学校领导层的支持和推动，同时也需要教师团队的积极参与和专业配合，以确保高校历史教学改革能够取得实质性的成果，促进学生的全面发展和综合素质的提升。

第二节　完善教学质量的定量与定性评估

定量评估与定性评估是评价高校历史教学质量的重要手段，它们相辅相成，共同揭示了教学过程中的数据指标和教学效果。定量评估可以从数字化的角度量化历史教学的各个方面，如学生学习成绩、参与度等；定性评估则更注重深入理解教学过程中的质量，考察教学方法、教师教学水平、课程设置等方面的情况。这两种评估方法共同构成了全面评价高校历史教学质量的框架。

一、定量评估高校历史教学质量

定量评估高校历史教学质量依赖于收集和分析大量的数据，并将其转化为可量化的指标和统计结果。

（一）学生学习成绩分析

教学质量的一个重要指标是学生的学习成绩，定量评估可以通过分析历史课程的考试成绩、论文分数、课堂作业等来评估学生的学习状况。

考试成绩是评估学生掌握历史知识和理解能力的主要依据之一。通过定量分析历史课程的考试成绩，可以了解学生在不同知识点、不同历史时期或事件上的掌握程度。如果学生成绩普遍较低，可能反映出教学内容难度过大、教学方法不当或学生学习动力不足等问题。论文和写作是历史教学中常用的评估方式之一。通过定量评估学生论文的分数，可以评判他们的历史分析和表达能力。优秀的历史论文应该具有清晰的论点、充分的论证、严密的逻辑和流畅的表达。分析论文分数可以评估教学是否能够有效培养学生的历史思维和写作能力。课堂作业的定量评估也是评价学生学习状况的重要手段之一。教师可以通过课堂作业了解学生对课堂内容的理解程度、学习态度以及解决问题的能力。通过作业的定量分析，教师可以发现学生的薄弱知识点领域和常见错误，有针对性地进行教学辅导和引导。定量评估学生的学习成绩不仅可以帮助教师更好地了解学生的学习状况，还可以为教学改进提供参考。例如，针对学生普遍表现较差的知识点或技能，教师可以调整教学方法和内容，采取更加有效的教学策略，以提高学生的学习成绩和历史素养水平。

定量评估历史课程中学生的学习成绩是提升高校历史教学质量的重要手段之一，通过分析考试成绩、论文分数和课堂作业等数据，可以全面评估教学效果，促进学生的学习和发展。

（二）课程通过率和挂科率分析

课程通过率是指在历史课程中取得及格成绩的学生比例，而挂科率则是指未能及格的学生比例。通过分析这些数据，我们可以了解历史课程的教学质量和学生的学习情况。

较高的课程通过率意味着教学内容的适宜性和教学方法的有效性，反映了教师教学水平和课程设置的合理性。一个高通过率的历史课程可能意味着教学内容和评估方式相对合理，能够更好地适应学生的学习需求。高挂科率可能暗示着课程难度过大、教学方法不当、教材选择不合适或者评价标准不明确等问题。挂科率的上升可能会导致学生的学习积极性下降，教学效果降低，甚至影响学生的学业发展和教育体验。通过课程通过率和挂科率的分析，教师可以初步评估历史课程的教学质量。较高的通过率和较低的挂科率可能意味着教学质量较高，反之则可能存在教学质量不足的问题。通过分析挂科率，可以了解学生在历史课程中普遍存在的学习困难和问题，可以及时调整教学方法和内容，提高学生的学习效果和学习体验。通过课程通过率和挂科率的分析，教师可以发现教学中存在的问题，并针对性地进行教学改进。例如，调整教学内容、优化教学方法、改进评价方式等，以提升教学质量和学生学习成效。

课程通过率和挂科率是评估高校历史教学质量和学生学习情况的重要指标之一。通过分析这些数据，教师可以及时发现问题，促进教学改进，提高历史教学质量，提升学生的学习体验和成绩水平。

（三）学生参与度和反馈调查分析

通过学生参与度和反馈调查评估教学质量。学生的参与度可以通过课堂互动、讨论参与度等方面来衡量，而学生的反馈则可以通过问卷调查、意见反馈等方式收集。

学生参与度是评估教学质量的重要指标之一。在高校历史教学中，课堂互动和讨论是提高学生参与度的主要手段。通过激发学生的兴趣、引导他们思考并参与课堂讨论，教师可以更好地了解学生对历史内容的理解和掌握程度。学生积极参与课堂活动不仅能够促进他们的学习，还可以增强他们对历史知识的理解和记忆。教师可以通过观察学生的参与度、记录课堂互动情况以及学生反馈来评估教学质量。收集学生的反馈是评估教学质量的另一个重要途径。教师可以通过问卷调查、意见反馈等方式向学生征求他们的意见和建议。问卷调查可以涵盖课程内容的难易程度、教学方法的有效性、教师的教学态度等方面。通过分析学生的反馈意见，教师可以了解学生对教学内容和方法的感受，及时发现问题并进行调整和改进。同时，教师还可以与学生进行面对面的交流，深入了解他们的学习需求和困惑，以更好地提供教学支持和指导。

通过学生参与度和反馈调查评估高校历史教学质量是一种有效的方法。通过促进学生的参与和收集他们的反馈意见，教师可以更全面地了解教学效果，及时调整教学策略，提高教学质量，从而更好地促进学生的学习和发展。

（四）课程资源利用情况分析

定量评估还可以考察历史课程所使用的教学资源，包括教材、多媒体资料、课堂讲义等的使用情况和质量。

评估教学资源的使用情况可以通过课堂观察和记录来实现。教师可以记录每节课所使用的教材、多媒体资料、课堂讲义的内容及其使用频率。通过定量分析这些数据，可以了解教师对于不同教学资源的依赖程度，以及哪些资源被使用得更为频繁。评估教学资源的质量可以通过学生反馈和评估指标来实现。教师可以设计问卷调查或者采用定量评价表，让学生对教学资源的内容、清晰度、相关性等方面进行评价。通过统计和分析学生的评价数据，可以得出不同教学资源的质量评估，帮助教师了解哪些资源在学生中具有更高的认可度，哪些方面需要改进和加强。可以考虑使用教学资源的效果来评估其质量。例如，教师可以设计测验、作业或者考试，检验学生对于教学资源内容的掌握程度和理解水平。通过比较学生在使用不同教学资源情况下的学习成绩和表现，可以评估出哪些资源对于学生学习效果更为积极和有效。

定量评估历史课程的教学资源使用情况和质量是评估高校历史教学的重要手段之一。通过系统地收集、分析和评估教学资源的相关数据，教师可以更好地了解教学过程中的问题和挑战，并提出相应的改进措施，从而提高教学质量和学生的学习体验。

二、定性评估高校历史教学质量

定性评估侧重于对教学质量的质性特征进行深入理解和分析，需要结合定性研究方法和质性数据收集工具。

（一）教学观察与评估

可以通过直接观察历史课程的教学过程，评估教师的教学方法、教学内容设置、课堂管理等方面的情况。

观察教师在课堂上采用的教学方法和策略，包括讲授、讨论、案例分析、小组活动等，以评估教师的教学方法是否多样化、是否具有灵活性、是否能够有效地吸引学生的注意力和激发他们的学习兴趣。通过观察学生的反应和参与度可以评估不同教学方法对于学生学习效果的影响。还可以观察教师在课堂上所讲授的历史内容及其设置方式，以评估教师的教学内容是否符合课程要求和学生的学习需求，是否能够引发学生的思考和讨论，以及是否具有一定的深度和广度。通过观察教师如何组织和呈现历史知识，以评估教师的教学内容设置是否能够有效地促进学生的学习和理解。观察教师在课堂上的管理方式和效果，以评估教师对于课堂秩序的控制能力、学生互动的引导程度以及对学生的个别关注和指导情况。通过观察教师如何处理课堂中出现的问题和挑战，评估教师的课堂管理能力和应对能力。在观察历史课程的教学过程时，需要注意保持客观性和全面性，尽量减少主观偏见的影响。可以结合定性和定量的方法，如录音录像、课堂观察记录、学生问卷调查等来收集和分析数据，从而得出对教师教学质量的全面评估和建议。

通过直接观察历史课程的教学过程，可以深入了解教师的教学实践，并提出有针对性的改进建议，从而促进教学质量的提升和教学效果的改善。

（二）深度访谈与焦点小组讨论

通过与教师和学生进行深度访谈，了解他们对历史教学质量的看法、体验和感受。焦点小组讨论则可以促进教师和学生之间的交流与反思。

研究者可以与历史教师进行深度访谈，探讨他们的教学理念、教学方法、课程设计以及教学挑战等。通过了解教师的看法和体验，可以发现教学过程中存在的问题和改进的空间。同样地，研究者也可以与历史课学生进行深度访谈，了解他们对教学内容、教学方法、课堂氛围等方面的感受和看法。通过学生的反馈，发现教学中可能存在的不足之处，以及学生的学习需求和期望。

研究者可以组织教师焦点小组讨论，邀请一组历史教师共同探讨教学方法、教学资源、课程设计等方面的问题。通过共享经验和交流想法，可以促进教师之间的相互学习和反思，为提升教学质量提供新的思路和建议。同样地，研究者还可以组织学生焦点小组讨论，让学生自由表达对历史课程的看法、体验和建议。这种讨论能够激发学生的参与和主动性，让他们成为课堂改进的参与者和推动者。通过深度访谈和焦点小组讨论，教师和学生可以充分表达自己的意见和想法，共同探讨如何提高历史教学的质量和效果。这种沟通与交流可以建立教师与学生之间更加开放和信任的关系，为教学改进提供宝贵的意见反馈和建议。

通过深度访谈和焦点小组讨论，我们可以深入了解教师和学生对历史教学的看法和感受，促进教学改进和教学质量提高，从而更好地满足学生的学习需求和培养目标。

（三）教师教学反思与自评

教师自身的反思和评价也是定性评估的重要内容，在这一过程中教师可以发现教学中存在的问题并寻求改进。

通过自我评价和反思，教师可以更加客观地审视自己的教学方法、教学效果以及与学生的互动情况，思考课程设计是否能够满足学生的学习需求，教学方法是否能够有效地促进学生的学习和思考，课堂氛围是否积极向上。教师自我评价的过程可以帮助他们认识到教学中存在的问题和不足之处。一旦教师意识到教学中存在的问题，他们就可以积极寻求改进和发展的途径，这可能包括参加教师培训、与同事交流经验、阅读相关教育文献等。通过不断学习和反思，教师可以提升自己的教学能力，拓展教学视野，不断改进教学方法和课程设计，以更好地满足学生的学习需求。为了有效地进行自我评价和反思，教师可以建立反思的机制和工具，如定期记录教学过程中的亮点和挑战、收集学生的反馈意见、参加同行评课等。通过建立反思机制，教师可以系统地收集和分析教学数据，发现问题并及时采取行动。教师的自我评价和反思应该是一个持续的过程，而不是一次性的活动。教师应该不断地审视自己的教学实践，不断地探索和尝试新的教学方法和策略，以提升教学质量。通过持续地反思和改进，教师可以成为教学方面的专家，为学生的学习和成长提供更好的支持和指导。

教师自身的反思和评价是高校历史教学中定性评估的重要内容之一。通过自我评价和反思，教师可以意识到教学中存在的问题，并寻求改进的方向，持续提升教学质量，为学生的学习和发展创造更好的条件。

综合利用定量和定性评估方法，可以更全面地评价高校历史教学质量，发现问题，改进方法，提升教学水平。

第七章　高校历史教学改革的成功案例

我国高校历史教学在过去一直处于不断探索和改革的过程中。随着社会的发展和教育理念的更新，越来越多的高校开始意识到历史教育的重要性，并致力于通过创新教学方法和内容激发学生对历史的兴趣和理解。在这样的背景下，一些高校历史教学改革成功案例引起了广泛关注，不仅为学术界提供了宝贵经验，也为其他高校的教学改革提供了借鉴和参考。

第一节　中国高校历史教学改革的成功案例

随着中国社会的不断发展和教育改革的推进，高校历史教学作为培养学生人文素养和历史意识的重要环节，也在不断探索创新。在历史学科教学领域，一些中国高校积极开展了一系列具有创新性和实践性的教学改革，取得了可喜的效果。这些成功案例不仅丰富了历史教育的内涵，也为学生提供了更加丰富多样的学习体验。

一、某师范大学"探微史"课程改革实践

（一）背　景

某师范大学历史系一直致力于提升学生的历史学习体验和学术素养。传统的历史课程往往以大事件和历史重要人物为主线，缺乏对普通人生活、社会底层和微观历史的关注。因此，该系希望通过改革课程内容和教学方法，关注历史的大众、历史的细节，激发学生对历史的兴趣，并提高他们的历史思维能力和研究技能。

（二）案例描述

1. 课程设计与内容更新

"探微史"是探究人民大众生活、生产、生存的历史。本课程的历史资料包含民间文献、家族档案、社会调查、民间传说等多种材料，通过这些历史细节，展现人民大众的生存发展和历史变迁。

传统的历史教育往往聚焦于统治阶层、战争和政治事件，忽视了普通人的生活和社会底层的变迁。而"探微史"课程通过重新定位焦点，强调对普通人群体的关注，试图还原历史中普通人的生活状态和社会地位，从而更全面地理解历史的真实面貌。民间文献、家族档案、社会调查报告等历史资料来源于不同的社会阶层和历史时期，能够为学生提供多元化的视角和丰富的研究素材，可以帮助他们深入理解历史事件背后的真实情况。

在课程设计中，"探微史"着重强调微观历史事件的分析与研究。通过对个体生活经历、家庭故事以及地方性事件的深入探讨，学生可以更加细致地理解历史事件的影响和背后的社会动态，从而拓展他们的历史思维，提升研究能力。课程设计注重激发学生的参与和思考，通过小组讨论、案例分析和实地调研等活动，引导学生主动参与历史研究和讨论，培养他们的思辨性思维和独立研究能力。

"探微史"课程的重新设计，内容涵盖丰富多样的历史资料，为学生提供了更加全面和深入的历史学习体验。这一课程的推出不仅可以帮助学生理解和掌握历史知识，更能够培养其历史思维能力和独立研究能力，为他们未来的学术和职业发展奠定坚实的基础。

2. 革新教学方法

教师技术加持、高效管理优化教学手段，采用线上线下混合教学管理、项目式教学、实践式教学等多种教学方法。

项目式教学中的小组讨论、案例分析和实地调研等活动形式使得历史课堂更加生动有趣，能够吸引学生的注意力和兴趣。学生通过参与讨论和实地调研，能够更加直观地了解历史事件和现象，从而增强他们的学习动力并提高其参与度。教师引导学生进行案例分析，要求他们从不同角度和视角审视历史事件，分析其中的因果关系和影响。这种训练可以帮助学生培养思辨性思维，学会质疑和分析历史事件背后的逻辑和动机,从而提高他们的历史思维能力。

实践式教学方法中的实地调研是一种重要的教学方法,通过走出教室,走进实地,学生能够亲身感受历史的真实环境和背景,更加深入地理解历史事件的发生和影响。这种体验式的学习能够拓展学生的视野,加深他们对历史事件的理解和思考深度。小组讨论和实地调研等活动形式要求学生之间进行合作与交流,在团队中共同探讨问题、发现规律,从而培养学生的团队合作精神和沟通能力。合作性的学习方式不仅能够促进学生之间的交流,还能够激发他们的创造性和想象力。

教师多样化的教学方式和管理方法,不仅能提高课堂实效,激发学生的兴趣,而且能重点培养学生的史料收集分析能力和思辨性思维能力。这些教学方法的运用丰富了历史课堂的教学形式,为学生提供了更加丰富多样的学习体验,可以帮助他们全面发展历史学科的认知和理解能力。

3. 资源整合与支持

学校提供丰富的教学资源和支持,包括图书馆的数字化资料、学术讲座和研究项目等,为教师和学生的研究活动提供了良好的条件和平台。

图书馆的数字化资料涵盖丰富的历史文献、研究论文、专著等,为教师和学生提供了便捷的查阅和获取途径。通过数字化资源,学生可以深入研究各个历史时期、地区的文献资料,拓展视野,支持课堂学习和论文撰写。学校定期组织各类历史学科相关的学术讲座和研讨会,邀请国内外知名学者和专家分享研究成果、探讨学术问题。这些活动不仅丰富了学生的学术视野,还为教师提供了学术交流和合作的机会,促进了学术氛围的建设。

学校鼓励教师和学生参与各类历史研究项目,并提供相应的资金和技术支持。这些研究项目涵盖不同历史领域和主题,为教师和学生提供了深入研究的机会,促进了学术创新和成果转化。学校支持历史学科相关的学术期刊和出版项目,为教师和学生提供了发表研究成果的平台。教师和学生可以通过撰写论文、研究报告等方式参与学术交流,扩大影响力,促进学科发展和学术成果传播。

(三)成效与影响

1. 学生学习兴趣的提升

"探微史"课程的改革使学生对历史学习产生了浓厚的兴趣,他们更加愿意主动参与课堂讨论和研究活动,提高了学习的积极性和主动性。

与传统的历史课程相比,这种注重细节和普通人生活的课程内容更贴近学生的生活经验和兴趣。学生通过了解普通人的生存状态和历史变迁,更容易产生共鸣和兴趣,激发了他们对历史学习的浓厚兴趣。"探微史"课程采用多样化的教学方法,如小组讨论、案例分析、实地调研等,不仅使课堂更加生动有趣,还提供了多种参与方式,允许学生根据自己的兴趣和能力参与到历史研究中来。学生通过参与讨论和研究活动,感受到历史研究的乐趣和挑战,从而更加愿意主动参与学习。

"探微史"课程注重实践性的学习体验,如实地调研、文献分析等。通过实地调研,学生可以亲身感受历史文化遗迹和社会现象,从而增强对历史事件的真实感知和理解。这种实践性的学习体验不仅激发了学生的兴趣,还培养了他们的观察力和分析能力,提高了他们学习的积极性和主动性。"探微史"课程鼓励学生进行自主探索和思考,提倡学生从不同角度思考历史事件的原因和影响。教师在课堂上不是简单地灌输知识,而是引导学生提出问题、分析问题,并就问题展开讨论和研究。这种启发式的教学方法激发了学生的求知欲和思考能力,使他们更加愿意深入探索历史知识。

"探微史"课程的改革是通过生动有趣的课程内容、多样化的教学方法、实践性的学习体验和鼓励自主探索和思考等方式,使学生对历史学习产生浓厚的兴趣,提高学习的积极性和主动性。这种积极的学习氛围为学生的学术成长和个人发展提供了良好的条件和支持。

2. 学术素养的提高

通过参与"探微史"课程的学习和研究,学生不仅了解了历史事件的表面现象,更能够深入探究其背后的社会、文化和经济背景。能够学会从多个角度去审视历史事件,并学会运用思辨性思维分析历史事件的因果关系和影响,从而加深对历史的理解和认识。

"探微史"课程强调学生的独立思考和研究能力。在小组讨论、案例分析和实地调研等活动中,鼓励学生提出自己的观点和见解,并展开独立的研究探讨。在这个过程中,学生学会如何查找、评估和利用历史资料,培养独立思考和研究的能力。

"探微史"课程注重培养学生的思辨性思维,即对信息进行评估和分析的能力。在课堂上,鼓励学生质疑现有的观点和解释,提出自己的疑问和看法。

通过与同学和教师的讨论，他们逐渐形成了独立、思辨性的思考方式，能够理性地分析历史事件，并作出合理的判断。

"探微史"课程为学生未来的学术研究和职业发展打下了良好的基础。在课程学习和研究过程中，学生接触到了最新的历史资料和研究方法，培养了独立研究和分析的能力，为他们将来从事历史研究、教育、文化传媒等相关领域工作提供了坚实的学术基础和优秀的职业素养。

3. 教学质量的提升

"探微史"课程的改革突破了传统历史教学的模式，注重探索普通人的生活和微观历史事件的分析。教学内容丰富了学生的历史学习体验，使他们更加深入地理解历史背后的人文和社会因素，提升历史教学的吸引力和实效性。"探微史"课程采用多样化的教学方法，如小组讨论、案例分析、实地调研等，活跃了课堂氛围，提高了学生的参与度和学习效果。活跃化的教学方法，结合自身的教学实践，创新教学模式，激发学生的学习兴趣和主动性。

"探微史"课程注重培养学生的独立研究能力和思辨性思维。研究项目和实地调研等活动，培养了学生的科研素养和学术能力。其他高校可以借鉴这种注重实践和研究的教学理念，开设研究型课程和提供科研项目支持，促进学生全面发展和成长。

"探微史"课程的改革成功离不开教师的支持和带领。教师们积极参与课程改革，不断提升自身的教学能力和学术水平。这种重视师资队伍建设，加强教师培训和教学指导，提高教学质量和效果的方法值得进一步推广。

"探微史"课程的改革成功为其他高校的历史教育改革提供了有益的借鉴和参考。通过借鉴和应用"探微史"课程的教学理念、内容和方法，其他高校可以不断提升历史教学的质量和水平，更好地适应时代发展的需求，培养具有国际视野和创新精神的优秀历史人才。

二、某高校"中国古代史"课程数字化教学改革实践

（一）背　景

某高校历史系在进行课程改革时，面临学生对历史课程的兴趣不高、教学

方法传统等问题。为了提升教学效果，该系教师积极探索利用数字化资源进行教学，并进行了一系列的案例研究。

（二）案例描述

该高校历史系的一位教师，在教授"中国古代史"课程时，决定利用数字化资源来增强教学效果，他选择以"中国古代科技与文明"为主题进行案例教学。

1. 案例准备阶段

教师利用网络资源和数字图书馆收集了大量古代科技和文明相关的资料、图片、视频等，并精选了中国古代的造纸术、指南针、火药等作为代表性案例。

教师收集的古代科技和文明相关资料丰富多样，包括文字资料、图片、视频等。这些资料能够为学生提供直观的视觉感受和多样的信息，使他们更加全面地了解古代科技的发展和文明的进程。造纸术、指南针、火药等代表性案例，在中国古代文明史上具有重要地位，与学生的日常生活和历史文化密切相关，能够激发他们对历史的好奇心和探索欲望。选取的案例涉及科技、文化、经济等多个领域，能够进行跨学科的融合。教师不仅关注古代科技本身，还注重与之相关的历史文化背景。通过深入探讨古代社会的政治、经济、文化等方面的背景，教师能够帮助学生更好地理解古代科技的发展动因和社会意义，使历史教学更加丰富和深刻。教师利用网络资源和数字图书馆收集资料的方式，使教学内容更具时效性和广泛性。学生可以通过互联网获取到丰富的历史资料，拓展自己的学习渠道，提高信息获取和利用的能力。

2. 案例教学实施

在课堂上，教师展示相关的图片、视频，引导学生了解古代科技的发展历程、应用及其在中国古代文明中的地位。同时，教师引导学生分析古代科技对社会经济、文化发展的影响，并与其他文明相比较。

图片、视频等多媒体资料，可以直观地呈现古代科技的实物、文献和应用场景，让学生通过视觉和听觉多方位感知和理解古代科技的发展历程和应用情况，增强他们的学习体验和记忆效果。学生可以从展示的资料中了解到古代科技的创新与应用是推动中国古代文明发展的重要动力之一。教师引导学生分析古代科技对社会经济、文化发展的影响，可以帮助学生深入理解历史的综合性和复杂性。他们可以通过探讨古代科技的应用领域、对生产力的提升、社会制度的演变等方面，深入了解古代社会的发展与变迁。教师引导学生将古代中国的科技发展与其他文明进行比较，可以帮助学生全面了解各个文明的特点和发展路径。通过比较，学生可以发现不同文明间科技发展的异同，理解文明之间的交流与互动，促进跨文化理解和尊重。通过分析古代科技对社会经济、文化发展的影响，并与其他文明相比较，学生需要进行跨学科的思考和综合分析，培养他们的思辨性思维、分析能力和综合素养，为他们未来的学习和工作打下良好的基础。

3. 案例讨论与互动

教师鼓励学生积极参与讨论，提出自己的见解和观点。通过小组讨论、辩论等形式，促进学生之间的互动和交流，拓展他们的思维空间。鼓励学生提出自己的见解和观点，激发学生的思辨能力。历史不仅是一门知识，更是一种思维方式，学生通过参与讨论和辩论，可以学会从多个角度思考历史事件和人物，培养思辨性思维和判断能力。

在小组讨论和辩论中，学生需要相互交流、表达观点、听取他人意见，建立良好的学习氛围和团队合作精神。同时参与讨论和辩论亦可以锻炼学生的表达能力和语言表达能力。通过讨论和辩论，学生可以接触到不同的观点和思想，从而拓展自己的思维空间。他们可以从其他同学的观点中获取新的见解和思路，加深对历史问题的认识，培养开放、包容的思维方式。积极参与讨论和辩论的过程本身就是一种学习体验，能够激发学生的学习兴趣。通过与同学共同探讨历史问题，学生能够感受到历史的魅力和深度，提高对历史学科的兴趣和热爱。

教师鼓励学生积极参与讨论，提出自己的见解和观点，并通过小组讨论、辩论等形式促进学生之间的互动和交流，在高校历史教学中是非常重要的。这种教学方式不仅能够促进学生学术能力和综合素养的提升，也能够丰富教学内容，提高教学效果。

4. 案例评估与反馈

教学过程中，教师及时收集学生的反馈意见，了解他们对案例教学的认识和反应。同时，教师也通过作业、测验等方式对学生的学习效果进行评估，并对教学方法进行不断调整和改进。

教师通过不断收集学生的反馈意见和评估学生的学习效果,可以不断改进和完善教学方法。收集学生的反馈意见能够及时了解他们对案例教学的认识和反应,从而帮助教师实施个性化教学策略,根据学生的需求和特点,调整教学方法,更好地满足学生的学习需求。学生的反馈意见不仅能够帮助教师改进教学方法,也能够促进学生参与和反思。通过参与反馈的过程,学生会更加关注自己的学习过程和学习效果,思考如何更好地理解和运用所学知识,提高学习自觉性和主动性。教学是一个不断探索和改进的过程,只有不断地调整和改进教学方法,才能更好地适应学生的需求和教学环境的变化。

教师及时收集学生的反馈意见,通过作业、测验等方式对学生的学习效果进行评估,并对教学方法进行不断调整和改进,是高校历史教学中重要的环节。这种教学模式能够促进教学质量的提升,增强教学效果,促进学生的学习进步和发展。

(三) 成效与影响

经过一段时间的实践,学生对历史课程的兴趣明显提升,课堂氛围活跃起来了。学生在案例教学中更加愿意思考和探索,对古代科技与文明的理解也更加深入。同时,学生的综合能力和历史素养也得到了有效提升。

案例教学在高校历史教学中的应用,可以激发学生的学习兴趣,促进思考和探索,同时提升学生的综合能力和历史素养,为学生的全面发展和成长提供良好的教育环境。

三、某地方院校"地方史"课程改革实践

(一) 背 景

随着教育改革的不断推进,国家对高校课程建设提出了新的要求,强调要注重课程的地域特色和实践性,培养学生的综合素质和创新能力。河北保定地区作为历史文化名城,拥有丰富的历史资源,如直隶总督署、清西陵等,这些资源为地方史课程的改革提供了得天独厚的条件。同时,保定市的发展政策也为本次改革提供了政策保障。

（二）案例描述

1. 课程目标

前期，以地方史研究教师牵头，初步搭建课程团队，结合历史学专业人才培养目标，制定如下课程目标。

提升学生的历史素养：通过地方史课程的学习，让学生深入了解保定地区的历史文化，增强对家乡的认同感和自豪感，培养学生的爱国主义精神和历史责任感。

培养学生的实践能力：注重课程的实践性，让学生在实地考察、调研等活动中，提高自己的观察力、分析力和解决问题的能力，培养学生的创新精神和实践能力。

打造具有地域特色的课程体系：充分利用保定地区的历史文化资源，构建具有地域特色的地方史课程体系，为高校历史学专业的发展提供新的思路和方法。

2. 课程内容的优化

增加地方历史专题。在原有课程内容的基础上，深入挖掘保定地区的历史脉络，增加一系列具有地方特色的历史专题。例如，"保定地区古代文明的起源与发展"专题，详细讲述保定地区从原始社会末期的唐虞时代，到春秋战国时期燕赵文化的形成与发展，以及秦汉、隋唐等各个历史阶段的重要事件和文化成就。通过对保定地区古代文明的系统梳理，让学生对家乡的历史有更深入的了解和认识。"保定在抗日战争中的地位与作用"专题课程，则聚焦于保定地区在抗日战争时期的英勇事迹和重要贡献。保定作为抗日战争的重要战场之一，涌现出了一批批英勇的抗日英雄和可歌可泣的英雄事迹。通过对这些历史事件和人物的深入研究，让学生感受到保定人民在抗日战争中的伟大精神和崇高品格。"保定地区改革开放以来的发展成就"专题课程，展示了保定地区在改革开放以来所取得的巨大成就，包括经济、文化、社会等各个方面的发展变化。通过对这些成就的介绍，学生得以了解家乡的发展历程，增强了对家乡的自豪感和自信心。

融入地方文化特色。将保定地区的文化特色融入课程内容中，使学生在学习历史的同时，也能感受到保定地区独特的文化魅力。例如，保定的饮食文化，以其独特的风味和丰富的种类而闻名。课程中介绍了保定的特色美食，如驴肉火烧、白洋淀的鱼宴等，让学生了解这些美食背后的历史文化和制作工艺。保定的民俗文化也十分丰富，如徐水舞狮、易县摆字龙灯、清苑绣球龙灯等，这些民俗活动不仅体现了保定人民的生活情趣，也反映了当地的历史文化传统。课程中通过对这些民俗文化的介绍，让学生感受到保定地区浓厚的民俗氛围和独特的文化魅力。此外，保定的建筑文化也是一大特色，如直隶总督署、清西陵等古建筑，以其精湛的建筑工艺和独特的艺术风格而著称。课程中通过对这些建筑的介绍，让学生了解保定地区古代建筑的发展历程和艺术特点。

关注地方历史遗迹。结合保定地区的历史遗迹，开设了相关的实地考察课程，让学生在实地参观中，更加直观地了解历史事件和历史人物。例如，直隶总督署作为中国现存规模最大、保存最完整的古代官署建筑，是保定地区重要的历史文化遗产。组织学生到直隶总督署进行实地考察，让学生了解其历史背景和建筑特色，感受古代官署的庄严与肃穆。清西陵作为中国历史上规模最大、保存最完整的皇家陵寝之一，也是保定地区重要的历史遗迹。通过对清西陵的实地考察，让学生了解其建筑布局和文化内涵，感受皇家陵寝的宏伟与壮观。此外，白洋淀作为保定地区著名的自然景观和历史文化遗址，也是实地考察的重要内容之一。组织学生到白洋淀进行调研，让学生了解其历史文化和生态环境，感受白洋淀的独特魅力。

3. 教学方法的创新

采用多种教学方法。在教学过程中，采用多种教学方法，以激发学生的学习兴趣和积极性。讲授法是传统的教学方法之一，通过教师的讲解，让学生对课程内容有系统的了解和认识。例如，在讲授"保定地区古代文明的起源与发展"专题时，教师通过讲述保定地区古代文明的发展历程，引导学生思考古代文明的特征和影响。讨论法则是通过学生之间的讨论，培养学生的思维能力和表达能力。例如，在讨论"保定在抗日战争中的地位与作用"时，学生分组讨论，发表自己的观点和看法，通过讨论，学生对这一历史事件有了更深入的理解和认识。案例分析法则是通过对具体案例的分析，让学生了解历史事件的背景和影响。例如，在分析"保定地区改革开放以来的发展成就"时，教师通过具体的案例，如保定的经济发展、城市建设等，让学生了解改革开放以来保定地区所取得的巨大成就。实地考察法则是通过组织学生到实地进行考察，让学生在实践中学习和成长。例如，组织学生到直隶总督署、清西陵等历史遗迹进行实地考察，让学生在实地参观中，更加直观地了解历史事件和历史人物。

运用现代教育技术。利用多媒体、网络等现代教育技术，制作丰富的教学课件和教学视频，为学生提供了更加直观、生动的学习资源。例如，教师通过播放保定地区抗日战争纪录片，让学生更加直观地了解抗日战争时期保定地区的战斗场景和英雄事迹。通过多媒体课件的展示，学生可以更加清晰地看到历史事件的发展过程和历史人物的形象。网络技术也为教学提供了便利，教师可以通过网络平台发布教学资料、布置作业、进行在线答疑等，让学生在课后也能及时获取学习资源和与教师进行交流。此外，教师还可以利用虚拟现实技术，让学生在虚拟环境中体验历史事件，增强学习的趣味性和互动性。

开展实践教学活动。组织学生开展实地考察、调研等实践教学活动，让学生在实践中学习和成长。例如，组织学生到直隶总督署进行实地考察，让学生了解其历史背景和建筑特色。在实地考察过程中，学生可以通过观察、记录、拍照等方式，收集相关资料，加深对历史知识的理解和认识。组织学生到白洋淀进行调研，让学生了解其历史文化和生态环境。在调研过程中，学生可以通过访谈、问卷调查等方式，收集当地居民的意见和建议，了解白洋淀的发展现状和存在问题。通过这些实践教学活动，学生不仅能够提高自己的观察力、分析力和解决问题的能力，还能够培养自己的创新精神和实践能力。

4. 师资队伍的建设

在课程建设中加强教师培训，定期组织教师参加地方史课程培训，提高教师的专业素养和教学能力。邀请地方史专家为教师举办专题讲座，让教师了解地方史的最新研究成果和教学方法；组织教师到其他高校进行交流学习，借鉴其他高校地方史课程改革的经验和做法。同时，积极引进专业人才，从社会上引进一批具有地方史研究背景的专业人才，充实到教师队伍中，为地方史课程的改革提供人才支持。成立地方史课程教学团队，团队成员之间相互合作、相互学习，共同开展教学研究和课程改革工作。团队成员共同编写地方史课程教材和教学参考资料，为课程教学提供有力的保障。

5. 课程考核的改革

根据师范认证指导，课程实行多元化考核方式，改变传统的单一考核方式，采用多元化考核方式，注重过程性评价，及时了解学生的学习情况和学习需求，为学生提供有针对性的指导和帮助。例如，教师通过课堂提问、作业批改等方式，及时了解学生的学习情况，发现问题及时解决，让学生在各个方面都能得到锻炼和提高。

（三）成效与影响

通过课程内容的优化和教学方法的创新，学生的学习兴趣和积极性明显提高。学生在课堂上积极参与讨论，课后主动查阅资料，学习氛围浓厚。例如，在讨论"保定地区古代文明的起源与发展"专题时，学生纷纷发表自己的观点和看法，课堂气氛十分活跃。通过实践教学活动的开展，学生的综合素质和创新能力得到培养。学生在实地考察、调研等活动中，提高了自己的观察力、分析力和解决问题的能力，培养了自己的创新精神和实践能力。例如，在白洋淀调研活动中，学生通过对白洋淀生态环境的调查，提出了自己的保护建议。

第二节 成功案例的共同特点

高校历史教学成功案例展现出一系列令人瞩目的特点，如课程内容的创新、教学方法的多样性、学生参与的活跃度、独立思考能力的培养以及丰富的教学资源支持。这些成功案例突破传统历史教学，更注重培养学生的思辨性思维和独立研究能力，推动了高校历史教育的深化和发展。

一、课程内容的创新与深化

重新审视传统的"人文史"课程，将焦点从政治史转移到社会史、文化史和思想史等领域。课程内容涵盖丰富的历史文化、人文思想和社会变迁，能让学生更全面地理解人类历史发展的多维面貌。

传统的历史教学往往偏重政治，忽略社会、文化和思想等方面的重要性。通过重新审视课程，将焦点拓展到社会史、文化史和思想史等领域，为学生提供更为全面和多维的历史视角，这样的教学能够让学生更好地理解人类历史发展的丰富多彩性，拓展了他们的历史认知和思考范围。重新设计的课程内容涵盖了丰富的历史文化、人文思想和社会变迁，强调了人类历史中文化传承和思想演变的重要性。学生不仅了解了历史事件的发生和演变，还能够更深入地探究历史文化的内涵和人文思想的演进,从而提高对历史的认识和理解。通过关注社会史的发展和变迁,学生能够更好地理解历史事件背后的社会动态和演变规律。同时,也能够将历史与当代社会联系起来,思考历史的启示和当代意义。这种历史教学使得学生更加关注历史与现实的关系,增强历史教育的实践性和生活性。

社会史、文化史和思想史等领域的学习,不仅要求学生掌握历史知识,更重要的是培养他们的思辨性思维和综合能力。学生需要从多个角度去分析历史事件和社会现象,理解其中的复杂关系和影响,这样的学习过程促进了学生的思维深度和学术素养的提升。

重新审视传统课程,将焦点拓展到社会史、文化史和思想史等领域,丰富了高校历史教学的内容和视野,为学生提供了更为全面和深入的历史学习体验,促进了学生的学术素养和综合能力的培养。这种改革不仅可以帮助学生加强对历史的全面理解,也可以提升历史教育的质量和水平。

二、教学方法的多样化和学生参与的活跃度

教师采用多种教学方法,包括讲座、小组讨论、案例分析和实地考察等。课堂不再是传统的一味灌输,而是充满互动与探索,激发了学生的学习兴趣和积极性。

讲座作为传授知识的补充形式,为学生提供更为系统和全面的历史学习框架。生动的讲述和丰富的教学资源,帮助教师引导学生深入探索历史的奥秘,激发他们对历史的好奇心和求知欲。小组讨论是培养学生思辨性思维和团队合作能力的重要方式。通过小组讨论,学生可以分享彼此的观点和看法,从不同角度思考和分析历史事件,形成自己的独立见解。这种互动式的学习过程不仅加深了学生对历史的理解,还促进了他们的思维活跃和交流能力。案例分析是将历史理论与实践相结合的重要手段。通过分析具体的历史案例,学生可以将抽象的历史理论与实际情况联系起来,深入了解历史事件的背景、原因和影响。实践性的学习方式可以帮助学生将理论知识应用于实际问题的解决,培养他们的实践能力和创新思维。实地考察为学生提供了直观感受和亲身体验的机会。走出教室,走进历史的现场,学生可以更加直观地感受历史文化的魅力和历史事件的真实性。实地考察不仅增强了学生对历史的感知和体验,还培养了他们的观察力和独立思考能力。

教师们采用多种教学方法，为高校历史教学注入了新的活力和生机。这种多样化的教学方式不仅丰富了课堂教学的形式和内容，还激发了学生的学习兴趣和积极性，促进了他们的学术素养和综合能力的提升。

三、独立思考和研究能力的培养

小组合作和个人研究项目，能培养学生独立思考和研究的能力，从多个角度思考和分析历史事件。

鼓励学生提出问题和发表见解。在这样的教学环境中，学生不再是被动地接收教师灌输的知识，而是主动参与到知识的构建过程中。在提出问题和发表见解的过程中，学生能够表达自己的观点、质疑传统观念，从而激发更多深入的讨论和思考。个人研究项目的开展使学生有机会深入研究和探讨自己感兴趣的历史主题，旨在培养学生的独立思考和研究能力。学生需要选择研究题目、收集资料、分析数据，并最终呈现研究成果，在实践过程锻炼学生的独立研究和解决问题的能力。

通过提出问题、发表见解、小组合作和个人研究项目，学生不仅能够接受历史知识，更能够从多个角度思考和分析历史事件，为他们的学术素养和综合能力的提升奠定坚实基础。这样的历史教学模式可以培养学生的思辨性思维和独立研究能力，为他们未来的学术和职业发展奠定坚实基础。

四、丰富的教学资源支持

图书馆的数字化资料、学术讲座以及学校鼓励教师与学生参与学术研究和交流，为他们提供了良好的学术氛围和平台。

图书馆的数字化资料为教师和学生提供了丰富的历史文献和研究资源。学生可以通过图书馆的数字化平台获取各种历史资料和学术文献，拓展他们的历史学习范围。教师也可以借助这些资源开展教学和研究工作，深入挖掘历史领域的重要问题。学术讲座为教师和学生提供了学术交流和思想碰撞的平台。北京大学定期举办各类历史学术讲座，邀请国内外知名历史学者来校交流讲学，为师生提供了了解最新研究动态和学术前沿的机会。这种学术交流活动不仅促进了师生之间的学术交流，还拓展了他们的学术视野，激发了对历史研究的热情和兴趣。学校还鼓励教师和学生参与各类研究项目，为他们提供深入研究和探索历史问题的机会。教师可以申请各级各类研究项目，开展前沿历史研究，培养自己的研究能力，提高自己的学术造诣。学生也可以参与教师的研究项目，积累研究经验，提升学术素养和综合能力。

第三节　案例研究的启示

一、多样化教学方法的应用

传统的教学方法往往以教师为中心，学生被动接受知识，而多样化的教学方法则注重学生的主动参与和互动。通过引入讨论式教学、案例分析和项目导向教学（PBL）等多样化的教学方法，可以极大地提高学生的课堂参与度和学习兴趣。

通过这些多样化的教学方法，学生不再是被动的知识接收者，而是积极参与课堂讨论、分享不同观点、开展深入研究的主动学习者。这种教学改革不仅极大地提高了学生的学习兴趣和课堂参与度，还有效培养了他们的思辨性思维和解决问题的能力。

二、现代科技的融入

现代科技的应用是课程改革的一大亮点。通过在线课程平台和虚拟现实技术，学生可以随时访问课程资料，并进行沉浸式的学习体验。这不仅丰富了教学手段，还拓展了学生的学习空间和时间，提高了学习的灵活性和自主性。其他高校可以借鉴这种方式，利用现代科技手段，提供更加丰富和多样的学习资源和体验。

三、跨学科融合的必要性

历史教学不应孤立进行，而应与其他学科相结合。高校改革案例中，通过与文学、社会学、建筑学等学科的合作，设计跨学科的教学内容，使学生能够从多个角度理解历史事件的复杂性。例如，在教授明清时期的文化史时，可以邀请文学教授共同探讨《红楼梦》等文学作品的历史背景和社会影响，社会学教授讲解当时的社会结构和文化习俗，建筑学教授分析明清建筑风格的演变及其文化意义。这种跨学科的教学模式，不仅能拓宽学生的知识面，还能够培养他们的综合分析能力和创新思维，促进他们在理解历史事件时考虑多种因素。设计综合性和多维的教学内容，可以使学生在学习历史的过程中能够更全面地理解和分析历史现象，提高解决复杂问题的能力。

四、实践与实地考察的重要性

实践和实地考察活动是增强学生历史感知和理解的重要途径。通过组织学生实地考察历史古迹和文化遗址，学生能够亲身体验和感受历史的厚重与真实，这种亲身参与的学习方式能够激发学生的学习兴趣和探索欲望，使他们对历史事件和背景有更深刻的理解。

五、个性化学习与反馈机制

通过个性化学习平台，教师既可以根据每个学生的兴趣和需求，提供个性化的学习建议和资源，也可根据平台共享教学资料，指导学生自学。例如，某位学生对明清时期的经济史特别感兴趣，教师可以推荐相关的文献、视频和在线课程，并设计专项研究课题。个性化的教学方式，不仅能提高学生的学习效果，还能增强他们的学习自主性和积极性，促使他们在学习过程中不断探索和深入思考。个性化平台还允许教师及时了解学生的学习瓶颈和难点，进行有针对性的辅导和支持。

六、综合素养和思辨性思维的培养

历史教学不仅是传授知识，更是培养学生分析问题和解决问题的能力。高校在进行历史教学改革时，应注重培养学生的综合素养和思辨性思维，通过多种教学手段和方法，提升学生的整体素质。

通过多样化的教学方法、现代科技的应用、跨学科的融合、实地考察与实践、个性化学习与反馈机制、综合素养和思辨性思维的培养，可以有效提升历史教学的质量和效果，培养具备全球视野和综合能力的复合型人才。

第八章 高校历史教学改革的国际经验

在全球范围内,高校历史教学的改革已成为历史教育领域的重要议题。随着社会的不断发展和历史学科的演变,各国高校纷纷探索与实践更为灵活、多样化的历史教学模式,以适应当今知识传授和学习需求的变化。国际经验表明,历史教学改革的路径不仅关乎课程内容和教学方法的更新,还需考虑到历史教育的价值取向、教学资源的整合以及学生的参与度提升等多方面因素。

第一节 国际高校历史教学改革概览

在国际高校历史教育领域,改革实践呈现出多元发展与系统性变革特征。国际高校历史教育改革既有对传统教学方法的更新,又有对课程内容和学科目标的重新审视。通过强调多元视角、跨学科合作和技术创新,各国高校正在致力于打破传统教学的束缚,激发学生的历史兴趣,培养他们更为深刻的思考能力,以适应不断变化的全球化时代。

一、多元视角与跨学科合作

国际高校历史教育注重多元视角的引入,不再仅以西方视角或国家视角来解读历史事件,更加倾向于探究不同文化、不同民族之间的相互影响与交流,以及全球范围内的历史互动与连贯性。同时,跨学科合作也成为国际高校历史教育改革的重要趋势。

(一)跨文化交流与影响

探究不同文化之间的相互影响与交流,强调不同文明之间的相互渗透和互动可以帮助学生更全面地理解历史事件的发展背景和影响因素，提升他们的全球视野和跨文化沟通能力。

跨文化交流研究已成为国际高校历史教育的重要组成部分。国际高校历史教育的改革倡导将历史事件置于更广阔的文化背景中进行研究。教学不再仅仅关注于某个国家或地区的历史，而是将历史事件置于全球范围内进行考察。教学着重探讨不同文明之间的相互渗透和互动，强调各种文化之间的相互影响和共生关系。国际高校历史教育鼓励采用比较研究的方法，通过比较不同文化之间的历史发展和文化演变，找出相似之处和差异之处。这种比较研究的方法可以帮助学生深入理解不同文化的特点和发展趋势，提升他们的全球视野和历史思维能力。学生在学习过程中不仅能够了解不同文化的历史，还能够了解文化之间的相互关系和沟通模式，提升他们在跨文化环境中的适应能力和交流技巧。

（二）全球范围内的历史互动与跨区域的历史互动

随着全球化进程的加速，国际高校历史教育也愈发重视全球范围内的历史互动与连贯性。历史教育不再局限于特定地区或国家的历史，而是将历史事件置于全球范围内进行分析和研究。这种全球视野使学生能够理解历史事件之间的关联和影响，认识到历史发展的普遍规律和共同点，培养他们的全球意识和历史意识。

全球化的进程使得各地区之间的联系日益密切，历史事件也变得更加相互关联。国际高校致力于培养学生的全球意识和历史意识。国际高校历史教育强调比较研究和跨文化分析，挖掘历史事件之间的共性和规律性，学生能够从全球视角更深入地理解历史发展的脉络和演变过程。学生不仅要了解本国或本地区的历史，还要关注全球范围内的历史变迁和交流，认识到不同地区和国家之间的相互影响和交流历程。这种全球意识和历史意识可以帮助学生更好地适应全球化时代的挑战和变化，为未来的学术研究和社会实践奠定坚实的基础。

（三）跨学科合作的加强

跨学科合作已成为国际高校历史教育改革的重要趋势。历史学科与人类学、社会学、文化研究等学科之间的合作交流日益加强，为学生提供了更为丰富的学习资源和研究方法。

历史学科与人类学、社会学、文化研究等学科之间的合作交流丰富了历史教学的学术资源。不同学科有着不同的研究方法和理论视角。跨学科合作使学生可以从多个学科的视角来理解历史事件，探索历史现象背后的深层次原因和影响，为学生提供更为广泛和深入的学习资源，丰富历史教学的内容和方法。跨学科合作不仅拓展了学生的学术视野，还培养了他们的综合素养和思辨性思维能力。跨学科合作已成为国际高校历史教育改革的重要趋势，促进了历史研究的创新和发展。通过跨学科合作学习，学生不仅可以更全面地理解历史事件，还可以拓展历史研究的广度和深度，为未来的学术研究和社会实践奠定坚实的基础。

国际高校历史教育在注重多元视角的引入方面取得了显著进展，这种转变可以帮助学生更好地理解历史事件的复杂性和多样性，培养他们的跨文化沟通能力和全球意识，为他们未来的学术研究和社会实践奠定坚实的基础。

二、技术创新与数字化教学

随着信息技术的飞速发展，国际高校历史教育也积极应用技术创新，推动数字化教学的发展。在线教学平台、虚拟实验室、数字图书馆等工具，在方便学生随时随地获取历史资料和学习资源的同时，也拓展了历史教学的形式和内容。数字化教学不仅使历史教育更具互动性和趣味性，还提升了学生的信息获取和处理能力，培养了其数字素养和思辨性思维。

（一）在线教学平台的运用

在线教学平台为历史教育提供了全新的教学渠道和互动空间。通过在线教学平台，教师可以轻松分享课程资料、录制课程视频、设置在线讨论和作业。学生可以根据自己的时间和地点选择课程，自主学习，并与教师和同学进行交流和互动。这种灵活的教学方式使得历史教育更加具有普及性和互动性。

在线教学平台使得历史教育更具普及性。在线教学平台为历史教育带来了新的互动空间，学生不仅可以接触到丰富的教学资源，还可以与教师和同学进行交流和互动。在线教学平台为国际高校历史教学带来了全新的教学模式和学习方式，提升了历史教育的普及性、互动性和个性化程度。教师和学生通过在线平台展开更为灵活和丰富的教学与学习活动，共同推动历史教育的发展与进步。

（二）虚拟实验室和数字图书馆的建设

虚拟实验室和数字图书馆为学生提供了丰富的历史资源和学习工具。虚拟实验室和数字图书馆丰富了学生的学习体验，通过参与虚拟实验室和利用数字图书馆的资源，学生不仅可以深入了解历史事件和历史文化，还可以培养自己的分析能力、批判性思维和研究方法。与传统的课堂教学相比，虚拟实验室和数字图书馆为学生提供了更加灵活和丰富的学习方式，使他们更好地适应当今信息化和数字化的学习环境。

虚拟实验室和数字图书馆在国际高校历史教学中发挥着重要作用，为学生提供了丰富的历史资源和学习工具，拓展了他们的学习视野和研究领域，丰富了他们的学习体验和知识储备，促进了历史教育的深入和发展。

（三）数字化教学能力的提升

数字化教学为国际高校历史教学注入了新的活力，使得教育更具互动性和趣味性，同时提升了学生的信息获取和处理能力。学生通过网络获取大量历史资料，从不同视角了解历史事件，培养了思辨性思维和信息素养，为其更好地理解和分析复杂的历史现象奠定坚实的基础。

数字化教学为国际高校历史教育带来了许多新的机遇和挑战。同时这种数字化教学趋势将继续推动历史教育的发展，为学生提供更加丰富和多样化的学习体验。

三、教学实践与体验

除了传统的课堂教学，国际高校历史教育还强调实践与体验的重要性。学生通过参与考古发掘、博物馆实习、历史文化遗产保护等实践活动，深入了解历史文化的传承与保护，增强对历史的感知和理解。这种基于实践的教学方法不仅丰富了学生的学习体验，还培养了他们的团队合作能力和社会责任意识。

（一）深入了解历史文化

实践与体验式的教学活动为学生提供了与历史直接互动的机会。参与考古发掘、博物馆实习等活动，让学生亲身体验历史文化遗产的真实场景，感受历史的厚重和深远影响。实地考察和体验为学生带来了深入了解历史事件背后的文化、社会和人文因素的机会，使历史教育更加生动和具体。

在考古发掘活动中，学生可以亲自参与发掘过程，发现古代遗迹和文物。在博物馆实习中，他们可以与珍贵文物近距离接触，并了解文物的历史背景和意义。这种直接互动让学生更加深入地感受到历史的存在和影响，激发他们对历史的兴趣和热情。实践与体验式的教学方法使历史教育更加生动和具体。学生不再仅仅通过书本或讲座了解历史，而是通过自己的亲身体验和感受深入地理解历史事件和文化背景。这种生动的教学方式激发了学生的学习兴趣，使他们更加主动地参与到历史教育中来。

实践与体验式的教学活动为国际高校历史教育带来了丰富的学习体验和更深层次的认知。通过直接互动、深入了解历史背后因素，学生能够更加全面地理解历史事件及其文化内涵，为他们的学习和成长提供重要的支持和激励。

（二）增强感知和理解

实践与体验的教学方法可以增强学生对历史的感知和理解。通过亲身参与历史文化保护和传承的实践活动，学生不仅能够增强对历史的感知和理解，还能够深刻领悟到历史的重要性和价值，认识到历史文化的丰富多样性，并体会到历史对于现实生活的深远影响和启示。

实践与体验式的教学方法使学生能够深入参与历史文化保护和传承的实践活动，从而更全面地理解历史的重要性和价值。在实践活动中，学生可以亲身感受到历史文化的珍贵和独特之处，深刻领悟到历史文化的传承对于社会发展和文明进步的重要性。实践活动为学生提供了了解不同历史文化之间丰富多样性的机会。通过参与实践，学生可以接触到不同地域、不同民族的历史文化，了解其特点和影响，从而拓展自己的历史视野，增强对历史多样性的认识和理解。实践与体验式的教学方法不仅使学生能够更深刻地体会历史对于现实生活的影响和启示，而且能够更加清晰地认识到历史的持续性和影响力。

实践与体验的教学方法在国际高校历史教育中发挥着重要作用。这种实践性的教学方法可以帮助学生更加全面地理解和把握历史的意义和价值，为其个人成长和社会发展提供重要的支持和指导。

（三）培养团队合作能力

实践活动往往需要学生之间的密切合作和协作，以培养学生的团队合作能力。在考古发掘、博物馆实习等实践活动中，学生需要共同分工合作，完成任务并解决问题。在与同学和导师的合作中，学生不仅学会了如何有效地沟通和协商，还认识到了团队合作的重要性，掌握了团队合作的技巧。

学生不仅在历史教育中获得了实践经验，更重要的是培养了团队合作精神和能力。这些团队合作的技能和经验将在他们未来的学习和职业生涯中发挥重要作用，使他们能够更好地适应多样化的团队工作环境，提高工作效率，实现个人和团队的共同目标。

（四）强化社会责任意识

参与历史文化遗产保护的实践活动使学生意识到历史文化的保护和传承是每个人的责任。

通过参与历史文化遗产保护等实践活动，国际高校历史教学可以培养学生的社会责任意识，使他们成为具有使命感和责任感的历史传承者和保护者。这种社会责任意识的培养不仅可以帮助学生个人的成长和发展，更有利于社会的文化传承和进步。

教学实践与体验的教学方法为国际高校历史教育注入了新的活力和内涵。学生在活动中不仅能够深入了解历史文化，增强对历史的感知和理解，还能够培养团队合作能力和社会责任意识，为他们未来的学习和生活奠定坚实的基础。

第二节　国际高校历史教学改革典型案例研究

开展各国高校历史教学改革是当今高等教育领域的重要议题之一。历史教育的本质在于传承与反思，它不仅是了解过去的重要途径，更是培养学生思辨性思维和全球视野的关键组成部分。自 2015 年以来，各国高校纷纷进行历史教学改革，以适应时代发展和教育需求的变化。

一、斯坦福大学历史系"全球历史"课程改革

斯坦福大学历史系在"全球历史"课程的教学中发现传统的教学模式存在以记忆为主、学生参与度低以及缺乏思辨性思维培养等问题。为了适应新时代对高素质人才的需求，提升教学质量和学生的综合素养，历史系主任詹姆斯·

罗宾逊（James Robinson）教授决定对"全球历史"课程进行全面改革。

在詹姆斯·罗宾逊教授的带领下，教学团队对"全球历史"课程内容进行了更新和拓展，不再局限于传统的重大历史事件和人物。

课程引入了社会史、经济史、文化史和环境史等新的研究领域。例如，在讲解工业革命时，课程不仅涉及经济转型，还讨论工业化对伦敦、纽约等城市的社会结构和文化的深远影响，使学生能够从多维度理解全球历史的复杂性。

莉莎·戴维斯（Lisa Davis）教授在她的课程中，将学生分成小组，针对特定历史事件展开辩论，从不同角度分析事件背景和影响。例如，在讨论"二战"时，学生们被分为不同国家的代表，分别研究各国的立场和策略，通过辩论加深对事件的理解。

课程引入了在线课程平台 Canvas、虚拟现实（VR）和增强现实（AR）技术。学生可以通过 Canvas 访问课程资料、观看视频讲座和参与在线讨论。VR 和 AR 技术让学生能够虚拟参观历史遗址和博物馆，体验历史事件的场景。马克·斯科特（Mark Scott）教授利用 VR 技术带领学生虚拟参观罗马帝国的遗址，深刻感受历史事件的背景和重要性。

课程改革强调跨学科融合。历史系与经济学院、社会学系和文化研究中心开展合作教学，设计跨学科课程。凯瑟琳·沃尔什（Catherine Walsh）教授在教授全球贸易史时，不仅要求学生掌握历史事件，还需要运用经济学理论和方法进行数据分析。学生在研究 19 世纪的全球贸易时，分析贸易政策背景、经济影响和社会变迁，从而更全面地理解这一重大历史事件。

课程中增加实践和实地考察环节。学生参与历史遗址考察、博物馆实习和历史研究项目。乔治·布朗（George Brown）教授带领学生实地考察旧金山的华人历史街区，研究其历史变迁对当地社区生活的影响，学生通过采访老居民和查阅历史档案，深入了解华人社区的演变。

个性化学习平台是此次课程改革的重要工具，教师根据学生表现提供个性化的反馈和指导，为学生提供多样性的选择。例如，约翰·史密斯（John Smith）同学选择专注于研究冷战时期的美苏关系，通过详细的文献阅读和专题研究，在莉莎·戴维斯教授的指导下撰写了一篇高质量的学术论文。

通过这些改革措施，"全球历史"课程取得了显著成效。学生的历史知识面得到了拓展，思辨性思维和分析能力显著提高，课堂参与度和学习积极性大幅提升。学生普遍认为，这种多样化、互动性强的教学方式更符合现代教育的需求，使他们在学习历史的过程中获得了更深刻的理解和体验。在历史系主任詹姆斯·罗宾逊（James Robinson）教授的领导下，斯坦福大学历史系通过对"全球历史"课程的全面改革，成功实现了教学内容的更新、教学方法的多样化、现代科技的应用、跨学科融合、实践与实地考察以及个性化学习。这些改革措施不仅提升了教学质量，也为学生提供了更加丰富和深刻的学习体验，培养了学生的综合素养和创新能力。

这样的课程设计旨在打破传统国别史观的局限，转而聚焦于全球视野下的历史交流与互动，以此为基石，构建学生的跨文化认知框架。历史事件并非孤立存在，它们跨越地域、文化和时间，相互交织成一幅复杂多变的历史画卷。因此，这一课程改革致力于引导学生跳出单一国家的视角，从全球的高度审视和理解历史。在这一理念指导下，课程设计将融合多元文化资料，如文学作品、艺术品等，以丰富学生的历史学习体验。这些资料不仅反映了不同文化背景下的历史观和解释，还能够激发学生的想象力和学习兴趣，使他们在轻松愉快的氛围中掌握历史知识。同时，将强调跨学科的合作与交流，历史与其他学科如人类学、政治学等紧密相连。通过跨学科的合作，学生能够接触到多元的学科视角，从而更全面地理解历史事件和现象。这种合作模式不仅能够拓展学生的知识边界，还能够培养他们的团队协作和沟通能力。此外，课程设计还注重培养学生的写作和表达能力。通过撰写论文、参与讨论等方式，学生能够锻炼自己的独立思考和分析能力，同时也能够提升自己的历史思维表达能力。这些技能对于学生未来的学术研究和职业发展都至关重要。

二、科罗拉多州立大学"世界历史"翻转课堂教学改革❶

翻转课堂是由美国可汗学院创始人萨尔曼·可汗（Salman Amin Khan）在 2006 年开始推广使用，并逐渐风靡全美乃至全球推广的一种课堂教学模式。翻转课堂是将学习的决定权从教师转移给学生，教师在课前把教学视频、讲座、电子书、课件等上传到教学平台并发布学习任务，学生独立计划学习内容、风格、进度和学习知识的方式，通过在课前观看这些资料完成教师布置的任务，对于不会或不太懂的问题，学生可以在网上与其他同学讨论，或者通过教学平台、QQ 群、微信群等与老师进行交流，课上教师可以重点讲解学生反

---

❶ 刘海红. 美国大学社会科学领域课程的翻转课堂教学模式探析［J］. 中国高教研究，2016 (8): 90-92.

映不太懂或不会的问题，其他简单的知识就可以一带而过，还可以通过提问、测验等方式检验学生自主学习的效果，这样教师就可以不再占用大量的课堂时间来讲授知识，既可以提高学生自主学习能力及分析问题、解决问题的能力，还可以促进学生的个性化学习，拉近教师与学生、学生与学生之间的距离，从而提高教学质量和教学效果的一种新型教学模式。

翻转课堂实质上是实现课堂翻转、角色翻转、学习翻转、评价翻转。课堂翻转指的是把课堂还给学生，学生可以自由决定学习的内容与方式。它既不是加入视频资源的传统课堂，也不是完完全全的在线教学，它颠倒了课堂秩序的同时也颠覆了教学形式。在给学生"放权"的过程中会遇到很多实际的问题：放权过少，会使得教学重教轻学，不利于学生主体性的发挥；而放权过多，把学生完全置于网络环境中，又容易造成其过分自由，迷失自我，最终偏离教学目标。在"翻转课堂教学模式"下，学生在课堂外完成知识的学习，而课堂变成教师与学生之间和学生与学生之间互动的场所，包括答疑解惑、知识和技能的运用等，为自主和高效学习创造条件。如此，课堂翻转成为一种理性而适度的翻转，是在保留传统教学优势条件下的一种科学、合理的翻转。角色翻转是教师课堂角色发生翻转。教师更多的责任是帮助学生解决学习中存在的问题和引导学生去运用知识。教师不再是讲台上的"圣人"，也不再是知识的代言人，更不是绝对的权威，只是学生身边的指导者。翻转课堂同时也翻转了传统的师生关系，教师的地位和作用有了显著的变化，他们在肯定学生获取知识渠道多样化的基础上帮助学生整合资源，有针对性地为学生解答困惑，面对有争议的问题与学生民主平等地探讨。翻转课堂充分肯定了教师在教学中的引领地位，肯定了"网络不能替代人"这一基本的观点。在实际教学中教师并非袖手旁观，而是对每一个学习者进行实时监控，确保每个人在自主选择学习内容时不偏离目标，确保每一个基本知识点自主学习后都能达到要求，从而保证教学的高效性。学习翻转为翻转课堂的第一个阶段，是以获得资源为目的的继承性学习，课前教师会进行学案设计。"导学案"即教学任务清单，主要内容包括学习重点、难点以及学习策略指导。每节课都会有一个导学案，其中会对应5~10个视频，每一个视频指向一个知识点或能力点的解决。导学案可以保证学生有目的地观看教学视频，使自主学习的过程准确地指向预先设定的目标。自学结束后，导学案可以为学生了解学习结果提供一个相对权威的参照，这样，在进入课堂讨论答疑阶段前通过视频习得一些基本的知识，达到要求的水平。评价翻转指的是学生完成网络视频学习后，平台会有在线检测系统。完成在线检测后，平台会自动把数据反馈给教师。教师通过对数据的观察，了解学生视频学习效果，明确没掌握的知识和技能，课堂讨论交流时重点讲解答疑。在线检测系统提供的结果是被教师和学生两方利用的，从教师方面来说，测试结果一定程度上反映了学生的学习程度，可以协助教师评估学生进程，了解教学资源的适用性，教师也借此结果对课上的指导确定清楚的方向；从学生方面来说，在线检测可以发挥其自主监督功能，学生依据结果反馈查漏补缺，调整改进，在学习的同时获知自己的进度，为课堂上有重点的学习提供铺垫。师生充分利用评价结果，真正关注人的发展，使之服务于课堂教学。评价结果不是评判学生的手段，而是一种有利的资源，在课前为教师提供学习者的信息，以此了解学生的起点，探寻最佳的个别化教学方式。

科罗拉多州立大学普韦布洛分校朱迪·伊·高根（Judy E. Gauguin）教授的"世界史"课程是实现翻转课堂教学的典型优秀案例。高根教授于2013年春季和秋季学期将翻转课堂引入世界历史的教学中，其负责教授的内容为世界历史中公元1100年前的内容，班级授课规模为14~35人。当高根学习了乔恩·斯普瑞思（Jon Sprace）和大卫·沃尔克（David Volcker）所撰写的关于历史学学习的书籍后，意识到教师不能简单地教给学生史实或者争论的结果，而应该引导学生以一个"历史学家的身份"去思考史料。于是高根开始重新审视其教学目标，他将课程目标调整为引导学生在学习中转变角色，建立史学家身份，帮助学生研修原始资料。新教学目标的实现显然需要大量而高效的课堂讨论，翻转课堂恰好能满足。高根教授首先调整教学资料，制作唤起学生"历史学家"意识教学的视频，将自己录制的视频作为学生课下学习的主要材料。他以最简单的方式完成了视频的简单录制，但当他以邮件告知学校教学技术办公室其翻转课堂需要录制视频时，技术办公室很快为高根的电脑安装了一个专业屏幕录制软件 Camtasi，更加完善了授课视频录制，具体流程如下：把 PPT 转换成 PDF 文件，确保软件能检测到完整的 PDF 图片，检查麦克风是否能录入声音，在软件中控制录制、暂停和停止键。接下来根据授课的材料录制讲课视频，录制完毕后检查录制视频质量。最后由教学技术办公室人员在24小时内把视频放到 YouTube 网站上。需要注意的是在录制中应准备一份完整的书面讲稿来保证课程录制的流畅，使用暂停键去避免"呃""嗯"等无用的语气词。另外，软件 Camtasi 还可检测屏幕中其他的任何信息，教师可根据课程录制的需要进行添加，例如为学生演示寻找资料或使用软件的过程。

为了帮助学生建立"历史学家"的角色意识，高根教授精心设计了一个介绍视频和九个基础内容视频。在介绍视频中，高根介绍了一些基础知识、整个课程安排和学习方法概述，例如快速讲解公元前和公元之类的术语、课程的教学目标、课程所囊括的几大主题、如何根据课程的几大主题去阅读、如何提出专业的历史学问题等。同时为了让学生学会熟练地使用Blackboard去完成小测试，掌握学生对课程主题内容的了解程度，高根还为第一个视频设计了一项书面作业：写出课程的几大主题内容、解释什么是历史中的引证。在九个基础内容视频中，为了保证学生在参与课堂讨论前能获得足够的信息，掌握在课堂讨论中所需一手材料的来龙去脉，除了教科书中的内容，还补充了能带给学生情境体验的内容，这样从宏观到微观逐步引导学生提高问题的难度，启发学生的思维。以第三单元的视频为例，首先高根从宏观上引导学生思考本单元内容："关注的是不同地区的不同统治者如何展现他们的权力，哪些史料能告诉我们关于这些文明和当时统治者的统治态度。"再指出这一单元主线是政府，提醒学生还应同时注意与其他主线相关的材料。这样从宏观指导过渡到微观知识后，要求学生以一手资料为基点来展开学习。

  发放视频后，在课堂中进行交互式课堂讨论。为了通过课堂互动强化学生以"历史学家"身份思考问题的意识，高根的课堂活动分为全体讨论和小组活动两种形式，其中全体讨论的形式最为常用，小组讨论采用课堂临时分组和课下自由组合两种形式。无论哪种形式的讨论，高根都十分强调以"历史学家"的态度和意识去思考问题，非常仔细地阅读原始材料，清晰而富有逻辑地从一手资料中论证出结论。

  课堂互动开始之前，高根会提出一些简单的问题去了解学生观看视频的情况，同时借此机会提醒没有观看视频的学生下次观看视频。在全体讨论中"问题调查法"的互动形式最为常用，即教师先提出一个问题，再给出关于此问题的多项答案，供学生进行选择发表看法。在全体学生讨论中教师要注意性格内向、不善言表的学生，因为他们参与讨论的积极性可能会很低，为了让内向的学生参与讨论，高根采取了"平行互动为先"的方法即引导内向的学生先跟其他同学互动起来，内向的学生一般都会逐渐进入互动，"你对这个问题是怎么看的？"……在这个过程中，高根会每过几分钟就再次激励内向的学生，从而使内向的学生能保持参与活动的热情。

  在课堂临时小组的活动中，高根先列出视频中留给学生的问题，将学生分为五人左右的小组展开讨论。临时小组分别讨论确定小组答案后轮流向大家陈述他们形成结论的过程，在各小组中分别有一位记录员、一位发言人和一位协调人。记录员主要负责记录，发言人负责代表小组向全班陈述小组讨论的内容，协调人则负责保证每一位小组成员在讨论时都有机会发言。除了临时小组还有自由组合小组，自由组合小组的任务是"课下准备，课上讨论"，高根会根据作业的特点设计不同的互动形式。如"角色扮演式互动"即教师和学生分别扮演某些历史人物，进行课堂互动。高根假设自己为中国皇帝，要求学生们尝试说服他接受道家、法家、儒家中的一种执政理念。各小组有几天的时间去准备这项任务，在课本、互联网和教师提供的资料中寻找所需论据。

翻转课堂结束后，高根通过问卷、期末论文和在课堂讨论中对学生的感知总结其翻转课堂的教学效果。通过对课堂活动中学生们讨论的情况，高根发现充分的课堂互动不仅提升了学生的历史学习能力，更可贵的是帮助学生逐步建立起辩证思考问题的能力。

第三节　国际经验对我国高校历史教学改革的启示

在进行国际经验研究时，我们发现许多国家在高校历史教学方面进行了深刻而富有成效的改革，这些经验为我国高校历史教学改革提供了有益的启示。随着社会的不断发展和知识的不断更新，国际上的一些成功实践不仅为提高学生历史素养提供了新的思路，也为我国高校推进历史教学改革提供了有益的借鉴和启发。因此，我们有必要深入研究这些国际经验，以更好地促进我国高校历史教学的创新和提升。

一、强调跨学科性和综合性

国际上高校历史教学越来越强调跨学科性和综合性。历史不再被孤立地教授，而是与其他学科如文学、艺术、政治、经济等相互联系。我国高校历史教学改革可以借鉴这一点，将历史与其他学科相结合，促进学生对历史事件的深入理解。这种跨学科性和综合性的教学方法，不仅可以帮助学生建立更为全面的历史认知体系，也有利于培养学生的综合素养和思辨性思维。

牛津大学历史系的"数字化历史"课程改革，提供了一个成功的跨学科和综合性教学案例。该课程改革将数字人文、历史数据分析、电子档案等内容引入历史教学，与计算机科学、社会学和数据科学等学科进行融合，不仅丰富了教学内容，还提升了学生的综合素养和思辨性思维能力。利用数字化工具和技术，学生可以虚拟参观历史遗址，体验历史事件的场景，增强学习的趣味性和沉浸感。

我国高校历史教学改革可以借鉴这种跨学科和综合性的方法，通过整合多学科资源，丰富教学手段，提升教学效果，培养学生的多元化能力和全球视野。这不仅有助于学生在历史学科的学习中更好地理解社会的多样性和复杂性，也提高了他们解决实际问题的能力，促进了对具备全球视野的复合型人才的培养。

二、重视原始资料和实地考察

国际上高校历史教学越来越强调让学生直接接触原始历史资料和进行实地考察，以培养学生的独立研究能力和历史思维能力。在案例课程中，教学团队不仅更新和拓展了课程内容，还特别重视让学生直接接触原始历史资料。课程引入了丰富的数字化资源，如历史文献、档案资料和影像资料等，学生通过这些资源可以自主查找和分析历史资料，培养独立思考和研究能力。例如，学生可以利用数字化档案库，查阅"一战"时期的原始文件，分析当时的社会和政治背景。这种自主学习和研究的过程，不仅拓展了学生的历史视野，还提高了他们的分析能力和思辨性思维能力。此外，高校还注重组织实地考察活动，这是培养学生历史思维能力的重要途径之一。例如，课程安排学生实地考察伦敦的帝国战争博物馆，学生们通过现场参观和参与博物馆的数字化项目，深刻了解历史事件的背景和影响。这种亲身体验不仅激发了学生的学习兴趣，也让他们更加深刻地理解历史事件背后的文化、社会和政治背景。为了进一步培养学生的历史思维能力和实践能力，大学要组织学生参与各种历史项目研究。例如，学生可以参与历史文献的整理与研究、历史事件的重现与解读等项目。在这些项目中，学生不仅能够深入了解历史事件的细节和背景，还能够培养团队合作精神和实践能力。例如，在一个项目中，学生们合作重现了维多利亚时期的一次重大辩论，学生通过扮演不同历史人物，深入理解了当时的社会思想和政治立场。

借鉴国外的成功经验，我国高校历史教学也可以通过组织实地考察活动、利用数字化资源和组织历史项目研究等方式，提高教学效果。通过组织学生参观古迹、博物馆和纪念馆，让学生亲身体验历史，激发他们的学习兴趣。例如，组织学生参观本地博物馆，可以让他们更加直观地理解地方史。利用数字化资源也是提高历史教学效果的重要手段。教师可以借助丰富的数字化历史文献、档案资料和影像资料，为学生提供多样化的学习材料。使用数字化平台，学生可以访问世界各地的历史档案，进行跨文化的历史研究，拓展他们的历史视野。组织学生参与历史项目研究，通过文献整理、事件重现等项目，深入了解历史事件的细节和背景。例如，组织学生合作研究中国古代的科举制度，通过整理历史文献、模拟考试场景等方式，全面理解这一制度对中国历史和社会的影响。

让学生直接接触历史原始资料和进行实地考察，是提高高校历史教学质量的重要途径之一。通过借鉴国际经验，组织考察活动、利用数字化资源和开展历史项目研究，我国高校的历史教学可以更加生动有趣和深入有效。这样不仅能够激发学生的学习兴趣，培养他们的独立研究能力和历史思维能力，也可以促进学生对历史事件的深入理解和认识，为培养具备全球视野和综合素养的复合型人才奠定坚实的基础。

三、注重思辨性和思辨性思维的培养

国际上的高校历史教学注重培养学生的思辨性和思辨性思维能力，鼓励学生对历史事件进行多角度的分析和思考。斯坦福大学在其"全球历史"课程改革中，提供了许多有价值的实践经验。

在斯坦福大学的"全球历史"课程中，课堂讨论和辩论是常用的教学方法，这些活动可以激发学生的思辨性思维。学生在课堂上就历史事件进行讨论，提出不同的观点和解释，从而培养理性思考的能力。在交流意见的过程中，学生能够从不同的角度审视历史事件，形成更为全面的认识。例如，在讨论"二战"的起因和影响时，学生被分为不同的立场进行辩论，通过这种互动加深对事件的理解。这样的方式可以促使他们对历史事件进行深度挖掘，形成对历史问题更为深刻的理解。

引入跨学科的讲座和研讨会也是斯坦福大学培养学生思辨性思维的重要手段。学校邀请专业领域的专家学者与历史教学相结合进行讲座和研讨，让学生接触到更广泛的知识和不同学科的观点。这种方法拓展了学生的认知边界，促使他们更全面地考虑历史事件所涉及的因素。

我国高校历史教学可以打破传统的教学模式，借鉴斯坦福大学的经验，通过讨论、辩论、论文写作、跨学科讲座和研讨会、实地考察和数字化资源利用等方式，培养学生对历史事件的主动思考和分析能力。

四、利用多元化教学方法和资源

国际上的高校历史教学越来越多地采用多元化的教学方法和利用丰富的教学资源，如影视资料、数字化资源、互动课堂等。我国的历史教学改革也应充分利用现代技术手段，设计多样化的教学活动，提升教学效果和学生的学习兴趣。

影视资料在历史教学中扮演着重要角色。通过观看历史纪录片、影视剧等，学生可以生动地了解历史事件的背景、人物和发展过程。影视资料不仅能够激发学生的视觉和听觉感受，还可以帮助他们更好地理解历史的复杂性和多样性。因此，我国高校的历史教学可以充分利用丰富的影视资源，通过影视资料呈现历史故事，激发学生的学习兴趣。

数字化资源为历史教学提供了更广阔的空间。学生可以通过互联网获取大量的历史文献、档案资料、数字化博物馆等资源，进行自主学习和研究。教师可以借助数字化资源设计丰富多样的教学活动，如网络课程、在线讨论、虚拟实验等，提升教学的灵活性和互动性，激发学生的学习兴趣和创造力。

国际经验为我国高校历史教学改革提供了丰富的启示，我们可以借鉴国际经验，不断探索适合我国国情和教育实践的历史教学模式，促进学生历史素养的全面提升。

第九章 高校历史教学改革的展望与持续改进

当前高等教育领域正处于深刻变革的历史交汇期，历史学专业作为人文基础学科，既面临数字化转型的挑战，也迎来学科重构的机遇。2020年《新文科建设宣言》明确提出"构建世界水平、中国特色的文科人才培养体系"的战略目标，为历史学教育改革指明了方向。在"双一流"建设持续推进的背景下，历史学教学改革需要突破传统模式桎梏，在保持学科特色的同时，探索适应时代需求的新型育人体系。这种改革不仅关乎学科自身发展，更关系到文化传承创新与民族精神塑造等根本性问题。随着社会的不断进步和知识的不断更新，在高校历史教学改革的探索中，历史教学必须与时俱进，以更加开放、创新的思维，持续改进教学方法与内容，为学生提供更加丰富、深入的历史学习体验，引领他们走向更加充实、有意义的未来。在探索历史教学改革的道路上，我们深信，只有不断拓展思维边界，挖掘历史的多样性和包容性，才能真正激发学生的学习兴趣和探索欲望，助力他们成长为具有历史智慧和人文素养的时代新人。

第一节 高校历史教学改革的未来展望

随着社会的快速发展和知识的不断更新，高校历史教学正处于深刻变革的时期。在新的时代背景下，历史教学必须适应全球化、信息化和多元化的趋势，不断拓展教学领域，创新教学方法，提升教学质量，以应对日益复杂的挑战和需求。在这一发展趋势下，高校历史教学迎来了前所未有的发展机遇与挑战，需要教师们以开放的思维和创新的精神，共同探索历史教育的未来发展路径，为学生提供更加丰富、深入的历史学习体验，培养符合时代要求的历史人才。

一、教学理念的更新

在全球高等教育深刻变革的背景下，历史学教育正经历着从"知识本位"向"能力本位"的范式转型。2022年教育部等十部门印发的《全面推进"大思政课"建设的工作方案》明确提出"强化价值塑造、能力培养、知识传授三位一体"的人才培养要求，标志着我国高等教育改革进入深水区。历史学作为人文基础学科，其教学改革不仅关乎学科发展质量，更承担着培养具有历史思维、文化自觉和创新能力的时代新人的重任。当前，传统以知识灌输为主的教学模式已难以适应数字时代的需求，历史学教育必须重构教学目标、创新教学方法、完善评价体系，实现从"知道什么"到"能做什么"的根本转变。

（一）从知识传授到能力培养

《新文科建设宣言》中提出"培养具有跨学科思维、创新能力和国际视野的新文科人才"，为历史学教育改革划定坐标。政策导向显示，历史学教育正从"学科知识体系构建"转向"思维方法论训练"。全球史观、数字史学、公众史学等新兴领域的崛起，要求历史学者必须具备跨学科协作、数字工具运用、学术成果转化等复合能力。

历史学科自身演进规律推动着教学观念的革新。国际史学教育领域已形成共识：历史学的本质价值不在于复述过去，而在于培养解释历史现象、洞察人类文明规律的核心能力。这种学科认知的升级，倒逼教学观念从"史实掌握度"向"思维方法论"转型。传统教学目标聚焦于历史事件、人物、制度的记忆与复述，本质是将学生视为知识存储的容器。能力导向的教学规则强调培育历史核心能力。

重视批判性史料处理能力。批判性史料处理能力的培养，本质上是重建历史学研究的方法论基础。在信息爆炸与数字技术深度介入学术研究的背景下，这一能力已从传统的文献辨伪技能，演变为包含数字素养、逻辑推理、跨媒介分析等维度的复合型能力集群。传统史料处理聚焦于纸质文献的校勘与考据，而数字化时代的能力要求呈现新特征，注重涵盖数字档案、影音资料、社交媒体数据等多元史料形态的整合分析能力；运用文本分析、图像分析、数据可视化等技术辅助分析史料的能力；通过跨国数字档案库的关联检索，建立跨文化比较的研究视野。这种转变呼应了《新文科研究与改革实践项目指南》提出的"构建数字人文研究新范式"要求，使史料处理从个体技艺升华为系统性研究方法。

重视历史解释与叙事能力。这是打破"学术象牙塔"壁垒的关键路径。这种能力不仅关乎研究深度，更决定着历史知识的社会转化效能，具体而言，要通过个体生命史、物质文化史等微观视角，培养"见微知著"的解析能力；建立区域比较、文明互鉴等多维度分析框架，培养中观层面的比较解析能力；形成对历史规律、文明特质的整体性把握，培养宏观阐释能力；同时掌握将学术成果转化为展览策划、影视剧本、数字产品等形态的叙事技巧，培养大众转化能力。

重视数字人文技术应用能力。数字人文技术应用能力的培养，不仅是工具技能的传授，更是研究范式的根本变革。这种能力使历史学研究突破传统方法的局限，在《教育信息化2.0行动计划》的推动下史学教育进入智能时代。这要求未来高校历史学教学要进行能力要素的三重突破，一是技术工具层：掌握GIS、Python、VR等数字技术的操作应用；二是方法创新层：发展空间史学、计算史学、虚拟历史等新研究方法；三是学术范式层：建立"数据驱动—假设验证—可视化呈现"的新型研究逻辑。

这些能力的培养既要求技术素养的阶梯培养，如掌握数字文献检索、数据清洗等基础技能，又要求掌握训练空间分析、文本挖掘、三维建模等关键技术，同时更要求学科思维的融合再造。数据思维、算法思维、可视化思维，都将成为今后历史学思维重要的组成部分。

教学观念的转型本质上是对历史学教育本质的重新发现。在文化强国战略背景下，这种转型既是学科存续的战略选择，通过能力本位的教育重构，使历史学在数字时代保持学科生命力；又是文化传承的创新路径，培养具有历史解释力的新一代学者，为传统文化创造性转化提供智力支持；更是民族复兴的人才保障，塑造具有历史思维、全球视野的复合型人才，服务国家战略需求。

实现这种转型需要教育工作者完成三个超越：超越学科本位的思维定式，构建开放融合的课程体系；超越技术工具的表层应用，实现数字素养与史学方法的深度融合；超越短期成效的功利追求，建立持续改进的质量文化。唯有如此，历史学教育才能真正完成从"传承文明"到"创造未来"的跨越，为中华民族伟大复兴培育具有历史洞察力的时代新人。

（二）从以教师为中心到以学生为中心

全球高等教育正在经历从"知识本位"到"学习本位"的深刻变革。联合国教科文组织《2030年教育行动框架》明确提出"以学习者为中心"的核心原则,这一理念与我国《中国教育现代化2035》"更加注重学生全面发展"的战略目标形成共振。历史学作为人文基础学科,其教学理念从"教师中心"向"学生中心"的转变,不仅是应对数字时代教育挑战的必然选择,更是实现"立德树人"根本任务的关键路径。当前高校历史课堂中,仍普遍存在着"教师独白式讲授""学生被动接受""评价单向度"等问题,这与我国《深化新时代教育评价改革总体方案》提出的"改进结果评价、强化过程评价"要求形成鲜明反差。教学中心的转移,本质上是对教育本质的回归——从"塑造标准化的知识容器"转向"培育具有历史思维力的主动学习者"。

传统历史课堂中,学生常被视为等待填充的"容器",教师通过线性叙事将"标准答案"注入学生认知体系。这种模式下,历史学习沦为对既定结论的记忆与复述,学生的主体性被系统性遮蔽。以学生为中心的教学观,则致力于唤醒学习者的主体意识,使其成为历史认知的主动建构者。首先,注意认知逻辑的重塑,教师需通过策略激活主体性,如进行问题情境创设,设计"鸦片战争爆发的必然性""丝绸之路的文化互鉴机制"等开放性议题,引导学生自主建构解释框架;其次,进行元认知训练,通过"历史思维可视化工具"记录学生的思考轨迹,培养其对认知过程的监控与反思能力;最后,培养学术身份认同,积极让学生在模拟学术会议、论文评审等实践中体验研究者角色。

《新文科建设宣言》提出"培养具有自主学习能力和创新精神的新文科人才"要求,使教学目标从"教师教什么"转向"学生能做什么"。教师要着重训练学生史料辨析、历史解释、批判反思等核心思维品质的思维方法论,培养数字时代的自主学习能力,包括信息检索、学术协作、知识迁移等素养的终身学习力。

注重学生为中心,要求逐渐进行教师角色的根本性转变,重点提升课程设计、资源整合、技术应用等能力,从"权威讲授者"到"学习设计师";强化对学生学术成长与人格发展的全过程指导,从"知识裁判者"到"成长引导者";积极形成跨领域教学团队,从"学科守门人"到"跨界协作者",从而更好地引导学生思想与行动的变化。

从"教师中心"到"学生中心"的转型,本质上是将历史教育从"关于过去的知识传授"升华为"面向未来的思维培育"。当课堂不再是教师独白的舞台,而是学生思辨的场域;当史料不再是被膜拜的圣物,而是探究的素材;当历史学习不再是记忆的负担,而是理解世界的钥匙,这样的教育才能真正培养出"通古今之变,成一家之言"的史学人才。这需要教育工作者以更大的勇气打破固有模式,用更开放的心态拥抱变革,最终在历史教育的沃土上,培育出兼具人文底蕴与创新能力的时代新人。

(三)从封闭教学到开放式教学

传统高校历史学教育长期处于"三重封闭"状态:学科边界封闭——严格区分中国史与世界史、古代史与近现代史;教学空间封闭——局限于教室与教材构成的物理空间;知识体系封闭——固守传统史学范式与既定结论。这种封闭性在信息化与全球化时代暴露出严重弊端:学生难以应对跨文明比较的研究需求,无法适应数字人文技术引发的史学革命,更难以满足《新文科建设宣言》提出的"培养具有全球视野的复合型人才"要求。教育部《关于加快建设高水平本科教育全面提高人才培养能力的意见》明确指出要"推进优质教育资源共建共享",这一政策导向揭示了开放式教学转型的时代必然性——唯有打破封闭体系,历史学教育才能实现从"知识孤岛"到"学术生态"的质变。

开放式教学要求我们进行学科壁垒的解构与重构。构建"历史+"课程体系,开设"历史大数据分析""文化遗产数字化"等交叉课程,落实《新文科建设宣言》的跨界融合要求;建立"问题导向"课程模块,围绕"文明兴衰的动力机制""历史记忆的当代建构"等元问题,整合政治学、经济学、生态学等多学科视角;进行虚拟教研室建设,教育部2022年启动的"虚拟教研室试点"为历史学提供实践平台,通过云端协作实现跨校师资共享、课程共建。

进行教学空间的立体化拓展。探索虚实融合的场景革命,让学生在虚拟环境中开展研究;开发"增强现实田野调查系统",实现现实空间与历史信息的交织;推进社会课堂的深度激活,与博物馆共建"移动课堂",开展沉浸式教学;推行"社区口述史计划",学生在城市更新区域采集民间记忆,成果纳入地方志编纂体系。

推进资源体系的生态化构建。整合全国档案馆、图书馆的数字化资源,建立包含千万级史料、专题数据库、学术工具的"国家历史数字资源池";推行"慕课西行计划",将优质课程输送到中西部高校,促进教育资源均衡化;实现全球学术资源互联,接入大英博物馆数字档案、法国国家图书馆特藏库等国际资源,构建"24小时不打烊"的全球史料检索系统;参与"数字人文国际联盟",共享文本挖掘算法、历史地理信息系统等工具平台。

打造教学共同体的范式创新。进行师生关系的重构,从"讲授—接受"单向关系转向"学术合作伙伴"关系,教师角色转变为学习设计者与资源协调者;建立"导师组制",由历史学者、技术专家、文化从业者组成跨领域指导团队;探索校际协同机制,推行"课程互选、学分互认"制度等。

当历史教学突破教室围墙、学科边界与知识垄断时,历史便不再是一门关于过去的学问,而成为连接历史与未来、学术与社会、本土与全球的活力网络。这种开放不仅是教学形式的变革,更是历史学精神的回归。在司马迁"究天人之际,通古今之变"的追求中,本就蕴含着突破时空局限的开放胸怀。在政策引领与技术赋能的双重驱动下,中国高校历史教育正走向一个更包容、更协同、更创新的未来。这需要教育者以更大的智慧平衡开放与规范、创新与传承、技术与人本,最终在开放的教学生态中,培育出具有历史自觉、全球视野与创新能力的时代新人。

二、教学内容的优化

在高等教育改革持续深化的背景下,历史学教学内容的优化已成为落实立德树人根本任务、服务国家文化战略的核心环节。当前,传统教学内容面临着知识更新滞后、学科壁垒固化、技术融合不足等现实挑战,亟须通过系统性重构回应新时代需求。以《新文科建设宣言》《关于深化新时代高校史学类专业建设的指导意见》等政策为纲领,未来历史学教学内容的优化将围绕"守正创新、交叉融合、数字赋能"三大主轴展开,构建具有中国特色、全球视野、时代特征的知识生态体系。

(一)知识体系的跨学科重构

传统历史教育多以政治、战争及政治家作为核心脉络展开教学,而社会层面的演进、文化的多元发展、经济领域的变革等诸多方面的历史素材却未得到应有的重视,在一定程度上造成了历史教育内容的片面性与局限性。为了推动多样性,高校历史教学应该扩展教学内容的范围,涵盖更广泛的历史领域,包括但不限于社会史、文化史、经济史、女性史、环境史等,使学生更全面地理解历史,并促进对不同历史事件和文化现象的理解和思考。

以政治、军事为主的传统历史通史教育忽视了社会、文化、经济等多个方面的历史内容。然而，历史是一个多维度的领域，单一视角的历史教育难以提供对历史发展的全面理解。通过拓展历史教学内容的范围，高校可以使学生更加深入地了解历史的各个方面，从社会、文化、经济等方面使其对历史发展的认知更加全面。高校历史教学应打破传统历史教育的狭隘视野，为学生提供更加丰富、全面的历史知识。多维度的历史教学可以培养学生的综合分析能力，促使他们形成更为深入的历史观念，从而更好地理解历史发展的复杂性和多样性。

将社会、文化、经济等多个领域纳入历史教学范畴，可以促进学生的跨学科思维能力。历史不仅仅是一门独立的学科，它与社会学、人类学、经济学等多个学科有着密切的联系。通过扩展历史教学的内容，学生可以从不同的角度去理解历史，从而培养出更加全面、多元的思维方式，提升综合分析和解决问题的能力。历史作为一门综合性学科，与社会学、人类学、经济学等学科密切相关。通过将这些学科的视角融入历史教学中，可以帮助学生从不同的学科角度去理解历史事件、社会发展和文化变迁。在多领域的历史教学中，学生不仅可以了解历史事件和人物，还能够了解历史背后的社会、文化、经济背景，以及这些因素如何相互作用和影响历史进程，拓展学生的认知边界，使他们能够从更广泛、更深入的角度去理解历史现象，并将历史与当下社会现实联系起来。多领域的历史教学能够激发学生的思辨性思维，使其对历史事件和文化现象进行更深入、更全面的分析和评价。学生通过接触不同学科的知识和方法论，学会从多个角度思考历史问题，形成独立、思辨性的观点，并能够运用这些技能去解决复杂的历史和现实问题。

高校历史教学应当把社会、文化、经济等多个领域纳入教学范畴，为学生提供跨学科的历史学习体验，培养其跨学科思维能力和思辨性思维，从而使他们能够更好地理解历史，更有效地解决复杂的历史问题和现实挑战。

在历史教学中，应该关注不同群体和文化的历史，包括女性、少数民族、"弱势"群体等在历史发展中的地位和作用。传统历史教育往往集中于统治者、政治家等男性群体的历史，而忽视了社会中其他群体的经历。通过拓展历史教学内容，引入女性、少数民族、"弱势"群体等的历史，能够为学生提供更多元的历史视角。帮助学生认识到历史是由各种各样的个体和群体共同构成的，培养尊重多元文化和多元历史观的意识。关注不同群体的历史，学生可以更深入地了解这些群体在历史中的地位和作用，以及他们对社会的贡献，从而帮助学生认识到社会的发展不仅由统治阶层推动，还受到各个社会群体的共同努力和影响，继而培养学生的社会责任感，使他们更加关注社会的公平和正义。高校理应培养学生的包容性和多样性观念。学生在学习过程中更加了解和尊重不同群体的历史，从而更好地理解社会的多元性，使他们更容易接受和尊重不同文化、不同背景的人，从而促进社会的包容性发展。

历史与其他学科如文学、艺术、社会学、人类学等密切相关。为了推动历史教学的多样性，高校引入跨学科的视角，将不同学科的理论和方法应用到历史教学中，帮助学生更全面地理解历史事件和文化现象，拓展他们的学术视野。高校历史教学越来越倾向于与其他学科进行跨学科融合，历史与考古学、文学、经济学等学科之间的交叉互补，能够帮助学生更全面地理解历史事件背后的社会、文化和经济因素。综合性教学注重整合各种资源，创设多样的学习情境，激发学生的学习兴趣和动力。

跨学科融合的历史教学可以培养学生的跨学科思维能力。历史教学与文学、经济学等学科知识相结合，能够帮助学生更全面地理解历史事件的社会、文化和经济因素。学生不仅需要从历史学的角度去理解事件，还需要从文学、经济学等不同学科的视角进行思考和分析。这种跨学科思维能力的培养可以帮助学生更全面地理解历史事件，拓展他们的学科视野，提升综合素养。

1. 历史与文学的交叉

文学作为记录和表达人类生活、情感和思想的重要载体，与历史有着密切的联系。文学作品往往通过描写社会生活、人物命运和情感交织，展现特定历史时期的社会风貌，包括当时人们的生活状态、社会结构、道德观念以及社会发展等诸多方向。

在历史教学中，教师可以引导学生阅读历史小说、历史剧、历史诗歌等文学作品，从中感受历史时代的氛围和人物的内心世界，理解历史事件背后的人文情感与文化意蕴。比如，阅读《红楼梦》可以了解清代社会的生活面貌和文化风尚，观看《骆驼祥子》可以感受到 20 世纪初中国社会的动荡和变迁。文学作品塑造了各种丰富多彩的人物形象，这些人物形象往往是历史时期的典型代表，他们的生活经历、情感体验和思想观念反映了当时社会的多样性和复杂性。《威尼斯商人》中的人物形象展现了文艺复兴时期威尼斯商业社会的特点和人物性格，而《鲁迅文集》中的小说则反映了近代中国人民的苦难与抗争。文学作品往往通过人物的情感表达、语言的艺术处理和情节的发展，传递历史事件背后的人文情感与文化意蕴。从《红与黑》中可以体味到 19 世纪法国社会的阶级冲突和道德困境，从《战争与和平》中可以感受到拿破仑战争时代的人性挣扎与生存追求。

在高校历史教学中，引导学生阅读、分析和理解历史文学作品，可以丰富历史教学内容，激发学生的兴趣和热情，帮助他们更全面地理解历史事件和文化现象，领略历史的人文情感与文化意蕴。

2. 历史与艺术的交叉

艺术作为历史的表达形式之一，通过绘画、雕塑、建筑、音乐等形式，反映了不同历史时期的社会生活、审美观念和文化价值。对艺术家及其作品的观察和解读，学生可以更加深入地感知历史的艺术之美和文化精髓。

艺术作品常常以生动的形式反映特定历史时期的社会生活。绘画、雕塑、建筑等艺术作品可以展现当时人们的生活方式、服饰、建筑风格等方面。学生可以从中感受到历史时期的社会风貌和人们的生活状态，从而更直观地理解历史事件发生的背景和社会环境。艺术作品也反映了不同历史时期的审美观念和文化价值。绘画作品中的题材选择、表现手法，雕塑作品中的造型风格、材料运用，建筑作品中的建筑风格、结构特点，都可以反映出当时社会文化的特征和人们的审美取向。透过艺术作品，学生可以了解历史时期的文化传统、艺术风格和人们的审美追求。许多艺术家通过他们的作品对历史事件和社会现象进行诠释和表达。他们通过艺术语言，表达对历史事件的理解、情感和态度，传达对社会现象的反思和批判。教师可以引导学生分析艺术作品中所蕴含的历史信息和文化内涵，理解艺术家对历史事件和社会现象的诠释和表达，让学生更加深入地感知历史的艺术之美和文化精髓，同时理解历史事件背后的人文情感与文化意蕴。

教师可以利用艺术作品丰富历史教学内容，激发学生的学习兴趣和创造力，帮助他们更全面、深入地理解历史事件和文化内涵。这种跨学科的教学模式可以提高学生的综合分析能力和跨学科应用能力，培养他们的历史思维和文化素养。

3. 历史与社会学、人类学的交叉

社会学和人类学作为研究人类社会、文化和行为的学科，与历史有着密切的关联。社会学和人类学的理论和方法可以帮助学生分析历史事件和文化现象背后的社会结构、文化认同和人类行为。引入社会学和人类学的视角，教师可以帮助学生理解历史背后的社会变迁、文化交流和人类行为的多样性，拓展学生的历史思维和跨学科认知能力。

社会学的观点可以帮助学生分析历史事件背后的社会结构和组织模式。例如，学生可以探讨工业革命对社会阶层和家庭结构的影响，以及这些变化如何推动历史进程的发展。人类学的研究方法可以帮助学生理解历史文化之间的交流与互动。探究不同文化之间的相互影响和文化认同的形成。例如，通过研究文化交流的渠道和历史时期的交流活动，学生可以更好地理解文化认同对历史事件和社会发展的影响。社会学和人类学的理论可以帮助学生分析历史事件背后的人类行为和社会心理。探讨历史时期的价值观念、道德观念和行为规范是如何塑造历史进程的。例如，通过分析不同历史时期的社会风气、道德标准和人群行为，学生可以更好地理解历史事件的发生原因和社会动态的演变过程。

引入社会学和人类学的视角，历史教学可以更加丰富和立体，帮助学生从多个维度去理解历史事件和文化现象，拓展他们的历史思维和跨学科认知能力。这种跨学科的教学模式可以帮助学生建立更加深入的历史意识，同时培养其思辨性思维和跨学科思维能力。

将文学、艺术、社会学、人类学等学科与历史教学相结合，高校可以实现跨学科的教学创新，丰富历史教学内容，拓展学生的学术视野，提升他们的综合分析和跨学科应用能力，进而使历史教育更加生动、丰富和有趣，激发学生的学习兴趣和创造力。

（二）地方史和跨文化交流内容

在全球化背景下，地方史和跨文化交流的重要性日益凸显。高校历史教学应该重视本土历史，使学生能够深入了解自己国家和地区的历史文化，同时也应该关注跨文化交流，让学生了解不同文化之间的联系和互动。通过重视本土历史和跨文化交流，可以促进学生的身份认同感和跨文化理解能力的培养。

1. 强调本土历史的重要性

深入了解本土历史，能够建立学生对自己国家和地区的身份认同感，帮助学生更好地理解自己所处的社会背景、文化传统和价值观，更好地理解自己所在社会的演变过程和现状，激发他们的社会责任感和参与意识，促使他们更积极地参与到社会建设和发展中去。

通过学习本土历史，学生能够更深入地了解自己国家和地区的文化传统，包括语言、艺术、宗教、风俗习惯等方面，以帮助学生建立对自己文化身份的认同感，让他们意识到自己所处社会的独特性和历史渊源。了解本土历史可以帮助学生认识到自己的文化传统在历史进程中所扮演的角色，从而更好地理解并珍视自己的文化遗产。学习本土历史，学生可以更清晰地理解自己所在社会的演变过程，包括社会制度、经济发展、社会结构等方面的变迁，以帮助学生认识到社会问题的复杂性和历史根源，激发他们对社会问题的关注和思考。同时，通过了解社会演变，学生也能够更好地认识到自己作为社会成员的责任和义务，促使他们更积极地参与到社会建设和发展中去，为社会的进步和改善贡献力量。通过深入了解本土历史，学生能够建立起对自己国家和地区的身份认同感，这种认同感是个人发展和成长的重要支柱之一。当学生对自己的历史和文化有深入的认识和理解时，他们往往会更加自信和自豪，这种自信和自豪能够激发他们的学习动力和创造力，推动他们更好地发挥个人潜能，为社会和国家的发展作出更大的贡献。

深入了解本土历史，高校历史教学可以为学生提供更广阔的视野和更深刻的认识，帮助他们建立起对自己身份的认同感，激发其社会责任感和参与意识，促进其个人发展和成长。

2. 重视跨文化交流的必要性

全球化背景下，高校历史教学应注重跨文化交流，让学生了解不同文化之间的联系和互动，拓展学生的国际视野，使他们能够更全面地理解全球历史发展的背景和影响因素。学习不同文化的历史，学生可以培养跨文化理解能力。对于他们未来可能面临的跨国际合作和交往具有重要意义。

高校历史教学应当引导学生超越国界，深入了解不同文化背后的历史渊源和发展轨迹。通过研究不同国家和地区的历史，学生能够更全面地理解全球历史发展的背景和影响因素，从而打破局限性的思维模式，培养学生对多元文化的包容性，并使他们能够更灵活地适应全球化时代的复杂和多样性。在学习不同文化的历史的过程中，学生将更深入地了解其他社会的价值观、习惯和传统，这种深度的跨文化理解能力不仅可以减少文化冲突，还能够提高学生在国际环境中的社交技能。高校历史教学不仅应关注文化的静态理解，还应强调文化在历史中的交流和互动。让学生理解不同文化的背后逻辑，从而培养尊重和包容的态度，使他们能够更好地在多元文化环境中融洽相处。

全球化时代的高校历史教学应注重跨文化交流，深入研究不同文化的历史，拓展学生的国际视野，培养他们的跨文化理解能力，使他们能够更好地适应和参与全球性的社会互动。

3. 整合本土历史与跨文化交流

每个地区都有各自的璀璨历史，尤其是近代以来的历史，不仅有翔实的地方志和各类历史文献资料，还有大量照片、报道、影像资料甚至是亲历者作为佐证。利用地方史料作为素材，为大学历史教育提供资料补充，拉近学生与历史的心理距离和情感距离，调动学生的学习热情。

教师需要结合课程内容，深入挖掘当地的历史人物和历史事件，运用地方博物馆、图书馆、宗祠陵园、故居遗址等开展教学工作，帮助学生更深入了解脚下大地曾经发生的种种事件，并利用这种近距离接触历史的方式增强学生的求知欲和探索欲。地方文化是人民群众长期生产生活积淀下的产物，无论是特色服饰、民居饮食，还是民风民俗、戏曲礼仪，都是宣传地方历史的文化名片。教师需要高度重视地方文化的历史教育价值，通过对资源的深入挖掘，帮助学生明确当地历史和社会的发展脉络，用隐性的方式将思政元素套入历史教育中，丰富历史教育素材、激活思政教育。通过让学生进行本土历史与其他文化历史之间的比较研究，可以让学生更为深入地思考历史事件的背景、原因和影响，更全面地理解历史事件的复杂性和多样性，使他们不局限于单一视角，而是能够以更开放的心态去审视历史现象，从中获得更深刻的历史认识；培养学生对文化多元性的尊重，形成包容开放的文化态度，使他们能够更好地适应和融入多元文化的社会环境；深入了解不同文化之间的联系和互动，认识到人类共同的历史命运和价值追求，形成跨文化交流与合作的意识。

在高校历史教学中平衡本土历史和跨文化交流，促进学生的全球意识、跨文化交流和国际合作能力的发展，使其更好地适应全球化的社会环境。推动历史教学多样性需要从教学内容、教学方法、学科视角和文化交流等多个方面着手，以丰富多彩的历史教育，培养学生全面发展的历史素养和跨文化交流能力。

（三）课程思政融入历史教学

2016年5月17日，习近平总书记在哲学社会科学工作座谈会上，对我国今后哲学社会科学工作提出了要求与展望。他指出，"哲学社会科学是人们认识世界、改造世界的重要工具，是推动历史发展和社会进步的重要力量，其发展水平反映了一个民族的思维能力、精神品格、文明素质,体现了一个国家的综合国力和国际竞争力。"他将哲学社会科学放在重要的地位去考量,"一个国家的发展水平,既取决于自然科学发展水平,也取决于哲学社会科学发展水平。"❶ 充分肯定了哲学社会科学在中国历史发展进程中的重要价值。"人类社会每一次重大跃进,人类文明每一次重大发展,都离不开哲学社会科学的知识变革和思想先导。"

在充分肯定我国哲学社会科学事业发展成果的基础上,习近平总书记也指出,面对新形势新要求,我国哲学社会科学领域还存在一些亟待解决的问题,其中就提到我国目前"哲学社会科学训练培养教育体系不健全"这一问题。虽然这一问题主要是针对哲学社会科学专业,但也具有相对的普遍意义。作为培养大学生哲学社会科学素养的高等教育,有责任有义务为大学生人文素养的普遍提升提供哲学社会科学的基本课程与训练。虽然目前中国高校开设了"中国近现代史纲要"这一具有历史课程性质的公共理论课课程,但并不包含世界史、古代史等领域的内容,在为学生提供完整的历史框架与知识教育、塑造大学生历史素养等方面,还有一定的欠缺。所以,是否有必要在高校开设公共课性质的"大学历史"课程,将哲学社会科学的基础学科作为高校大学生的必修,值得探讨。

1. 课程思政视域下高校历史教育的价值取向

(1) 培养爱国思想。

爱国主义思想无论何时都是维系中华民族共同体意识的重要纽带,也是推动中华民族伟大复兴、富强的不竭动力。因此,培养学生的爱国主义情怀,不仅是高校历史教育的重要目标,也是开展思政教育的关键所在。纵观我国自洋务运动以来的近代历史,从一开始以维护清王朝统治的自强运动,到戊戌变法时期以救亡图存为目的的资产阶级改良运动,再到反帝反封建的新民主主义革命,爱国主义思想的内涵从维护封建地主阶级统治,逐渐过渡到维护无产阶级共同利益和实现全国人民解放,在抗日战争和解放战争时期形成了以维护国家主权和领土完整为核心的爱国主义思想。历史教育并非仅仅对历史事件的陈述和讲解,而是要围绕着一个明确的主线,将历史事件按照时间线索和逻辑线索进行串联,引导学生以真实史料为切入点,分析中华民族在不同历史时期的主

---

❶ 习近平:在哲学社会科学工作座谈会上的讲话(全文)[R/OL].(2016-05-18)(2025-03-02).人民网,http://politics.people.com.cn/n1/2016/0518/c1024-28361421.html.

要矛盾和斗争重点，从而了解国家在不同时期的发展情况和主要矛盾，意识到各个历史阶段需要应对的困难和挑战，从而站在历史的高度以发展的眼光思考问题，避免陷入思维误区和历史虚无的局限，在爱国主义情怀的支持下肩负起自身的历史责任，为全面建设社会主义现代化强国、实现中华民族伟大复兴贡献力量。

(2) 培养文化自信。

中华文明源远流长，在五千年的历史之中，既有饮马瀚海、封狼居胥的豪迈，也有山河破碎、国弊民穷的悲凉。尤其是自近代以来，面对西方列强的殖民和压迫，有识之士在三条不同的道路上挣扎探索：一是经历清政府时期、北洋军阀时期和国民党时期的专政体制；二是辛亥革命后到新中国成立前的资产阶级民主共和体制；三是在中国共产党的领导下，以马克思主义为思想核心的人民民主专政体制。其中，无论是专政体制还是资产阶级民主共和体制，都没有从人民群众最根本利益的角度出发，导致后期往往出现严重的党争内乱、擅权腐败等乱象，而中国共产党执政虽饱经风霜曲折，却因始终坚持正确的出发点和指导思想，率领人民群众建立了新中国政权。高校历史教育需要帮助学生梳理历史发展的整体脉络，使其在学习近现代历史的过程中，了解马克思主义理论的科学性和优越性，了解中国人民选择中国共产党、选择社会主义道路的历史必然性，通过了解历史和政治演进的内在逻辑，深化对中国特色社会主义道路、理论、制度和文化的自信，从而帮助学生形成正确的价值追求。

(3) 培养理想信念。

我国高校需要坚持马克思主义思想的指导地位，全面贯彻和落实党的教育方针。这就要求高校历史教育积极落实"立德树人"的根本任务，通过培养学生拼搏进取的理想信念，为其实现自我价值提供不竭的精神支持。学习党史和国史不仅是发展中国特色社会主义的思想前提，也是推动党和国家不断前进的重要基础。高校历史教育需要帮助学生厘清生活、职业、道德和社会政治四个理想信念的关系，让学生在学习史料和历史发展逻辑的基础上，掌握社会主义理想的基本原理和依据，应对历史虚无主义对学生思想的荼毒，让学生真正将个人发展与社会主义共同理想紧密结合，为中华民族伟大复兴矢志不渝地拼搏奋斗。

2. 高校历史教育中的课程思政元素

(1) 家国情怀。

从古至今，家国情怀一直是仁人志士所共有的特质。无论是陆游的"王师北定中原日,家祭无忘告乃翁",还是文天祥的"山河破碎风飘絮,身世浮沉雨打萍",抑或谭嗣同的"自横刀向天笑,去留肝胆两昆仑",都彰显出强烈的家国情怀。从历史典故中发掘家国情怀元素,并在此基础上渗透思政教育,通过激发学生对历史和文化的热爱,增强对国家和民族的归属感、责任感和使命感。

(2)文化认同与文化自信。

中华民族历史悠久、源远流长,在五千年的漫长历程中,中华民族始终一脉相承、从未中断,不仅创造了先进的思想文化和科学技术,还对整个亚洲乃至世界的发展产生了深远的影响。在历史教育中,通过开展中华优秀传统文化教育,能有效加深学生对不同时期、不同地域和不同民族文化的认知和见解,从而增强文化认同和文化自信。开展红色革命文化教育,能让学生认识到中华民族在近现代遭受的压迫和苦难,客观看待当今世界饱受压迫的第三世界国家,加深对人类命运共同体意识的认知。开展社会主义先进文化教育,能让学生在学习党员先进事迹的同时,深化对社会主义核心价值观的认识,从而坚定自身的理想信念。

(3)人类命运共同体。

人类命运共同体是在彼此尊重的前提下,通过平衡各国核心利益,谋求各国共同发展的一种政治抱负。通过世界史教育,学生能够认识到各个国家、各个民族为人类文化发展所作出的杰出贡献。在世界史教育中融入人类命运共同体意识,能让学生感受到文化间的多元性和包容性,从而以更开放的姿态接纳和体验不同文化。同时要认识到制度和社会环境之间的密切联系,懂得世界上不存在普适性的、十全十美的政治制度,每个国家和地区都需要根据自身情况互相学习、取长补短,才能形成更有利于自身发展的制度。

(4)"三观"教育。

历史教育的价值在于通过对历史的反思,学会看待世界和为人处世的道理。古今中外的漫长历史中,曾出现过无数志向高远、道德高尚的英雄人物,他们的人生经历和英雄事迹中包含着丰富的思政元素,将这些事迹作为教育资料,融入高校历史教育中,能让学生对历史和现实的问题有更深刻的见解,从而为自身的人生态度和人格塑造起到借鉴作用。尤其是对处于世界观、人生观和价值观成熟阶段的大学生而言,用历史人物的经历影响自身的人生选择,不仅能让学生获得珍贵的人生经验和启示,还能让学生更加懂得为人处世的道理,从而培养学生客观看待世界的能力。

在课程思政建设的背景下，高校历史教育需要以培养爱国思想为核心目标，以坚定"四个自信"为价值追求，以培养理想信念为教育职责，以提高思维认知为整体取向，以家国情怀、文化认同和文化自信、人类命运共同体意识和三观教育为抓手，推动思政元素与历史教育的有机协同。为此，高校应以开设历史公共课的形式改革传统的课程结构，用地方史实资料补充历史教育素材，增加历史公共课课时为思政教育提供支持，通过教育主体和媒介的转变拓展历史课程的思政教育空间，积极开展唯物史观教育，并运用实践课程提升教育效果，从而构建课程思政的历史教育模式，落实"立德树人"的根本教育目标。

历史学教学内容的优化，本质上是中华文明传承创新在教育领域的生动实践。当我们的课堂既能深入解读甲骨文中的古老智慧，又能运用区块链技术保护数字遗产；既能还原郑和下西洋的历史细节，又能剖析其当代地缘政治启示，这样的教学内容才能真正承担起"以史育人、以文化人"的时代使命，为中华民族伟大复兴培育具有历史自觉与文化自信的栋梁之材。

（四）引入多元化的历史资源

丰富教学内容需要丰富的资源支撑。教师可以引入多元化的教材、文献、影像资料，以及口述历史等资源，帮助学生更全面地理解历史事件的多层次本质。

1. 多元化的教材和文献

引入多元化的教材和文献可以帮助学生从不同角度去理解历史事件。除了传统的教科书，教师可以引入各种历史专题的研究资料、学术论文、历史文献等。这些文献和资料可能来自不同的学科领域和研究视角，可以帮助学生形成更加全面、多元的历史认知。

多元化的教材和文献可能来自不同的学科领域，如历史学、人类学、考古学、社会学等。不同学科的视角，使学生可以从多个维度去审视历史事件，了解事件背后的多重因素和影响。比如，从考古学的角度研究历史遗址和文物，从人类学的视角探讨历史文化和传统，都能够丰富学生的历史认知。多元化的教材和文献不仅包括教科书，还涵盖各种历史专题的资料和文献。引入历史专题的研究资料、学术论文等，可以帮助学生了解当前历史研究的前沿和趋势。这些研究性论文和学术文献往往涉及最新的研究成果和理论探讨，通过学习这些资料，学生可以接触到丰富的历史思想和观点，拓展自己的认知边界，培养思辨性思维和独立思考能力。教师可以根据课程内容和学生的学习需求，精心挑选相关的文献和资料，引导学生进行深度阅读和综合分析。让学生对不同文献进行比较、分析和评价，帮助他们形成更加全面、多元的历史认知，培养他们的思辨性思维和创新能力。

多元化教学方式不仅能够培养学生的学术能力，还能够拓展他们的思维视野，增强他们对历史研究的兴趣和参与度。学生对多元化文献和资料的学习，可以使历史教学更加丰富生动，提高教学质量和效果。

2. 影像资料的运用

影像资料是另一个重要的历史资源，可以通过图片、视频等形式呈现历史事件的情景和细节，能够给学生带来直观的视觉感受。与文字描述相比，影像更具生动性和直观性，能够让学生仿佛置身于历史事件的现场，深入感知事件的真实性和历史背景。

教师可以运用历史影像资料，让学生通过视觉感知历史事件的发生和演变过程，从而增强他们对历史事件的理解和记忆。例如，展示历史照片、录像资料等，让学生通过观察和分析了解历史背后的故事和意义。运用影像资料能够呈现出文字无法表达的细节和情感，使得历史事件更加生动鲜活，从而更容易被学生理解和记忆。这种视觉化的学习方式不仅可以提高学生的学习兴趣，还能够加深他们对历史事件的认知和理解程度。通过观察和分析历史影像，学生可以深入探讨历史事件背后的社会、文化、经济等方面的影响和意义，从而更全面地理解历史事件所承载的内涵和价值。这种了解历史背后故事和意义的过程，可以帮助学生形成更为深刻和综合的历史认知。

影像资料作为重要的历史资源，在高校历史教学中发挥着重要作用，不仅能够激发学生的学习兴趣，还能够提高教学效果，使历史教学更加生动和有趣。

3. 口述历史的应用

口述历史是一种生动的历史资源，通过记录历史事件的亲历者或目击者的口述，可以使历史更加具体和鲜活。教师可以邀请相关人士分享他们的个人经历和见证，让学生从生活的角度去理解历史的变迁和影响。

口述历史能够生动地呈现历史的细节和情感。与历史书籍中的文字描述相比，口述历史更具有人情味和亲历感，可以让学生更加真实地感受到历史事件的发生和影响。亲历者或目击者的讲述往往包含了丰富的细节和感情色彩，能够使学生更加深入地理解历史事件背后的故事和意义，使学生更加贴近历史事件的人文情感，从而增强他们对历史事件的认知和体会。这种亲身经历的分享能够激发学生对历史的兴趣和理解，使他们更加珍视历史的珍贵性和人文性。

口述历史作为一种生动的历史资源，在高校历史教学中具有重要作用，能使历史更加具体和鲜活，使学生更加贴近历史事件的人文情感，加深对历史事件的认知和体会。这种实践不仅能够丰富学生的历史学习体验，还能够培养他们对历史的热爱和理解，提升历史教学的教育效果和意义。

面对丰富多样的历史资源支持，学生可以从不同的角度和视角去理解历史事件，形成更加全面和深入的历史认知。同时，学生通过接触和分析这些历史资源，也能够培养思辨性思维和独立思考能力，为他们的学术和社会发展打下坚实基础。

三、教学方法的创新

在当今全球化的时代，历史教学的多样性愈发成为高等教育领域不可忽视的重要议题。随着社会结构的不断演变和文化交流的日益频繁，历史教育应当超越传统框架，迎接多元文化的挑战。而在国内高校的历史教学中，推动多样性成为提升教学质量和培养全面人才的必要举措。历史教育的多元性不仅涉及教学内容的广度和深度，还包括教学方法的创新和学科研究的开拓。

在全球教育数字化转型浪潮中，历史学教学方法的创新已成为破解传统课堂困境、落实"立德树人"根本任务的关键抓手。当前，高校历史教学普遍存在"单向灌输多，互动少""知识复现多，思维训练少""课堂封闭多，实践开放少"等突出问题，与《中国教育现代化2035》提出的"发展中国特色世界先进水平的优质教育"目标形成显著差距。在《教育信息化2.0行动计划》《新文科建设宣言》等政策驱动下，未来教学方法将呈现"技术赋能、学生中心、生态重构"三大特征，通过构建虚实融合、开放协同、智能精准的教学新范式，实现历史学教育质量的系统性跃升。

（一）多元化的课堂教学方法

传统的历史教学往往以讲授为主，学生被动接受知识。为了推动历史教多样性，高校可以采用多元化的教学方法，如讨论、辩论、小组项目、实地考察等，激发学生的学习兴趣，促进学生参与和思考，培养他们的思辨性思维和团队合作能力。

1. 互动模式的重构升级

翻转课堂的深度进化。在历史课堂上引入讨论和辩论的环节，可以激发学生的思维活跃度。通过讨论和辩论，学生可以从不同的角度去理解历史事件和现象，锻炼他们分析问题、提出观点的能力，同时也可以培养他们的逻辑思维和口头表达能力。构建"课前知识建构—课中思辨交锋—课后实践迁移—全程反思迭代"的新型翻转架构。

引导学生从不同的视角思考历史事件，可以让他们更全面地理解历史的复杂性。例如，在讨论一个特定历史时期或事件时，可以要求学生分别从社会、文化、经济、科技等多个角度出发，探讨对当时社会产生影响的因素。这可以帮助学生超越简单的因果关系，拓展对历史事件的理解。选择一些历史事件或思想流派，让学生就其中的不同历史观点展开辩论。这种活动可以帮助学生培养分析问题、评估证据和提出自己观点的能力，例如，可以选择不同历史学家对于某一历史时期的解释进行对比，并要求学生讨论这些观点的优缺点。这不仅激发了学生主动学习的兴趣，也促进了思辨性思维的发展。将历史事件与当代问题相连接，通过辩论激发学生对历史教材的兴趣，例如，讨论过去的政策对现代社会产生的影响，分析历史中类似的社会问题在今天的体现。学生能够将历史知识与现实生活联系起来，提高他们对历史价值的认识，同时也锻炼了他们将理论知识应用到实际问题上的能力。

2. 项目式学习的系统化

项目式学习的深化发展正在推动历史教学从模拟训练转向真实学术生产，形成"教学—科研—社会服务"三位一体的创新链。小组项目可以让学生更加深入地了解历史事件和文化现象。学生分工合作，收集资料、展开调研，共同完成项目任务，培养团队合作和沟通能力。项目式学习的深化发展正在推动历史教学从模拟训练转向真实学术生产，形成"教学—科研—社会服务"三位一体的创新链。

传统历史教学往往以线性时序组织知识模块，易造成学科认知的碎片化。项目式学习通过设定"文明交流机制""技术与社会变迁"等元问题，倒逼学生突破断代史、国别史的学科区隔，在解决问题过程中自主构建跨时空的知识网络。这种整合过程天然契合历史学的综合性特质——当学生为探究工业革命对东亚的影响，需同时调用世界经济史、科技史、环境史等多维度知识时，便在实践中领悟了历史解释的复杂性。《新文科建设宣言》强调的"跨界融合"理念，在此过程中得到具象化落实，知识体系从平面堆砌转向立体编织。

教师可引导学生进行选题论证智能化、史料搜集立体化、论文撰写协同化、成果转化场景化等多种形式，通过社会问题介入式学习，达到价值升华。如进行文化遗产活化项目，在"非遗传承工作坊"中，学生需运用口述史方法记录传承人技艺，通过 3D 建模复原传统工艺，最终成果接入国家文化大数据体系。或开展历史记忆建构实践，开展"城市记忆地图"项目，学生通过 GIS 技术标注历史事件空间坐标，结合 AR 技术生成可交互的记忆图层。上海师范大学团队制作的"红色记忆 AR 地图"，覆盖全市 87 处革命遗址，成为党史学习教育创新载体。

项目式学习通过设置"选题论证—资源整合—成果产出"的完整闭环，将历史学研究方法论转化为可操作的训练路径。在真实问题情境中，学生需经历"史料批判—假设构建—逻辑验证"的完整思维链条，这种沉浸式训练使批判性思维、历史解释力等抽象能力获得具象化发展。相较于传统课堂的被动接受，项目实践中的试错与迭代更能培养学术韧性，当初步结论被新发现史料推翻时，学生不仅需要调整研究路径，更需反思自身思维盲区。

（二）技术驱动的教学范式革命

在数字技术深刻重塑人类认知方式的今天，高校历史学教育正站在范式革命的临界点。人工智能、虚拟现实、大数据等技术的指数级发展，不仅改变了历史研究的工具箱，更在根本上解构了传统教学的知识生产与传递逻辑。教育部《教育信息化 2.0 行动计划》明确指出，要"推动教育理念更新、模式变革、体系重构"，这一要求与《新文科建设宣言》倡导的"技术赋能、交叉融合"形成战略共振。技术驱动的教学变革绝非简单的工具替代，而是从认识论层面重构历史教育的本质——当虚拟现实让学生"走进"敦煌藏经洞，当自然语言处理技术实现古籍的智能校勘，当区块链确权学术贡献，历史教学便突破了时空边界与认知局限，开启了从"知识传授"到"认知重构"的范式跃迁。这种变革不仅关乎教学效率的提升，更是对历史学教育价值的重新定位。在技术与人文的深度对话中，培育具有数字素养、批判思维与创新能力的时代新人，使历史智慧真正成为照亮未来的明灯。

高校历史教学可以充分利用数字化资源，如网络、数据库、档案资料等。通过数字化资源，学生可以获得丰富的历史资料和文献，进行深入的研究和分析。同时，数字化资源也可以为教学提供更多元的形式，如多媒体展示、在线讨论等，丰富教学内容，提升学生学习的互动性和趣味性。

学校图书馆、在线数据库和数字化档案馆中，存储了大量的历史文献、档案资料、古籍书目等资源。教师可以指导学生利用这些资源进行研究和分析，帮助他们更全面地了解历史事件、人物和文化。例如，学生可以通过网络数据库查阅历史文献，进行原始资料的收集和整理，从而展开深入的历史研究。学生可以通过数字化图书馆和在线文献平台获取丰富的历史书籍、期刊、论文等资源。教师可以引导学生选取相关文献，进行阅读和分析，培养他们的独立思考和思辨性思维能力。利用数字化技术，教师可以丰富教学内容，提升学生的学习体验。通过图片、音频、视频等形式生动地展示历史事件、文化遗产和艺术品，激发学生的兴趣和好奇心。利用网络平台和在线教学工具，教师可以组织学生进行在线讨论、小组讨论或辩论等活动。

学生可以在虚拟环境中交流观点，分享见解，拓展视野，加深对历史问题的理解。这种互动性的教学形式不仅可以提高学生的参与度和学习积极性，还可以培养他们的思辨性思维和团队合作能力。教师可以鼓励学生利用数字化技术开展历史展示和项目实践。比如，学生可以利用数字地图、虚拟现实技术等工具，设计历史地图、虚拟博物馆等展示项目，呈现历史文化的多样性和丰富性。这种混合式教学空间的生态化融合不仅能够培养学生的创新能力和实践能力，还可以加深他们对历史的理解和感受。

人工智能辅助精准教学，进行个性化学习路径规划。通过分析学生的认知风格、知识盲点、能力短板，自动生成个性化学习方案。部署历史学专用大语言模型，构建"24小时学术助手"，可实时解答研究问题、推荐关联文献、预警学术伦理风险。大数据助力学习分析技术，运用教育数据挖掘技术，采集学生在数字档案库的检索路径、虚拟研讨中的发言质量、在线测试的思维轨迹，生成多维能力发展图谱。

充分利用数字化资源，高校历史教学可以更加生动活泼。丰富多样的教学形式和内容可以激发学生的学习兴趣，提升他们的学习体验和能力水平。

这些多元化的教学方法，不仅可以使历史教学更加生动有趣，还能够激发学生的学习兴趣，促进他们的参与和思考。通过参与讨论、项目合作等活动，学生能够更加深入地理解历史内容，培养思辨性思维和团队合作能力，为他们未来的学习和工作奠定良好的基础。教学方法的创新本质上是教育哲学的进化。当虚拟现实技术让学生与历史人物"对话"，当大数据分析揭示千年文明演变规律，当每个学习者都能获得个性化成长支持，历史教育便真正实现了从"传授过去的知识"到"培育未来的思想者"的跨越。这需要教育者以技术敏感把握时代脉搏，以人文情怀守护学科本质，在守正创新中书写历史学教育的崭新篇章。

（三）实践性教学的创新

引入实践性教学方法是提高历史教学社会认知的另一途径。通过实地考察、档案研究、博物馆参观等形式，学生可以亲身感受到历史的沉淀和社会背景的变迁。实践性教学使学生不仅通过课本理论知识，更能够通过实际经验感知历史的底蕴，培养他们的社会观察力和历史洞察力。

1. 深化历史理解

实践性教学方法可以帮助学生深化对历史事件的理解。通过实地考察历史遗址、古迹等，学生能够目睹历史的痕迹，感受历史的真实性和厚重感。档案研究则使学生能够直接接触到历史文献和资料，从中了解历史事件的发生原因、演变过程和影响，可以帮助他们建立起对历史事件的完整认知。

实地考察历史遗址和古迹能使学生更加直观地理解历史事件所留下的印记，比如古建筑、历史遗迹等，它们是历史的见证者，通过观察和体验，学生可以更深刻地感受到历史的沉淀和传承。档案研究为学生提供了直接接触历史文献和资料的机会，从中了解历史事件的发生原因、演变过程和影响。这种深度挖掘历史资料的过程，使得学生的历史认知不再停留于表面，而能够更深层次地理解历史事件的本质。实践性教学使得学生更好地理解理论知识，实现知识的类别迁移。通过实地考察和档案研究，学生可以参与到历史的现场，并从中汲取知识和体验，这种亲身体验使得历史教育更加生动和有趣。学生通过自己的感受和体验，更容易理解历史事件的复杂性和深刻意义，从而深化对历史事件的理解和认知。

实践性教学方法为高校历史教学提供了重要的途径，学生可以深化对历史事件的理解，感受历史的真实性和厚重感，感知历史的底蕴。这种深入历史的体验和认知对于学生的历史教育和人文素养的培养具有重要意义。

2. 提升历史洞察力,培养社会观察力

实践性教学方法可以提升学生的历史洞察力,培养学生的社会观察力。通过实地考察和博物馆参观,学生不仅能够了解历史事件的发生背景和演变过程,还能够观察到历史与当代社会的联系和影响,逐渐培养对社会问题的敏锐观察和分析能力。

档案研究和博物馆参观为学生提供了深入了解历史事件的多种因素的机会。在档案研究中,学生可以直接接触到各种历史文献和资料,从中了解历史事件的发生背景、经济因素、社会状况等,从而形成对历史事件的全面认知。博物馆的实践教学,可以通过展览和文物收藏展示不同历史时期的文化遗产和社会发展,使学生能够感受到历史事件背后的文化内涵和社会意义。通过历史事件的深入学习和理解,学生能够更好地理解当代社会的发展和变化。历史事件往往对当代社会产生深远影响,通过对历史事件背后因素的分析和探讨,学生可以更好地理解当代社会的各种现象和问题,从而提升他们对当代社会的认知和理解水平。

历史洞察力的提升可以帮助学生提高在社会实践中的应变能力和创新能力。通过深入了解历史事件背后的因素和影响,学生能够更加敏锐地把握社会变化的脉络和趋势,从而更好地应对社会生活中的各种挑战和机遇。同时,历史洞察力也能够激发学生的创新意识和创新能力,在面对问题时能够提出新的思路和解决方案。

通过实践性教学方法,高校历史教学可以更好地提高学生的社会认知水平。学生通过亲身体验历史事件和社会变迁,不仅能够深化对历史的理解,还能够培养社会观察力和历史洞察力,为他们未来的学习和生活奠定坚实的基础。

四、评价体系的完善

在深化教育评价改革的时代背景下,高校历史学教学评价体系的完善已成为推动教学范式转型的关键支点。传统以期末考试为主导的评价模式,因其过度关注知识复现、忽视能力发展、缺乏过程反馈等弊端,已难以适应《新文科建设宣言》提出的"培养创新型、复合型人才"要求。根据《深化新时代教育评价改革总体方案》提出的"改进结果评价、强化过程评价、探索增值评价、健全综合评价"指导原则，未来历史学教学评价体系将突破单一维度局限，构建"全要素覆盖、全流程追踪、多主体参与"的立体化评估生态，实现从"知识测量"到"能力画像"的范式跃迁。

（一）评价维度的结构性拓展

传统历史学教学评价体系长期受限于"知识本位"思维，过度聚焦史实记忆准确性与既有观点的复现能力，导致学生批判性思维、实践创新能力、终身发展潜力等核心素养难以被有效观测与培育。随着《深化新时代教育评价改革总体方案》的推进，新型评价体系需以历史学科核心素养为纲，构建覆盖认知能力、实践能力、发展潜力的三维评估框架，形成可测量、可追踪、可干预的立体化评估生态。

一是认知能力维度，细化分解史料辨析、历史解释、学术论证等能力指标，开发"批判性思维发展量表"。通过文本分析技术追踪学生论文中的逻辑漏洞，利用自然语言处理评估历史解释的复杂性，使抽象思维能力获得可视化呈现。二是实践能力维度，建立数字人文项目、文化遗产活化方案等实践成果的评估标准，涵盖技术应用合理性、学术伦理合规性、社会价值创新性等指标。引入行业专家评估机制，确保学术训练与社会需求精准对接。三是发展潜力维度，运用学习分析技术构建"能力成长曲线"，通过对比学生不同阶段的项目成果、研讨表现、反思日志等数据，量化评估自主学习能力、跨学科迁移能力等发展潜能。

（二）评价方式的系统性革新

随着教育领域的不断发展和信息技术的快速进步，传统单一的评价方式已经难以满足现代教育的需求。因此，构建一个系统性、多元化、智能化的评价体系显得尤为重要。

过程性评价强调对学生学习过程的全面记录和分析，而不仅仅是关注最终的学习结果。建立"学术成长档案袋"可以持续收录学生的史料批注、研究提案、过程反思等形成性材料，这些材料不仅能够反映学生的学习进度和思考过程，还能够为教师提供丰富的教学反馈信息。借助区块链技术，可以确保这些数据的真实性和可追溯性，从而提高评价的可信度。开发"实时反馈系统"也是过程性评价深度实施的重要举措。在虚拟研讨、数字史料分析等场景中，实时反馈系统能够即时生成能力诊断报告，为学生提供及时的学习建议和指导,这种即时反馈机制有助于学生动态调整学习策略,提高学习效率。

智能评价工具的应用为教育评价带来了新的可能性。部署历史学专用评价大模型,可以实现对论文逻辑结构、引证规范、学术创新等方面的自动化评估,这样不仅能够显著提升评估效率,还能保持较高的准确率;不仅减轻教师的负担,还能够为学生提供更加客观、公正的评价结果。

多元主体协同评价机制的引入,使得教育评价更加全面和客观。通过引入"三阶评审制",教师、行业专家和学生互评各自发挥不同的作用。教师侧重于学术规范性评价,行业专家聚焦于实践价值评估,而学生互评则关注协作贡献度。这种多元主体的评价机制,不仅能够从多个角度全面评价学生的学习成果,还能够促进学生之间的相互学习和合作。

新型评价生态的构建将产生多重变革效应,促进教育公平,通过数字技术突破地域资源限制,使不同地区层次的高校学生获得同等质量的评估反馈;倒逼教学内容与方法改革,推动历史学与数字人文、文化遗产管理等新兴领域深度融合;通过社会价值维度的评估导向,强化历史学解决现实问题的能力,回应《关于实施中华优秀传统文化传承发展工程的意见》的战略需求。当评价体系能够精准识别学生的批判性思维成长轨迹、有效激发创新潜能、动态对接社会需求时,历史学教育便完成从"学术训练场"到"人才孵化器"的质变,进而为培育具有历史洞察力与文化创造力的新时代人才提供核心支撑。

第二节 持续改进与监测机制

在当今飞速发展的社会,高校历史教学作为知识传承的一环,在培养学生综合素养、历史意识和思辨性思维方面发挥着不可忽视的作用。然而,随着时代的不断演变和知识体系的扩展,高校历史教学亦需不断改进以适应新的需求与挑战。在这一背景下,建立一套持续改进与监测机制显得尤为重要,以确保高校历史教学能够紧跟时代步伐,为培养新时代背景下所需素养的优秀人才奠定坚实基础。

一、健全多方参与的评估和反馈机制

高校理应建立定期的课程评估和反馈机制,包括学生、教师和教学管理部

门的参与。通过学生的课程评价和反馈调查，收集他们对课程内容、教学方法、教师表现等方面的意见和建议。同时，教师也应该参与对课程的自我评估，反思教学过程中的优缺点，并根据评估结果进行课程调整和改进。

（一）学生参与的评价和反馈

高校可以定期组织学生参与课程评价和反馈调查。通过在线问卷、小组讨论或者面对面交流等形式，收集学生对历史课程的意见和建议。学生可以就课程内容的难易程度、教学方法的有效性、教师的表现等方面进行评价，提出改进建议。

为了确保收集全面而准确的反馈，高校可以采用多元化的评价方式，在线问卷、小组讨论和面对面交流都是有效的工具。通过在线问卷，可以收集大量的匿名反馈，而小组讨论和面对面交流则能提供更深入的见解，尤其能够捕捉到学生的实际感受和情感体验。

学生的意见和建议是评价体系中至关重要的一部分，涉及课程内容、教学方法、教材选择等方面。这些建议能够帮助教师和教学管理部门有针对性地进行课程改进。学生可以就历史课程内容的难易程度发表意见，这可以帮助教师了解学生对于历史知识的掌握情况，识别知识难点，调整课程难度，更好地满足学生的学习需求。学生对于教学方法的评价是课程改进的关键。他们还可以提供关于课堂互动、教学资源的使用、实例分析等方面的反馈。通过了解学生对于不同教学方法的感受，教师可以调整自己的授课方式，提升课堂的参与度和吸引力。学生对于教师的评价还应涵盖更多方面，包括教育热情、表达清晰度、耐心和关注学生的态度等。这样的反馈对于教师个体提升和整体教学水平的提高都具有指导作用。教师可以根据学生的建议，调整自己的教学风格和方法，以更好地满足学生需求。为了确保学生积极参与评价和反馈，高校可以采取一些措施，如设立奖励机制、强调评价的重要性、保障匿名性等。学生参与的积极性将直接影响到反馈的真实性和有效性。

定期组织学生参与课程评价和反馈调查，高校历史教学可以更灵活地适应学生的需求，提高教学质量；同时增强师生之间的沟通与互动，为历史教育提供更加坚实的基础。

（二）教师自我评估与同行评议

教师应该参与到对课程的自我评估中来，反思自己的教学方法、课程设计、学生互动等。同时，建立同行评议机制，让教师之间相互观摩、交流教学经验、互相提供建议，以促进教学水平的提升。

教师自我评估是教学质量持续改进的基础。通过反思自己的教学方法、课程设计和学生互动，教师可以发现教学中存在的问题和不足之处，并且及时采取措施加以改进。

自我评估的过程是一种持续的、反思性的教学实践，可以帮助教师不断提高教学水平和专业素养。教师审视自己的教学方法和课程设计，包括课堂讲授、教学资源的运用、学生作业和评估等方面，从而思考哪些方法更有效，哪些方法需要调整或改进，以更好地满足学生的学习需求和提高教学效果。教师还可以评估自己与学生的互动情况，包括课堂氛围的营造、学生参与度的提高、与学生之间的沟通等方面，在了解学生的反馈和回应后，教师及时调整自己的教学策略，更好地与学生互动，激发他们的学习兴趣和潜能。

同行评议是教师之间相互学习和提升的重要途径。通过建立同行评议机制，教师可以相互观摩、交流教学经验、分享教学资源和课程设计，互相提供建议和改进意见。相互学习和合作的氛围可以促进教学水平的提升，激发教师的创新和活力。在进行自我评估和同行评议的过程中，建立良好的反馈机制非常重要。教师需要接受来自同行和学生的建议和意见，不断改进自己的教学方法和课程设计。同时，教学管理部门也可以提供支持和指导，为教师的教学改进提供必要的帮助和资源。

通过教师的自我评估和同行评议建立起一个积极向上的教学团队，推动高校历史教学的不断发展和提高。这种评估和反思的机制不仅可以帮助教师个人成长，也能够促进整个学校历史教学水平的提升，为培养学生成为有社会责任感、有历史素养的公民奠定坚实基础。

（三）教学管理部门的组织与支持

教学管理部门组织并支持课程评估和反馈工作，制定评估指标、设计调查问卷、安排评估活动，并协调教师和学生的参与。同时，教学管理部门也应该及时整理和分析评估结果，为教学改进提供科学依据和支持。

首先，教学管理部门应该与历史教学相关的专家和教师共同制定评估指标，涵盖课程内容的适应性、教学方法的有效性、学生参与度、教师表现等方面。评估指标的制定需要具体到可量化的指标，以便对教学质量进行科学的评估。

其次，教学管理部门设计调查问卷，用于收集学生和教师的反馈意见。问卷设计应该简洁明了，涵盖课程内容、教学方法、教师表现等方面，以便于学生和教师的理解和回答。同时，问卷还应该包含开放式问题，鼓励学生和教师提出具体的建议和改进建议。

再次，教学管理部门应该安排评估活动的具体实施，确定评估的时间安排、评估的方式和具体的实施步骤，并协调教师和学生的参与。评估活动可以包括课程观摩、教学讲评、小组讨论等形式，以便收集多样化的反馈意见。教学管理部门应该积极协调教师和学生的参与，确保评估工作的顺利进行。

最后，教学管理部门需要及时整理和分析评估结果，根据评估结果，发现课程存在的问题和不足之处，并为教学改进提供科学依据和支持。同时，教学管理部门还可以根据评估结果制定相关的改进计划，跟踪和评估改进效果。教学管理部门应该为教师的教学改进提供必要的支持和资源，可以组织教师培训、提供教学资源和资料、推广优秀的教学案例等，帮助教师不断提升教学水平和专业素养。

教学管理部门的组织和支持使得课程评估和反馈工作可以有效开展，教学质量得以提升。教学管理部门的角色不仅在于协调和组织评估工作的进行，更重要的是在评估结果的分析和改进措施的制定中发挥着关键的作用，从而推动高校历史教学不断迈向更高的水平。

（四）定期课程评估与改进计划

定期课程评估和改进计划是通过每学期或每学年的课程评估，及时发现课程存在的问题和不足，制定改进措施并跟踪实施效果。评估和改进计划应该是持续的、循环的过程，以确保教学质量的持续提升。

高校可以设立每学期或每学年一次的课程评估计划。在评估的基础上，教学部门可以与教师团队共同制定针对性的改进措施，涉及课程内容的调整、教学方法的优化、教学资源的更新、学生评价和参与度的提升等方面，以期提升课程的质量和效果。实施改进措施后，需要及时跟踪其实施效果。教学部门应该及时向教师和学生反馈评估结果和改进措施的实施情况，鼓励他们提出意见和建议，增强他们对课程评估和改进工作的参与和信心。

建立定期的课程评估和改进计划，高校可以不断发现问题、制定改进措施、跟踪实施效果，促进历史教学质量的持续提升。这种持续改进的精神和机制将可以帮助高校历史教学适应时代需求、提高教学水平，为学生提供更加优质的历史教育服务。

（五）建立良好的反馈机制

在收集学生和教师的反馈意见后，建立一个良好的反馈机制非常重要。良好的反馈机制，可以增强学生和教师参与课程评估和反馈工作的意识和信心，从而使其更加积极地参与到评估和反馈活动中来。教学管理部门应该及时回应学生和教师的关切和建议。无论是积极的反馈还是负面的意见，都应该得到及时的回应和处理，以表明教学管理部门对于学生和教师的关注和重视，增强他们对于评估和反馈工作的参与度和积极性。在收集和分析学生和教师的反馈意见之后，教学管理部门应该向他们反馈评估结果和改进措施。

教学管理部门应该建立起与学生和教师的良好沟通渠道，通过课程反馈会议、在线平台、电子邮件等形式，与学生和教师进行沟通和交流。

良好的反馈机制不仅可以促进一次性的改进措施，更重要的是为持续改进提供动力和支持。学生和教师的反馈意见可以作为教学管理部门制订长期改进计划的重要依据，从而不断优化教学内容、改进教学方法，提高教学质量和效果，为历史教学的持续改进和提高提供有力的支持和保障。这样的机制不仅可以促进教学质量的提升，还可以增强教师和学生之间的沟通与合作，推动高校历史教学不断向着更高水平发展。

二、完善教学质量评估体系

建立完善的教学质量评估体系，包括课堂教学评估、学生学习成绩评估、毕业生就业情况评估等多个方面。通过定量和定性的评估指标，全面评估历史教学的质量和效果，为教学改进和优化提供科学依据。

（一）课堂教学评估

课堂教学评估是衡量历史教学质量的关键环节。通过观察教学流程、搜集学生的意见与评价，教师自我反思等途径，来评判课堂教学的活跃水平、教学内容是否精准深入、教学手段是否多元高效等维度。学生的参与状况、课堂的整体氛围、教学资源的运用情形等，都能作为评估的指标。周期性开展课堂教学评估，有助于教师迅速察觉教学里的缺陷与短板，进而适时调整教学方案，提高教学成效。

教师自我评估是课堂教学评估中的重要环节之一。通过反思和自我评价，审视自己的教学方法、教学效果以及课堂管理等。回顾教学过程，思考教学中的成功经验和不足之处，并提出改进和提升的方案。通过不断地自我反思和调整，教师可以不断提高教学水平，增强教学的针对性和有效性。

定期进行课堂教学评估是保证教学质量持续提升的重要保障。教师可以将评估作为教学过程中常规性的工作，设立固定的评估时间和方式。通过定期的评估，教师可以及时发现教学中存在的问题和不足，并进行及时的调整和改进。这种持续的评估与调整机制可以保持教学活力，促进教学质量的稳步提升。

课堂教学评估是提升高校历史教学质量的重要手段之一。定期进行评估与调整可以帮助教师及时发现问题、改进教学策略，从而提升教学质量，促进学生的学习效果和发展。

（二）学生学习成绩评估

学生学习成绩在衡量教学成效方面占据着重要地位。除常规的定期考试与测验外，课程作业、论文撰写以及课堂表现等均可作为评估学生学习成绩的多元途径。评估范畴不应局限于学生对知识的掌握情况，还需涵盖其分析、思辨思维能力以及解决问题的能力等层面。借由对学生学习成绩的评估，能够精准定位学生在学习过程中的困难与存在的问题，进而及时实施个性化的辅导策略，助力提升学生的学习成效。

采用多元化的评估方式可以更全面地了解学生的学习情况和能力水平，避免仅仅依靠一次考试成绩来评价学生的学习成绩。学生学习成绩的评估不仅局限于知识掌握程度，还应该考查学生的分析、思辨性思维以及解决问题的能力等方面。历史学科强调的不仅是知识的获取，更是对历史事件、人物、文化等的深刻理解和分析能力。因此，在评估学生的学习成绩时，应该注重对学生综合能力的考察，鼓励学生发展思辨性思维、逻辑推理能力和独立思考能力，而不仅是死记硬背历史知识。通过学生学习成绩的评估，针对学生的不同学习特点和需求，教师可以采取针对性的教学策略，帮助学生克服困难，提高学习效果。个性化的辅导和指导可以激发学生学习的兴趣和动力，提升学生的学习成绩和综合能力。

学生学习成绩评估是高校历史教学中不可或缺的一环。通过采用多元评估方式、综合能力评估以及个性化辅导和指导，可以更好地了解学生的学习情况,促进学生的全面发展和提高教学质量。

(三)毕业生就业情况评估

毕业生就业情况评估是衡量历史教学质量的重要指标之一。通过跟踪毕业生的就业情况、调查他们在职场中的表现和反馈,我们可以评估历史教育对学生就业的实际贡献。评估指标可以包括毕业生就业率、就业岗位与专业对口情况、薪资水平、职业发展情况等。了解毕业生就业情况可以帮助高校了解自身教学质量与教育培养模式的优势和不足,进而进行针对性的改进和优化。

毕业生就业率和专业对口情况是评估历史教学质量的重要指标之一。高校可以通过跟踪毕业生的就业情况来评估其教育质量。通过对毕业生就业率、专业对口情况、薪资水平以及职业发展情况等方面进行评估,我们可以全面了解历史教学的实际效果和质量水平,为高校提供改进教学、优化培养模式的科学依据。

建立完善的教学质量评估体系是高校历史教学持续改进和优化的关键。通过课堂教学评估、学生学习成绩评估、毕业生就业情况评估等多个方面的评估指标,我们可以全面评估历史教学的质量和效果,为教学改进和优化提供科学依据,以提升教学质量、培养优秀人才,推动高校历史教育的持续发展。

三、优化课程设计与内容

高校历史课程的设计与时俱进,不断更新和完善课程内容和教学大纲。引入新的研究成果和教学方法,增强历史课程的多样性和趣味性,提高学生的学习积极性和参与度。

(一)紧跟学科发展的前沿

历史学科是一个不断发展的领域,新的研究成果和方法不断涌现。教师密切关注学术期刊、参与学术研究项目,获取最新的历史研究成果,并将其融入课程设计中,以使历史课程更具深度和广度,让学生能够接触到最新的历史知识和研究领域,激发他们对历史学科的兴趣。

引入最新的研究成果和理论观点是历史课程保持前沿性的关键,这可以促使学生发展思辨性思维和学术能力。这种思辨性思维能力是历史学科核心素养之一,可以帮助学生在未来的学术和职业生涯中做出独立、理性的判断。引入最新的研究成果和理论观点可以提升教学质量和教学效果。当教师将新的研究成果与教学内容紧密结合，将抽象的学术理论与历史事件联系起来时，历史课程将更加生动、有趣和有深度，进而激发学生的学习兴趣，提高他们的学习效果和学术成就。

引入新的研究成果和理论观点不仅能够激发学生的学习兴趣，培养他们的学术能力，还能提升教学质量和教学效果，为学生提供更丰富、更深入的历史学习体验。因此，教师应该积极关注最新的历史研究动态，不断更新课程内容，确保历史课程始终保持活力和吸引力。

（二）引入创新的教学方法

随着教育理念和技术的不断更新，高校历史课程还应该引入创新的教学方法。例如，可以采用互动式教学、案例教学、实地考察、数字化教学等方式，丰富课堂教学形式，增强学生的参与度和互动性，以打破传统的教学模式，提高学生的学习积极性，使历史课程更具多样性和趣味性。同时，借助技术手段，如在线开放学习平台、VR、AR 现代技术来拓展学生的学习途径，提供更灵活的学习方式。

引入创新的教学方法对于高校历史教学至关重要。这些方法丰富了课堂教学形式，提高了学生的参与度和互动性，同时拓展了学习途径，提供了更加灵活和便捷的学习方式。因此，教师应该积极探索和应用各种创新的教学方法，不断提升历史课程的教学质量和学习体验，使学生能够更加全面地理解和掌握历史知识，提高历史学科的吸引力和影响力。

（三）满足社会需求和学生期望

历史课程设计还应该考虑社会需求和学生期望。了解社会对历史学科的需求，例如对历史专业人才的特定需求，可以调整课程设置，使之更符合社会的实际需求。同时，关注学生的兴趣和需求，调查他们的学科倾向和职业期望，可以设计更贴近学生生活和发展需求的历史课程。

社会对历史学科人才的需求是多样化的，包括教育、研究、文化传承、社会管理等多个领域。高校应该通过与社会各界的沟通和合作，了解社会对历史专业人才的特定需求，这可能包括历史研究领域的新兴需求、文化遗产保护的需要、历史教育改革的趋势等。基于这些了解，历史课程可以调整设置，强调相关领域的知识和技能，以满足社会的实际需求。

学生的学科倾向和职业期望对历史课程的设计也具有重要影响。通过定期开展学生调查、座谈会等形式，了解学生的兴趣爱好、学习方式和职业期望。一些学生可能对特定历史领域或主题更感兴趣，而另一些学生可能更关注历史学科的实践应用性。针对不同学生群体的需求和期望，历史课程可以设计多样化的选修课程或专题研讨，以激发学生的学习热情和探索欲望。课程设置可以更加贴近实际工作和社会实践，为学生提供更多的实践机会和实习机会。同时，课程内容可以融入当代社会热点和问题，让学生更好地理解历史与现实的联系，提高课程的应用价值和吸引力。

历史课程设计应该充分考虑社会需求和学生期望，以确保课程内容与时俱进、贴近实际、具有吸引力。通过与社会和学生的紧密联系，历史课程可以更好地满足不同层次学生的学科学习需求，促进学生的全面发展和就业竞争力提升，培养更具综合素养和实际应用能力的历史专业人才。这种不断创新的历史课程设计可以使历史学科更具活力和吸引力，推动历史教育不断迈进新的发展阶段。

四、优化教学资源与环境

高校应该不断优化历史教学的资源和环境，包括图书馆藏书、数字化教学资源、实验室设施等，保证教学资源的充足和更新，为教学提供良好的支持条件。

（一）图书馆藏书的优化

图书馆是高校历史教学的重要资源之一。为了优化历史教学，高校应该确保图书馆藏书的充足和多样性，包括购置最新的历史学著作、期刊和研究成果，涵盖不同历史领域和研究方向。

高校图书馆的藏书量应该尽可能丰富，以满足师生在历史教学与研究中的需要。高校图书馆应当不断更新最新的历史学著作和研究成果。历史学科的研究在不断发展，新的观点、理论和研究成果不断涌现。因此，图书馆应该定期购置最新的历史学著作和期刊，以保持馆藏资料的前沿性和权威性。历史学科涵盖了广泛的研究领域，包括政治史、经济史、文化史、社会史等多个方面，为了满足不同学生和教师的需求，图书馆的藏书应该涵盖多样的研究领域，包括不同时期、不同地区和不同主题的历史资料和文献。

图书馆不仅是学生和教师获取知识的场所，也是学术交流与合作的平台。高校图书馆可以举办学术讲座、展览、研讨会等活动，促进学术交流与合作，为历史学科的发展注入新的活力。

高校图书馆可以更好地支持历史教学与研究活动，为师生提供良好的学术资源和服务环境。这样的优化不仅可以提升教学质量，也能够激发学生对历史学科的兴趣和热情，推动历史学科的发展与进步。

（二）数字化教学资源的建设

随着数字化技术的发展，数字化教学资源在历史教学中发挥着越来越重要的作用。高校可以建设数字化图书馆、在线期刊数据库、历史文献数据库等，为学生和教师提供方便快捷的获取途径。数字化资源可以跨越时间和空间的限制，丰富学习内容，提高学习效率。

数字化教学资源为学生和教师提供了方便快捷的获取途径。通过数字化图书馆、在线期刊数据库和历史文献数据库，用户可以随时随地访问丰富的历史学资料和文献，不再受制于时间和地点的限制。数字化教学资源能够跨越时间和空间的限制。学生和教师可以在任何地点、任何时间获取所需的历史资料和文献，无须受限于实体图书馆的开放时间和地理位置。数字化教学资源丰富了历史学科的学习内容。学生和教师可以轻松访问到大量的历史书籍、期刊文章、历史文献、图片资料等，从而拓展他们的学术视野，增加学科的广度和深度。数字化资源的使用可以大大提高学习效率。相比于传统的纸质资料，数字化资源具有检索速度快、检索精度高等优势，能够帮助用户更快地找到所需信息，节省大量的时间和精力。数字化教学资源也为学生和教师之间的交流与合作提供便利。他们可以通过在线平台共享资料、讨论问题、交流观点，促进学术交流与合作，激发学术创新与合作精神。数字化教学资源还能够满足学生个性化学习需求。学生可以根据自己的学习目标和兴趣选择合适的资料和资源，开展个性化的学习活动，提高学习的效果和成果。

数字化教学资源在高校历史教学中发挥着越来越重要的作用。数字化图书馆、在线期刊数据库、历史文献数据库等资源的建设和利用，可以丰富学习内容，提高学习效率，促进学术交流与合作，推动历史学科的发展与进步。因此，高校应该积极投入资源，推动数字化教学资源的发展与应用，为历史教学提供更加便利和高效的支持。

(三) 实验室设施的改善

对于历史教学涉及的考古学、文物保护等领域,实验室设施的建设尤为重要。高校应该投入资金和资源,建设先进的考古实验室、文物保护实验室等,为学生提供实践机会和科研平台。这些实验室设施不仅可以促进学生的实践能力培养,也可以推动历史学科的研究和发展。

考古学、文物保护等领域的实验室设施为学生提供了重要的实践机会。在这些实验室中,学生可以亲自参与考古发掘、文物保护与修复等活动,通过实际操作了解并掌握专业技能和方法,可以培养学生的实践能力、动手能力和团队合作精神,使他们在未来的职业生涯中具备更强的竞争力。高校建设先进的考古实验室、文物保护实验室等,也为教师和研究人员提供了重要的科研平台。这些实验室设施不仅能够支持教学活动,还能够促进教师和研究人员开展专业研究项目和实验研究。文物保护实验室的建设对于文物的保护与传承具有重要意义。实验室设施可以为文物的修复、保护和研究提供必要的条件和技术支持,保障历史文物的完整性和传承价值。实验室的技术手段和科学方法,可以有效地延长文物的寿命,让更多的人共享历史文化的精华。考古学、文物保护等领域需要具备专业知识和技能的人才。建设实验室设施不仅可以培养学生的实践能力,还能够为相关领域培养更多的专业人才。

建设先进的考古实验室、文物保护实验室等对于高校历史教学和学科发展具有重要意义。这些实验室设施不仅可以促进学生的实践能力培养,也为教师和研究人员提供了重要的科研平台,推动历史学科的研究和发展,保障历史文化遗产的传承与发展。因此,高校应该投入资金和资源,积极建设和利用实验室设施,为历史教学和学科发展提供有力支持。

(四) 多元化教学环境的创建

除了图书馆和实验室外,高校还应该创建多元化的教学环境,包括历史文化展览馆、数字化学习中心、教学实践基地等。这些教学环境可以激发学生的学习兴趣,拓展他们的历史视野,促进跨学科交叉学习和合作。

高校可以建立历史文化展览馆,展示各个时期、各个地区的历史文物、艺术品和文化遗产。这些展览可以通过实物、图片、多媒体等形式,生动地展示历史的风貌和演变,让学生近距离感受历史的魅力,激发他们对历史的兴趣和热爱。随着数字化技术的发展,数字化学习中心为学生提供了丰富多样的学习资源和学习方式。在数字化学习中心,学生可以利用多媒体、虚拟实验、在线课程等资源,开展自主学习和实践探究,拓展历史知识和技能。这种数字化学习环境能够满足学生个性化学习的需求,提高他们的学习效率和成果。为了促进学生的实践能力培养,高校可以建立教学实践基地,提供实地考察、实践实习等机会。这些实践基地可以是历史古迹、博物馆、文化遗址、考古发掘现场等,让学生亲身参与历史文化的保护、传承和研究工作,深入了解历史的真实面貌。多元化的教学环境也可以促进跨学科交叉学习与合作。历史学科与文学、艺术、地理、人类学等学科密切相关,通过与其他学科的交叉融合,可以为学生提供更加丰富和立体的历史教育体验。因此,高校可以开设跨学科课程、组织学科交流活动,促进不同学科之间的合作与交流,拓展学生的学术视野和思维方式。

创建多元化的教学环境,高校可以为学生提供更加丰富和立体的历史教育体验,激发他们的学习兴趣,提高学习效果。这种多元化的教学环境不仅可以拓展学生的历史视野,还可以促进跨学科交叉学习与合作,培养学生的综合能力和创新意识,为其未来的学术和职业发展奠定坚实的基础。

不断优化历史教学的资源和环境,高校可以为教学提供良好的支持条件,提升教学质量和学生学习体验。这种优化措施不仅可以丰富教学内容,提高教学效果,也可以激发学生的学习兴趣和创造力,为培养具有历史素养的优秀人才奠定坚实基础。

五、强化教学团队建设与培训

建立具有丰富教学经验和专业知识的教学团队,并定期开展教师培训和交流活动,帮助教师提升教学水平和专业素养。

(一)建立教学团队

优秀的教学团队是保证历史教学质量的基础。高校应该建立具有丰富教学经验和教研知识,覆盖各个职称的梯队型教学团队。

强大的教学团队能够为学生提供高质量的历史教育。历史学科的复杂性要求突破个体研究的局限。团队协作能整合考古学、文献学、社会学等多学科视角,解决单一学者难以应对的综合性课题(如全球史研究、数字人文项目),推动学科交叉创新。团队化教学可构建分层能力培养体系,部分专家负责方法论训练，主导学术前沿导入；教学专家致力于教学设计开发，形成"基础能力—专业深度—实践应用"的全链条培养模式；教师们可以通过精心设计的教学计划和课程设置，为学生提供系统完整的历史学知识体系，帮助他们理解历史事件、分析历史问题，培养思辨性思维和创新能力。

教学团队的建立还可以促进学术交流与合作。教师们通过定期的教学研讨会、学术讲座、教学观摩等活动，分享教学经验、探讨教学方法、交流教学成果，不断提升教学水平和教学效果。同时，教师们还可以开展跨学科的教学合作项目，将不同学科的知识和方法有机结合，为学生提供更加综合和多样化的学习体验。建立强大的教学团队是保证历史教学质量的基础。只有拥有高水平的教师队伍，才能够确保历史教学内容的科学性、严谨性和实效性。教学团队的建设不仅需要关注教师个人的学术能力和教学水平，还需要关注教师之间的团队协作和共同成长，形成以学生学习为中心的教学理念和工作机制。

（二）定期开展教师培训

高校应该定期开展针对历史教学的教师培训活动，培训内容可以涵盖教学方法、教学技术、课程设计、评价与反馈等方面。通过培训，教师可以了解最新的教学理论和方法，掌握先进的教学技术，提升教学水平和专业素养。

首先，教师培训活动应该涵盖最新的教学理论和方法。历史教学领域的教学理念和方法不断发展和更新，教师需要了解并掌握这些新理论和方法，以适应学生的学习需求和教学环境的变化。通过培训，教师可以接触到各种教学理论和方法的前沿成果，了解如何更好地组织课堂教学、引导学生学习、激发学生兴趣等。随着科技的发展，教学技术在历史教学中发挥着越来越重要的作用。其次，教师培训活动应该涵盖各种先进的教学技术，包括多媒体教学、在线教学、虚拟实验等。教师需要了解如何有效地运用这些教学技术，丰富教学内容，增强教学吸引力和互动性，提高学生的学习效果和满意度。再次，培训活动还应该关注课程设计和教学策略等方面。教师需要学习如何设计符合教学目标和学生需求的课程，如何合理安排教学内容和教学活动，如何采用不同的教学策略和方法，以促进学生的主动学习和深层理解。培训活动可以为教师提供课程设计的指导和实践经验，帮助他们设计和实施高质量的历史教育课程。最后，教师培训活动还应该关注评价与反馈机制的建立。教师需要学习如何有效地评价学生的学习成果和教学效果，如何及时给予学生反馈和指导，促进他们的学习和成长。培训活动可以帮助教师掌握评价和反馈的原则和方法，提高教学评价的科学性和准确性，推动教学质量的不断提升。

定期开展针对历史教学的教师培训活动对于提升高校历史教学质量至关重要。这些培训活动涵盖教学理论与方法、教学技术、课程设计、评价与反馈等方面，旨在帮助教师更新教学理念、掌握先进教学技术，提升教学水平和专业素养。通过不断地培训和学习，教师能够不断提高自身的教学能力和水平，为学生提供更加优质的历史教育服务。

（三）交流与分享经验

教师之间应该开展教学经验的交流和分享活动。可以通过教学沙龙、教学讨论会、教学观摩等形式，让教师们分享自己的教学经验和教学方法，借鉴彼此的教学成果和经验教训，共同提升教学水平。

教师之间的交流和分享活动可以促进教学方法的创新。在教学沙龙、教学讨论会等平台上，教师们可以分享自己的教学经验和教学方法，探讨教学中遇到的问题和挑战，共同探讨解决方案。通过与他人的交流和借鉴，教师们可以获得新的教学思路和启发，不断更新教学方法，提高教学效果和学生的学习体验。教师之间的交流和分享活动也可以帮助他们分享教学成果和经验教训。教师们可以分享自己成功的教学案例和经验，让其他教师借鉴和学习；同时也可以分享教学中遇到的困难和挑战，让其他教师从中吸取教训，避免犯同样的错误。这种经验的分享和交流可以帮助教师们更加全面地认识到教学中的问题和挑战，提高应对问题的能力和水平。教师之间的交流和分享活动可以加强教师之间的合作与团队精神。通过参与教学观摩、共同备课等活动，教师们能够更加深入地了解彼此的教学风格和特点，增进彼此的信任和了解，形成良好的合作氛围。这种合作与团队精神可以帮助教师们共同应对教学中的挑战，共同提升教学水平。教师之间的交流和分享活动最终目的是提升教学水平和专业素养。通过借鉴和吸收他人的优点和经验，教师们可以不断完善自己的教学方法和技能，提高教学质量和效果。这种持续的学习和成长态度可以帮助教师们不断提升自己的教学水平，为学生提供更加优质的历史教育服务。

教师直接分享经验与案例可以促进教学方法的创新，分享教学成果和经验教训，加强教师之间的合作与团队精神，最终提升教学水平和专业素养。因此，高校应该为教师之间的交流和分享提供更多的平台和机会，营造良好的教学交流氛围，推动教学水平的持续提升。

（四）鼓励创新和实践

高校应该鼓励教师开展教学创新和实践活动。教师可以通过课堂教学设计、教学项目开发、教学资源建设等方式，创新教学内容和方法，激发学生的学习兴趣和创造力。

历史学科具有丰富的内容和多样的教学方法，教师可以通过不断尝试和探索，创新设计课堂教学内容和教学方法，以提高教学的吸引力和实效性。例如，可以运用案例分析、角色扮演、小组讨论等活动形式，激发学生的学习兴趣和思考能力，增强教学效果。教师的教学创新可以激发学生的学习兴趣和创造力。通过创新设计的教学内容和方法，可以使历史教学更具生动性和趣味性，吸引学生的注意力，激发他们的学习动力和探索欲望。教师可以结合学生的兴趣爱好和实际需求，设计有趣的教学活动和项目，培养学生的创新意识和实践能力，提高他们的学习成效和综合素养。教学创新活动也可以推动教学资源的建设和共享。教师在开展教学创新过程中，可能会积累大量的教学资源和案例，这些资源可以通过共享平台和教学社区进行分享和交流，让更多的教师和学生受益。学校设立教学创新奖励机制，鼓励教师积极参与教学创新实践。这种奖励机制可以以教学创新成果、教学案例、教学资源建设等为评价标准，对教师进行奖励和表彰，激励他们投入到教学创新活动中。通过奖励机制的建立，可以形成良好的激励机制，推动教师不断提升教学水平和开展教学创新活动。

鼓励教师开展教学创新和实践活动是提升高校历史教学质量和水平的重要举措。这种活动可以促进教学内容和方法的创新，激发学生的学习兴趣和创造力，推动教学资源的建设和共享，激励教师积极参与教学创新实践。因此，学校应该积极营造支持教学创新的氛围，建立相应的奖励机制，为教师的教学创新提供更多的支持和激励。

建立具有丰富教学经验和专业知识的教学团队，并定期开展教师培训和交流活动，可以不断提升高校历史教学的质量和水平，帮助教师更新教学理念、掌握先进教学技术，激发教学创新和活力，提高学生的学习体验和成果。

参考文献

[1] 陈文新，郭皓政. 数字时代国学研究的四个趋势［J］. 江西社会科学，2007（8）.

[2] 陈振昌. 现代化的新趋势与历史学的新使命［J］. 陕西师范大学学报（哲学社会科学版），2007（6）.

[3] 杜厚权，龙凯，朱猛. 初中"历史与社会"（历史、地理）新课程教学状况调查报告：中学生心理、社会生活状况调查以及师生对新课程改革、高校历史地理专业的认识［J］. 黔西南民族师范高等专科学校学报，2006（1）.

[4] 樊森. 浅谈教学模式改革在高校历史专业课堂教学中的现状与困境［J］. 读与写：教育教学刊，2019（1）.

[5] 高会来. 多媒体辅助教学在历史教学中存在的问题及解决对策［J］. 教育教学论坛，2010（22）.

[6] 耿元销，吴红丽. 巧用多媒体 让历史教学锦上添花［J］. 中国教育技术装备，2012（16）.

[7] 郭学信. 人文教育与高校历史教学改革［J］. 历史教学问题，2007（6）.

[8] 郭英剑. "慕课"在全球的现状、困境与未来［J］. 高校教育管理，2014（4）.

[9] 侯雁飞. 关于综合性大学历史教育专业教学改革的思考［J］. 江苏教育学院学报（社会科学版），2010（1）.

[10] 李永. 多媒体辅助历史教学的体会［J］. 教育教学论坛，2011（19）.

[11] 刘金生. 多媒体打造历史教学新的起点［J］. 中国教育技术装备，2012（2）.

[12] 刘水华. 浅谈多媒体在历史教学中的机遇与挑战［J］. 现代交际，2010（10）.

[13] 齐春晓. 高校历史专业教学改革初探［J］. 黑龙江教育：高教研究与评估，2012（12）.

[14] 人文素养丛书编写组. 一本书读通历史经典［M］. 北京：石油工业出版社，2013.

[15] 苏瑛. 高校历史教学实施研究型教学模式的必要性和效果分析［J］. 大学教育，2016（10）.

[16] 王小丽，肖守库. 美国公共历史学教育对我国高校历史教育实践改革的启示［J］. 内蒙古师范大学学报（教育科学版），2014（2）.

[17] 习近平. 关于《中共中央关于进一步全面深化改革、推进中国式现代化的决定》的

说明［N］．人民日报，2024-07-22（01）．

［18］杨兴英．论信息时代高校历史专业中国古代史教学模式改革［J］．中国培训，2016（22）．

［19］余先荣．高校历史课教学与学生人文素质的培养探究［J］．文化创新比较研究，2018（4）．

［20］张国强．数字化时代高校历史专业教学改革浅析［J］．赤峰学院学报（汉文哲学社会科学版），2019（8）．

［21］张菊．历史新课程中多媒体教学的运用［J］．科教文汇（上旬刊），2008（25）．

［22］张淑利．大学历史多媒体教学的利弊及对策研究［J］．内蒙古大学学报（教育科学版），2008（7）．

［23］张志勇．职业导向下的高校历史学专业培养研究［J］．文化创新比较研究，2018（1）．

［24］朱季康．"历史感"与本科历史学专业教育［J］．高教论坛，2009（9）．

［25］庄华峰．改革高师历史专业教学内容和课程体系的思考［J］．巢湖学院学报，2002（1）．

后　记

在本书的撰写过程中，我们深入研究了高校历史教学的现状、面临的挑战以及改革的可能路径。通过对历史教学的多方面分析，旨在为高校教育体系中的历史课程提供有益的思考和建议。

在这次探索与实践中，我们充分认识到高校历史教学不仅是传承历史文化的重要途径，更是培养学生综合素养和思辨性思维的关键环节。随着社会的发展和教育理念的不断更新，历史教学亦需顺应时代潮流，注重培养学生的创新能力和跨学科的综合素养。

历史教学改革需要全方位的思考和跨学科的合作。在书中提出了建立定期的课程评估和反馈机制、优化历史教学资源和环境、加强教师培训与交流、参与评估机制等多方面的建议。这些建议不是孤立存在的，而是相互关联、相辅相成的。通过这些建议的综合运用，我们期望高校历史教学能够真正实现质量的提升，使学生在历史学科中获得更为全面和深刻的学习体验。

同时，我们也要深刻认识到，历史教学改革是一个长期而复杂的过程，需要教育部门、学校管理者、教师以及学生的共同努力。历史教学改革不仅关系到个体的学科发展，更是培养具有国际竞争力的人才以及提升整个国家文化软实力的必然要求。

在未来的道路上，我们期待更多高校能够积极探索，不断创新，为历史教学的改革注入新的活力。希望我们的思考和建议能够为广大教育者提供一些建设性的参考，推动高校历史教学朝着更高水平迈进，共同致力于培养更多具有历史眼光、国际视野和创新能力的新时代人才，为中华文明的传承与创新贡献力量。